Goldmann PSYCHOLOGIE + PÄDAGOGIK

Band 9526

Ruth Dirx · Kinder brauchen Freunde

RUTH DIRX

Kinder brauchen Freunde

Ein Ratgeber für alle,
die mit Kindern zu tun haben

WILHELM GOLDMANN VERLAG MÜNCHEN

70410 · Made in Germany · I · 1110
Genehmigte Taschenbuchausgabe. Die Originalausgabe ist 1973 im Econ Verlag, Düsseldorf und Wien, erschienen. Umschlagentwurf: Ilsegard Reiner. Foto: Bavaria-Verlag, Gauting. Gesetzt aus der Linotype-Garamond-Antiqua. Druck: Presse-Druck Augsburg. Verlagsnummer 9526 · K/Pet
ISBN 3-442-09526-3

Kindheit und Jugend – dieser Zustand dauert nahezu zwanzig Jahre unseres Lebens. Darum sollte man bei »Kinder brauchen Freunde« nicht nur an die Kindheit denken. Freunde brauchen wir unser ganzes Leben lang. Mit zunehmendem Alter mehr denn je.
Aber wer nach Freunden erst dann sucht, wenn er sie braucht, wenn er sich einsam fühlt, der kann lange suchen. Freunde h a t man. Und die Fähigkeit, Freunde zu haben, erwirbt man sich in den ersten zehn bis zwanzig Jahren seines Lebens. Darum brauchen Kinder Freunde.

Inhalt

Keine Angst vor Konflikten

Kinder sind anders. Wer Kinder hat, der erlebt Überraschungen. Ich habe zum Beispiel Jahre dafür gebraucht, um einzusehen, daß man Schularbeiten machen – und gleichzeitig im Radio Musik oder Vorträge hören kann. Inzwischen sah ich zahlreiche Kinder heranwachsen, Schüler mit guten, mittelmäßigen und schlechten Zeugnissen. Sie alle versicherten mir immer wieder, daß man mit Radiobegleitung besser arbeiten kann. Seit einigen Jahren beobachte ich, daß man sogar Fernsehen und Schulaufgaben kombinieren kann.
Ich weiß, daß viele Erwachsene die Stirne runzeln, wenn sie so etwas hören. Aber auch sie werden sich mit dem Gedanken vertraut machen müssen, daß unsere Kinder anders sind, als wir es in unserer Kindheit waren.
Da wächst eine Generation heran, die sich darin übt, mehrere Dinge gleichzeitig zu tun. Dabei entsteht eine neue, eine ganz andere Art von Konzentration, die von den meisten Lehrern und Eltern noch nicht akzeptiert und noch nicht einkalkuliert wird. So kommt es, daß wir die Leistungsfähigkeit unserer Kinder einerseits überschätzen und gleichzeitig permanent unterfordern.

Jede Zeit ist eine neue Zeit. Theoretisch gibt jeder zu, daß unsere Kinder nicht von gestern sind, daß sie im Heute leben und eine Zukunft vor sich haben, die wir nicht mehr erleben. Aber in der Praxis des Alltags entstehen laufend Konflikte, weil unsere Kinder Dinge tun und denken, die in unserer eigenen Kindheit undenkbar waren.
Solche Generationskonflikte kann man mit gutem Willen aus dem Weg räumen. Daneben gibt es aber noch andere Überraschungen, mit denen fertig zu werden nicht allein in unserer Macht steht.

Die »Straße« redet uns herein. Mein Sohn ging, als er zur Schule kam, auf Entdeckungsreisen aus. Er suchte Freunde und fand sie auch. In unserer Nachbarschaft wohnt ein Junge, der auf ein Freundschaftsangebot sofort einging.
Eines Tages kommt der Junge an unserem Haus vorbei, ruft Bastian, meinen Sohn, ans Fenster, und die beiden unterhalten sich. Ich achte zunächst nicht auf das Gespräch, bis Bastian zu mir kommt und fragt: »Du, sag mal, der Harald will, daß ich mir bei dir aus dem Portemonnaie eine Mark klaue.« Fragend schaut er mich an.

Ich schüttele energisch den Kopf: »Klauen darf man nicht!« Bastian geht zum Fenster und belehrt seinen Freund, weil er annimmt, der weiß das nicht, daß man nicht klauen darf. Aber Harald tippt mit dem Zeigefinger auf die Stirn: »Doof – das merkt doch keiner!« Wieder kommt Bastian von der Fensterbank herunter, um mir Bericht zu erstatten: »Das merkt doch keiner.«
Ich springe auf, um das Fenster zu schließen und die Unterhaltung zu beenden. Aber Bastian kommt mir zuvor, er möchte selbst mit seinem Freund reden. »Sag ihm, du tust so was nicht«, rate ich ihm. Aber so leicht läßt Harald sich nicht davon abbringen. Er redet auf Bastian ein, es dauert eine ganze Weile, bis er schließlich merkt, daß Bastian keine Lust zum Klauen hat.
Selten sind wir in der Nähe, wenn unsere Kinder mit Freunden in Berührung kommen, von denen wir sie lieber fernhalten möchten. So manches junge Ehepaar sucht schon im Gedanken an die möglichen Spielgefährten die Wohngegend aus: damit die Kinder, wenn sie auf der Straße spielen, nicht in »schlechte« Gesellschaft kommen.

Eltern möchten alle Steine aus dem Weg räumen. Aber hier sollte man Warnschilder aufstellen: Vorsicht! – Wer sein Kind mit allzu energischer Konsequenz vor allen negativen Einflüssen bewahren möchte, der erlebt nicht selten schwere Enttäuschungen.
Liebe und Schutz braucht das Kind. Unter dem Schutzmantel der Zuneigung wächst dem Kind ein Polster an Vertrauen, an Wohlwollen, an Menschenfreundlichkeit. Und damit dieses Polster nicht beim ersten Stoß abfällt, muß es die Stöße kennenlernen.
Man wird im Leben nicht nur geliebt, sondern auch abgelehnt. Man begegnet nicht nur freundlichen und ehrlichen Menschen; manche sind mißtrauisch, boshaft und unaufrichtig. Wie soll das Kind mit dieser Tatsache fertig werden, wenn wir alles Negative von ihm fernhalten? Wie sich solch eine »keimfreie« Umgebung auswirkt, möchte ich als Beispiel an der körperlichen Entwicklung von Kindern demonstrieren.

Die Schattenseiten der keimfreien Umgebung. Der Kindergarten, in dem ich jahrelang arbeitete, wurde etwa zur Hälfte von Kindern einer nahegelegenen Siedlung besucht, moderne Wohnblocks, mit einem Mietpreis, den sich nur wohlhabende Leute leisten konnten. In den gepflegten Räumen dieser gutsituierten Eltern gab es keinen Schmutz. Man ließ die Kinder nie unbeaufsichtigt im Straßendreck spielen. Sie wuchsen in einer hygienisch einwandfreien Umgebung auf.

Daneben gab es im Kindergarten noch eine andere Gruppe von Kindern. Sie kamen aus einer Siedlung mit winzigen Schlichtbauwohnungen und aus kinderreichen Familien. In der räumlichen Enge konnte es gar nicht sauber und ordentlich zugehen. Erst im Laufe der Zeit machten wir, gemeinsam mit dem Arzt, der den Kindergarten betreute, eine Erfahrung, die sich immer wieder bestätigte. Wenn ein Kind aus der modernen Siedlung neu angemeldet wurde, dann war es nach etwa drei Wochen krank. Es hatte sich im Kindergarten vermutlich infiziert. Auch von der alljährlichen Grippewelle und anderen Ansteckungskrankheiten blieben diese Kinder nie verschont. Die Kinder aus der Schlichtbausiedlung, deren Eltern es mit der Hygiene nicht so genau nehmen konnten, waren nahezu immun gegen die zahlreichen Ansteckungsmöglichkeiten. Anscheinend hatten sich in ihrem Körper Abwehrkräfte gegen die verschiedenen Krankheitsstoffe gebildet, die den Kindern, die in einer keimfreien Umgebung aufgewachsen waren, fehlten.

Mit Konflikten leben. Wenn wir diese Erfahrung einmal auf die psychische Entwicklung übertragen, kann sich jeder leicht vorstellen, wie ein »keimfrei« gehaltenes Kind schon auf kleine Enttäuschungen verletzt reagiert. Es gibt freundliche und rücksichtslose Menschen. Man wird akzeptiert, aber auch zurückgestoßen, belogen und hintergangen. Wie wird das Kind mit den zahlreichen Konflikten, die sich daraus ergeben, fertig?
In der Vergangenheit war das einfacher als heute, und weil viele Menschen auch heute noch mit diesem »einfachen« Weg liebäugeln, müssen wir ihn kurz beschreiben.

Wie wehrt man sich, wenn man angegriffen wird? Gehen Sie mit mir auf die Straße und fragen wir mal den »Mann auf der Straße«: »Angenommen, Ihr Kind wird von einem anderen Kind geschlagen, was soll es tun?« Dann bekommen wir Antworten wie diese:
»Ich bin der Meinung, das Kind soll sich wehren. Kinder müssen lernen, daß es einen Lebenskampf gibt. Bei Kindern äußert er sich eben darin, daß sie sich hauen, und ich bin der Meinung, daß sie das Recht haben, sich zu behaupten.« Diese Meinung – der Mann sagt es – geht davon aus, daß das Leben ein Kampf ist, in dem der Stärkere siegt und sich gegenüber dem Schwächeren behauptet.

Wohin führt das Recht des Stärkeren? Diese Spielregeln, die das Recht zum Faustrecht erklären, sind jahrhundertelang befolgt worden. In Sparta hat man die Schwächeren gar nicht erst großgezogen. Sie wurden kurz nach der Geburt umgebracht.

Das christliche Gewissen empfindet diese grausamen Auslesemethoden als unmenschlich. Aber als Darwin in seiner Selektionstheorie die »Auslese« als eine Art Naturgesetz darstellte, gab es doch viele, die ihm zustimmten. In Auschwitz wurde diese Selektion bis zur schauerlichen Konsequenz in die Wirklichkeit übertragen.
Spätestens nach Auschwitz sollten wir darüber nachdenken, wie man Konflikte auf eine andere Weise lösen kann, denn das Recht des Stärkeren, das die kleinen Raufbolde auf anscheinend so harmlose Weise praktizieren, ist im Ansatz und in der Konsequenz inhuman.

Wer darf wen schlagen? Die eben zitierten Eltern, die der Meinung sind, daß Kinder sich mit ihren Fäusten wehren sollten, weil das Leben auch ein Kampf sei, würden vermutlich nicht erlauben, daß diese Kinder sich auch mit ihren Fäusten zur Wehr setzen, wenn sie von ihren Eltern – zu Recht oder zu Unrecht – geschlagen werden.
Hier steht die Rangordnung im Wege. Schlagen darf immer nur der sozial Höhergestellte. Der sozial Schwächere, der Jüngere, muß sich schlagen lassen, er darf sich nicht wehren.
Im Altertum und im Mittelalter durfte jeder Vorgesetzte seine Untergebenen verprügeln. Dieses Gewaltverhältnis änderte sich erst – langsam –, als die Aufklärung diese Prügelei als eine Verletzung der Menschenwürde anprangerte. Dienstboten durften übrigens in einigen Ländern noch bis ins späte 19. Jahrhundert geschlagen werden. Daß auch Kinder in ihrer Würde verletzt werden, wenn man sie prügelt, diese Erkenntnis hat in allen Ländern erst mit zunehmender Demokratisierung an Boden gewonnen.
Wo überall – trotz demokratischer Staatsordnung – noch Rangordnungen ernst genommen werden, da findet man dann auch nichts dabei, daß ein körperlich starker, verständiger Erwachsener gegenüber einem kleinen, noch unverständigen Kind das Faustrecht anwendet.

Unter dem Schein der Vollkommenheit. Woher nehmen die Erwachsenen das Recht, sich dem Kind gegenüber so unfair zu verhalten? Sie stellen sich nicht neben, sondern turmhoch über ihre Kinder. Sie waren gewohnt, sich als Erwachsene den Anschein der Vollkommenheit zu geben. Erziehung wurde immer als eine Erziehung zur »Vollkommenheit« verstanden, wie sie die Erwachsenen verkörperten. Die Kinder mußten so tun, als sähen sie die Fehler der Eltern nicht. Sie lernten dieses Spiel bald, indem sie sich duckten, denn wer sich dagegen auflehnte, war »böse«.
Diesen Lernprozeß nannte man Erziehung.
In einer damals weitverbreiteten Erziehungslehre las sich das so:

»Erziehung ist die absichtliche Heranbildung junger Menschen zu der unter den gegebenen Verhältnissen möglichen Vollkommenheit.« Wenn wir heute auch von so hochgesteckten Zielen abrücken, so spukt doch in den Köpfen vieler Eltern immer noch ein etwas verschwommenes Bild von dieser Vollkommenheit.
Ein elfjähriger Junge sagte mir: »Meine Eltern wollen immer, daß ich so bin, wie sie gern sein möchten.« Dieses Ziel, so denken die Eltern, erreicht man durch Erziehung. Sie täuschen sich. Jede Art von annähernder Vollkommenheit erreicht man nur bei spezieller Begabung, unter besonders günstigen Umständen, und dann auch nur aus eigenem Impuls des Kindes! Wer uns in eine bestimmte Richtung ziehen, erziehen will, der steht uns meist nur im Wege, er behindert uns.
Unvollkommene Eltern sind sympathisch. Darum sollten wir uns nicht so sehr als Erzieher unserer Kinder fühlen. Kinder brauchen Freunde! Vollkommene Wesen, die über ihnen stehen und alles besser wissen, sind für Kinder eine Last, ein Hindernis.
Kinder wissen genau, daß sie noch unvollkommen sind. Sie bekommen es ja – leider – allzuoft zu hören. Darum werden ihnen die Eltern oft gerade in den Augenblicken sympathisch, in denen sie erkennen lassen, daß sie auch unvollkommen sind.
Familie W. verbringt ihren Urlaub an der See. Die Kinder spielen am Strand Fangen; der Vater macht mit. Herr W. ist eigentlich sehr sportlich, und er denkt, es sei ein Leichtes für ihn, seinen Sohn Stephan zu fangen. Aber Herr W. ist 180 cm groß und drückt ebensoviel Pfund auf die Waage. Während er vergeblich versucht, seinen Sohn zu fangen, stolpert er und fällt der Länge nach in den Sand. Er muß in diesem Augenblick sehr komisch und so gar nicht imponierend gewirkt haben, denn Stephan lacht Tränen, als er den großen, starken Mann am Boden liegen sieht. Und während er sich die Tränen, immer noch lachend, abwischt, sagt er zu seiner Mutter: »Nee, was hab' ich doch für 'nen netten Papa.«
Auseinandersetzungen ohne Gewaltanwendung. Eltern, die nicht vollkommen sind, kann man als Freunde ansprechen. Und mit Freunden ist man natürlich nicht immer einer Meinung. Da kommt es nicht selten vor, daß der andere etwas tut, das einem nicht gefällt.
Aber bei Auseinandersetzungen zwischen Freunden gilt nicht das Faustrecht. Da Kinder ihre Eltern im allgemeinen nicht schlagen, sollten auch Eltern bei solchen Auseinandersetzungen auf Gewaltanwendung verzichten.

Wenn aber den Eltern nun mal die Hand ausrutscht? – Dann dürfen sie auch nicht Zeter und Mordio schreien, wenn ihrem Kind mal die Hand ausrutscht. Aber es kommt ja selten vor, daß Kinder ihre Eltern schlagen. Wenn beide bei einem Streit anstelle von Schlagwerkzeugen Argumente verwenden, lernen sie dabei etwas Lebenswichtiges: die Kunst, Konflikte ohne Gewaltanwendung zu überwinden. Und Konflikte gibt es genug in jeder Familie.
Wo Eltern sich als mehr oder weniger vollkommene Partner ihrer Kinder begreifen, da lernen Kinder schon in der Familie, wie man Konflikte löst, oder ihnen aus dem Wege geht.

Böses nicht mit Bösem vergelten. Eltern, die sich ihrer eigenen Unvollkommenheit bewußt sind, machen nicht zu viel Aufhebens davon, wenn Kinder »ungezogen« sind, auch Bosheit bringt sie nicht aus der Fassung. So etwas gibt es. Und wenn man den Ursachen der Bosheit nachgeht, stellt sich in 90 von 100 Fällen heraus, daß dem »Bösewicht« Unrecht geschehen ist. Meist handelt es sich um »unfaßbares« Unrecht, gegen das er sich auf »unbegreifliche« Weise zur Wehr setzt. Dieses Unfaßbare, dieses Unbegreifliche gilt es aufzuklären.
Eltern, die bei ihren Kindern immer nur Böses mit Bösem vergelten, handeln kriminell, denn sie sorgen dafür, daß sich das Böse fortpflanzt.

Gleichberechtigung, im Guten wie im Bösen. Man sollte Kinder wie seine Freunde behandeln und gelegentliche Bosheiten nicht dramatisieren. Man setzt sich damit auseinander. Und wer sich – seinem Temperament entsprechend – lautstark auseinandersetzt, der muß damit rechnen, auch von seinen Kindern angeschrien zu werden. Solche »Entladungen« wirken nur dann befreiend, wenn beide Seiten ihrem Ärger geräuschvoll Luft machen können. Wo sich nur Eltern dieses Recht herausnehmen, kann von Befreiung keine Rede sein. Einseitige Zornesausbrüche wirken auf Kinder erdrückend und einschüchternd.
Es gibt im Hinblick auf alle möglichen Konflikte kaum Rezepte, weil jeder Mensch anders ist. Aber es gibt doch so etwas wie ein wirksames Mittel, Kindern und Erwachsenen Brücken zu bauen. Wenn ich meinen Gegenspieler stets für etwas besser halte, als er in Wirklichkeit ist, dann geniert er sich, mich allzusehr zu enttäuschen, und bemüht sich – wenn er vor die Wahl gestellt ist –, etwas weniger Bosheit und etwas mehr Freundlichkeit an den Tag zu legen.

Väter und Mütter, wie sie waren, wie sie sind und wie sie sein sollten

Mit jedem Kind beginnt eine neue Zeit. Als ich noch keine Kinder hatte, kam mir die Welt so vor, als hätte sie erst mit mir und meiner Generation begonnen. Natürlich kannte ich aus dem Geschichtsunterricht die Daten und Ereignisse der Vergangenheit. Aber das war eine Papierweisheit, die in keinerlei Beziehung zu meinem persönlichen Leben stand.

Dann kamen die Kinder und stellten diese – meine – Welt in Frage. Erinnerungen an die eigene Kindheit wurden wach. Ich entdeckte beträchtliche Unterschiede zwischen dem Heute und dem Gestern, das meine Kinder weder kennen noch respektieren. Sie finden es z. B. albern, uns Vati und Mutti zu titulieren, sondern reden uns mit unseren Vornamen an. Sie bringen uns fast täglich zum Bewußtsein, daß zwischen Vergangenheit und Gegenwart ein stetiger und aufregender Wandel stattfindet.

Wenn man den Ursachen dieses Wandels nachgeht, erschließt sich einem eine ganz neue, vielschichtige Welt, man beginnt zu begreifen, warum die Kinder alles ganz anders machen.

Kinder fragen nach der Vergangenheit. Meine Kinder wollen oft wissen, wie es früher war. Sie kramen gern in den alten Fotoalben und amüsieren sich über die altmodischen Kleider. Besonders komisch finden sie die Damen und Herren, die sich zu Beginn unseres Jahrhunderts haben fotografieren lassen. Bei den Männern stellen sie eine frappierende Ähnlichkeit mit einem Enterich fest, den sie aus dem Bilderbuch kennen. Bei den Frauen meinen sie: »Die sehen aus wie Prinzessinnen, die immer beleidigt sind.«

Diese Männer aus Großmutters Fotoalbum, die das Kinn auf einen hohen, steifen Kragen preßten, stellten Respektspersonen dar. Da sie den Respekt, den sie zur Schau stellten, aber durchaus nicht immer verdienten, wirken sie auf den heutigen Betrachter so bemitleidenswert komisch. Wir kennen diese Männer aus Bühnenstücken und Büchern. Sie nannten sich die Herren der Schöpfung, und es gab unter ihnen vermutlich etliche Prachtexemplare, gute Väter, die ihren Kindern die Tugenden, die sie von ihnen erwarteten, auch vorlebten.

Der Vater als Respektsperson. Aber die meisten dieser Väter hatten Vorgesetzte oder Herren über sich, vor denen sie dienern und katzbuckeln mußten, denen sie Befehlsgehorsam schuldeten. Gleichzeitig mußten und konnten sie in der eigenen Familie den respektgebietenden Hausherrn spielen.
Dieser Doppelrolle waren viele Männer nicht gewachsen. Wenn der Vorgesetzte den Untergebenen – berechtigter- und unberechtigterweise – abkanzelte, durfte er nicht widersprechen. Was er an Beleidigungen und Demütigungen im Dienst ohne Widerrede herunterschluckte, das schleuderte er im eigenen Heim als Despot im Kleinformat wieder aus sich heraus. Die Familie, das war ein Obrigkeitsstaat im kleinen.
Die übergroße Machtposition des Vaters löste bei den Kindern vor allem Furcht aus. Auch die Mutter beugte sich unter die Herrschaftsgewalt des Vaters. Justinus Kerner schreibt in seinen Erinnerungen von seiner Mutter:

Dem Manne untertan. »... es war ihr ganzes Leben Demut und Gehorsam gegen ihren Eheherrn, ja selbst Furcht vor ihm der Hauptzug ihres Charakters. Sein Wille war ihr strenges Gebot, und ihr ganzes Dichten und Trachten ging nur dahin, ihn bei gutem Mute zu erhalten und ihm alles Unangenehme zu entfernen. So verbarg sie ihm auch manches, was besonders unter den Söhnen vorfiel, teils seine Strenge fürchtend, teils aus Sorge, ihn zu beunruhigen.«
Die Väter und die Mütter dieser patriarchalischen Zeit hatten ganz unterschiedliche Rollen zu spielen. Der Vater galt als der Herr im Haus und wurde als solcher respektiert. Von der Mutter ist in der Literatur stets als der treusorgenden Hausfrau die Rede. Was sich hinter diesem Schlagwort aber an Arbeitsleistung verbirgt, ist nur selten gewürdigt worden und heute weitgehend in Vergessenheit geraten.

Mütter als Schwerarbeiter. Unter dem Nachlaß meiner Großeltern befand sich ein handgeschriebenes Buch, in das eine meiner Urahnen vor etwa 150 Jahren alles für sie Wissenswerte eingetragen hatte. Wenn ich die mit braungewordener Tinte beschriebenen Ratschläge lese, über Ackerbau und Viehzucht, über Gartenbau und das ganze Hauswesen, dann komme ich aus dem Staunen nicht heraus. Dieser Haushalt des Jahres 1820 war ein regelrechter Produktionsbetrieb, in dem alles, was wir heute als Fertigware kaufen, selbst hergestellt wurde. Sogar die Tinte, mit der mein Urahne das Buch geschrieben hat, wurde aus Galläpfeln, Eisenvitriol und arabischem Gummi selbst angerührt.

Wenn man sich dazu noch vorstellt, daß diese vielbeschäftigten Frauen – was ebenfalls in dem alten Hausbuch mit Jahr und Tag vermerkt ist – ununterbrochen schwanger waren, da sie jedes Jahr ein Kind zur Welt brachten, dann braucht es einen nicht mehr zu verwundern, daß die Frauen damals mit dreißig, vierzig Jahren alt und verbraucht waren.
Um die Kinder konnte man sich unter diesen Umständen nicht viel kümmern. Wenn man sagte, daß Kinder ein Segen wären, so meinte man damit den Zuwachs an fleißigen Händen, die in diesem Selbstversorgerhaushalt in Haus und Garten dringend benötigt wurden.

Die Fabrik übernimmt die Warenerzeugung. Seit dem Beginn des Maschinenzeitalters hat sich diese Situation schrittweise verändert. Es dauerte etwa 150 Jahre, bis nach und nach im Haushalt überhaupt nichts mehr produziert, sondern nur noch konsumiert wurde. Die althergebrachte Vorstellung von der Frau, die im Hause schaltet und waltet, änderte sich jedoch nur zögernd oder überhaupt nicht. Man übersah oder verdrängte einfach die neue Wirklichkeit.
Viele Frauen erkannten ihre neue Situation gar nicht, weil der Übergang so langsam vor sich ging. Die heute Sechzig- bis Siebzigjährigen wissen noch, wie man Wintervorräte an Fleisch und Gemüse in Tonnen und Gläsern anlegt. Die Vierzigjährigen haben im Handarbeitsunterricht noch Stopfen und Flicken gelernt, Kenntnisse, die unsere auf Verschleiß eingestellte Produktion völlig überflüssig macht. Da sie nach wie vor zum Hausfleiß erzogen wurden, schufen sie sich künstlich neue Arbeiten und Tätigkeiten – Beschäftigungen, die manchmal gar keinen rechten Sinn mehr haben. Einige verschreiben sich mit solcher Vehemenz dem Putzteufel, daß sie sogar Jagd auf den Staub und Schmutz machen, den man gar nicht sieht. Andere flüchten in vergangene, vorindustrielle Zeiten zurück, indem sie nicht Fertig-, sondern Halbfertigwaren verwenden, indem sie ihre Kleider wieder selbst nähen und ihre Pullover selbst strikken. Eine nicht geringe Zahl Frauen schlägt die neugewonnene Zeit mit Romanheftchen tot. Die Riesenauflagen dieser Heftchen, die eigens für den Geschmack der unausgefüllten und unbeschäftigten Hausfrau produziert werden, sprechen Bände.
Irgendwie gelingt es einer erstaunlichen Zahl von Frauen, die Tatsache aus dem Bewußtsein zu verdrängen, daß der Haushalt heute kein Produktionsbetrieb mehr ist. Es gelingt ihnen, die noch verbleibende Hausarbeit, die man gut und gern in ein paar Stunden bewältigen könnte, über den ganzen Tag hin auszudehnen.

Die Mutter als Hausfrau. Fragen wir sie einmal selbst, ob sie sich in ihrer Haut wohl fühlen. Erika B. ist 38 Jahre alt, sie hat drei Kinder, sie sagt: »Doch, ich fühle mich ganz wohl, wenn ich auch viel Arbeit hab. Morgens versorg ich den Haushalt, Betten machen, aufräumen und so weiter. Dann geh ich einkaufen, danach bereite ich das Mittagessen vor. Mittags kommen ja nur die Kinder nach Hause. Mein Mann bekommt abends das Essen aufgewärmt. Ja, und nachmittags hab ich auch noch genug zu tun, mit der Wäsche, die Wohnung saubermachen, jeden Tag nehm ich mir ein Zimmer gründlich vor. Bügeln, ausbessern und so was, das mach ich abends, wenn mein Mann vorm Fernseher sitzt.«
Von den Kindern berichtet Erika B., daß sie »viel Arbeit machen«. Das Kleinste schickt sie in den Kindergarten, die beiden Ältesten gehen zur Schule. Nachmittags machen sie ihre Hausaufgaben, danach gehen sie auf die Straße und spielen mit ihren Freunden. Eigentlich sieht man sich nur zu den Mahlzeiten, und da redet man über die Preise, über Neuanschaffungen, die man machen möchte. Zwischendurch fährt der Vater die Kinder an: »Setz dich anständig hin! – Stell das Radio ab, ich will fernsehen! – Der nimmt sich schon wieder das größte Stück!« Und die Kinder gewöhnen sich, je älter sie werden, an diesen gereizten Ton. Aber da kommen sie bei den Eltern schlecht an: »Was fällt dir ein«, heißt es dann, »halt den Mund, untersteh dich!«
So kommt es, daß die beiden Älteren sich zu Hause nicht besonders wohl fühlen. »Mutter putzt dauernd, und Vater schreit herum, wenn er zu Hause ist«, sagen sie.

Die Mutter als Nachhilfelehrerin. Bei Dorothee G. ist das anders. Hier wird nicht soviel geputzt. »Ich bin großzügig«, versichert sie, »bei mir wird nur einmal in der Woche saubergemacht. Ich hab mal gehört, Staub, der liegt, schadet nicht.« Wenn man sich aber in der Wohnung von Frau G. umsieht, entdeckt man mit bloßem Auge kein Stäubchen. Alles sieht aufgeräumt und sauber aus. Wenn man sie darauf anspricht, meint sie: »Hausarbeit ist eine Sache der Organisation. Ich teile mir die Arbeit ein. Wenn ich genau überlege, dann bin ich morgens in zwei Stunden mit dem ganzen Kram fertig. Nachmittags könnte ich glatt noch einen Beruf ausüben.« Aber sie tut es nicht.
»Vielleicht später mal. Solange die Kinder zur Schule gehen, möchte ich nicht aus dem Haus gehen. Martin ist im vierten Schuljahr. Er ist begabt, das Lernen fällt ihm leicht. Aber der Kerl hat keine Lust,

Hausaufgaben zu machen. Er möchte nachmittags lieber spielen. Ich glaube, wenn ich nicht zu Hause wäre, würde er gar nichts tun. Sehen Sie, da bin ich jeden Nachmittag beschäftigt. Ich muß ständig hinter ihm sitzen, damit er arbeitet. Dorle, unsere Tochter, kommt jetzt auch zur Schule. Aber sie sagt immer, sie möchte nicht zur Schule, wegen der Hausaufgaben, sie sieht ja, was das immer für ein Kampf ist mit Martin. Ich hab ihr gesagt: ›Du mußt aber zur Schule, du mußt doch deinen Namen schreiben lernen.‹ – ›Das kann ich schon‹, sagte sie. Und da hab ich ihr klargemacht: ›Wenn du nicht zur Schule gehst, dann kannst du später keinen richtigen Beruf erlernen, dann mußt du Putzfrau werden.‹«

Wo die Kinder heute – in der modernen Familie – nicht mehr durch die Forderung nach striktem Gehorsam unterdrückt werden, da macht sich die Schule als ein neues Mittel des Zwangs und der Einengung in den Familien breit. Wenn es nämlich um den Erfolg in der Schule geht, werden alle Gegenargumente sofort zum Schweigen gebracht. Und da die Kinder daran gewöhnt sind, daß die Erwachsenen letzten Endes immer recht behalten wollen, läßt die natürliche Freude des Kindes am Widerspruch mehr und mehr nach, und auch die vielen Fragen verstummen.

Kinder werden zur Ruhe angehalten. Eine Mutter berichtet: »Gestern unterhielt ich mich mit meiner Nachbarin. Katja, unsere Jüngste, spielte auf dem Fußboden. Auf einmal drängelte sie sich an mich und redete dauernd dazwischen. Anfangs ignorierte ich das. Aber Katja wurde immer lauter. Ich konnte meiner Nachbarin kaum folgen und wurde schließlich ganz nervös. Darum fuhr ich Katja an: ›Sei doch endlich still, stör uns bitte nicht immer. Jetzt reden wir!‹ Als meine Nachbarin gegangen war, fragte ich mich: ›Warum müssen sich Kinder eigentlich immer still verhalten, wenn Erwachsene reden?‹ Katja ist mit ihren vier Jahren in einem Alter, wo man gern spricht. Sie hat es ja erst vor zwei Jahren gelernt. Nun möchte sie die Sprache auch anwenden.«

Die junge Frau hat recht. Warum hören die Kleinen das so oft: »Sei still, jetzt reden wir.« Der Erfolg bleibt nicht aus. Eines Tages haben wir es erreicht, dann sind sie still.

Wenn ich bei Freunden eingeladen bin, dann trinken wir gemeinsam Kaffee, aber danach, wenn das allgemeine Gespräch beginnt, dann verschwinden meist die Kinder. Wenn sie älter werden, 14 oder 16 Jahre, bleiben sie vielleicht bei uns sitzen. Aber reden tun wir, die Erwachsenen.

Wenn die Erwachsenen reden, kommen die Kinder nicht zu Wort. Ich erinnere mich noch genau an die Zeit, als ich selbst 16 war. Die Erwachsenen redeten ununterbrochen, wenn wir zusammen saßen. Ich hätte wohl auch gern ab und zu etwas gesagt, aber ich schaffte es einfach nicht, in das Gespräch hineinzukommen.
Eine Zeitlang beobachtete ich die Erwachsenen aufmerksam. Wie machen sie das eigentlich, sagte ich mir, daß sie untereinander zu Wort kommen. – Sie fielen sich gegenseitig einfach in die Rede, sie drehten einander das Wort im Mund herum, um ihre eigene Meinung zu bekräftigen, und wer die lauteste Stimme hatte, setzte sich durch. Ich muß zu meiner Schande gestehen – ich war so frei und so frech und machte das einfach nach. Mit der Zeit brachte ich es sogar zu einer gewissen Fertigkeit darin, meinen Gesprächspartnern, sobald sie einmal Atem holten, das Wort abzuschneiden. Und was mich dabei am meisten wunderte, meine Rücksichtslosigkeit wurde sogar honoriert. Erst nachdem ich auf so unhöfliche Weise zu Wort zu kommen suchte, wurde ich akzeptiert.
Wenn man einmal darauf achtet, fällt es einem unangenehm auf, daß viele Erwachsene die Kinder nicht richtig zu Wort kommen lassen. Sie unterbrechen sie oder schneiden ihnen das Wort ab. Gleichzeitig bringen sie ihnen bei, was sie »gute Manieren« nennen. »Man spricht nicht, wenn andere reden«, so sagen sie und machen den Kindern das Gegenteil vor. Was sollen die Kinder tun? Einige machen es den Erwachsenen nach, aber viele lassen sich einschüchtern. Sie lernen das Reden nie, sie sprechen nur mit ihresgleichen. In der Öffentlichkeit sind sie unfähig, sich zu artikulieren. Wo sollen sie es auch lernen. In der Schule? – Da redet meist der Lehrer.

Die Familie als Gesprächskreis: Ein Vater, der das wohl auch als Mangel empfunden hatte, berichtete:
»Einmal in der Woche bleiben wir alle zu Hause. Jeden Donnerstagabend setzen wir uns zusammen, die ganze Familie, und dann sprechen wir miteinander. Manchmal ist irgend etwas Familiäres zu besprechen. Meist diskutieren wir aber über allgemeine Probleme – was gerade so in der Luft liegt: Schulfragen, Politik, Umweltverschmutzung, Rauschgift. Darüber sagt jeder seine Meinung, und alle reden mit, auch die Kleineren. Wir haben vier Kinder zwischen neun und sechzehn Jahren. Das machen wir jetzt schon über zwei Jahre so, und seitdem sind unsere Kinder viel freier geworden, sie können sich jetzt viel besser ausdrücken.«

Wenn die Kinder mitreden. »Wir machen das jeden Abend beim Abendessen«, warf ein anderer Vater ein, »das ist ja die einzige Zeit des Tages, wo alle zu Hause sind. Da unterhalten wir uns. Bei solchen Gesprächen hab ich schon viel von meinen Kindern gelernt. Als mein Sohn zum erstenmal zu mir sagte: ›Nun red doch nicht solchen Quatsch!‹, da hab ich nicht nur gemerkt, daß ich wirklich etwas Dummes gesagt hatte. Ich erinnerte mich auch daran, daß ich selbst – viel zu oft – zu meinem Sohn gesagt hatte: ›Nun red doch nicht solchen Blödsinn!‹«
Ich meine, man sollte die Kinder – von Anfang an und bei allen Gesprächen – genauso akzeptieren, wie man erwachsene Gesprächspartner akzeptiert, dann würden sie langsam, aber sicherer lernen, frei, offen und unbefangen zu denken und ihre Meinung in Worte zu fassen.

Beim Meinungsstreit lernt man reden. Die Fähigkeit, sich zu artikulieren, übt man vor allem dann, wenn unterschiedliche Meinungen aufeinanderstoßen. Und wenn man die Meinung des anderen anhört.
Bei Familie M. geht es oft recht lebhaft zu. Der Vater legt seinem Temperament kaum Zügel an. Frau M. ist eine kühlere Natur, sie läßt etwas mehr ihren Verstand sprechen. Ursel, die Tochter, neigt manchmal mehr zur Mutter, ein anderes Mal gibt sie dem Vater recht. Das führt nicht selten dazu, daß sie zwischen zwei Stühlen sitzt. Aber sie lernt dabei, ihre Meinung zu formulieren. Da Vater und Mutter so verschieden sind, muß sie oft vermitteln. Wie will man Gegensätze überbrücken, ohne den einen oder den andern zu verletzen? Ursel hat da eine Brücke entdeckt – den Humor. Damit gelingt es ihr in der letzten Zeit fast immer, die Wogen der widersprüchlichen Meinungen zu glätten.

Wenn man sich dem Scheinfrieden unterordnet. Bei Familie H. kommen solche Meinungsverschiedenheiten gar nicht erst auf. Frau H. sagt: »Über alle Vernunft geht der eheliche Friede!« Sie vermeidet jeden Streit, sie schließt sich immer der Meinung ihres Mannes an. Man soll sich vor den Kindern nicht streiten, sagt sie.
Hier wird der Vater immer noch als die Instanz betrachtet, nach der man sich zu richten hat. Die Kinder schließt man von der Diskussion aus, so »herrscht« in der Familie Friede. Aber diesem Frieden ist nicht zu trauen, es ist nur ein Scheinfriede. Man spielt die glückliche Familie und tut so, als gäbe es keine Konflikte.
Selten sind die Kinder den Eltern so ähnlich, daß diese Eltern sich in

ihren Kindern wiederfinden. Oft heißt es: »Von wem hat er diese Eigenschaft nur – vermutlich von den Großeltern . . .« Aus dieser Verschiedenartigkeit entwickeln sich unweigerlich Konflikte. War zum Beispiel der Großvater verschwenderisch, hat er ein ganzes Vermögen durchgebracht, dann nimmt der Vater sich vor: Das soll mir nicht passieren, und er wird übertrieben sparsam. So sparsam, daß seine Kinder aus reinem Protest das Geld wieder mit vollen Händen ausgeben.
Oft entstehen gerade da besonders heftige Konflikte, wo die Eltern einem Ideal nachstreben, einer Tugend, die, wenn man sie übertreibt, zu einer Untugend wird. Die allzu ordentlichen, die allzu fleißigen, die allzu erfolgreichen, die allzu bescheidenen Eltern erreichen selten das Ziel ihrer Wünsche auch bei ihren Kindern.
Die sich aufopfernde Mutter, die ihre eigene Person stets in den Hintergrund stellte, bekommt oft nicht den Dank, auf den sie – ohne es einzugestehen – sehnlichst wartet.

Wo man sich zusammenrauft. Wer seine Tugenden nicht allzusehr ins Kraut schießen läßt, der wird die unausweichlichen Konflikte mit etwas anderen Augen ansehen. Herr G. hat sich aus kleinen Verhältnissen zum Chef einer großen Dienststelle »heraufgearbeitet«, wie er sagt. Er möchte, daß seine Kinder es auch zu etwas bringen. Aber den Kindern imponiert der Erfolg des Vaters nicht. Sie interessieren sich nicht für ihren persönlichen Erfolg. Der Vater schickt sie aufs Gymnasium, um ihnen den Aufstieg auf der sozialen Treppenleiter zu erleichtern – und die Kinder verbringen ihre Freizeit mit Lehrlingen. Sie diskutieren mit den Lehrlingen über gerechtere soziale Verhältnisse, über bessere Arbeitsbedingungen. »Das bringt euch doch nicht weiter«, stöhnt der Vater. Die Kinder sind anderer Ansicht.
Aber der Vater läßt mit sich reden. In Streitgesprächen, die mit Türenknallen und Anschreien begannen, hat die Familie sich schließlich zusammengerauft. Heute versteht der Vater seine Kinder.

Die Eltern steigen von ihrem Thron. Die Einübung auf ein »Leben mit Konflikten« kann aber nur in einer Familie stattfinden, in der weder Vater noch Mutter unter Denkmalschutz stehen. Die verschiedenartigen Ansichten und Temperamente, die Fehler und Schwächen aller Familienmitglieder bilden Reibungsflächen, an denen sich Diskussionen entzünden können. In der patriarchalischen Familie wurde immer nur von oben nach unten diskutiert, kritisiert, angeordnet. Wenn man von vornherein weiß, daß immer derjenige recht

behält, der die größeren Machtbefugnisse besitzt, dann vermeidet man klugerweise jede Auseinandersetzung. Diese lineare Familienordnung war so einfach und überzeugt heute noch einfache Menschen, die nur geradeaus denken können oder wollen.
Die Ordnung in einer partnerschaftlichen Familie entsteht täglich aufs neue, in einem ununterbrochenen dialektischen Prozeß. Indem man wechselseitige Kritik nicht mehr unterbindet, verliert der Konflikt den Geruch des Negativen, und die Auseinandersetzungen bekommen eine ganz neue Qualität.
Vielen Eltern bereitet diese Umstellung heute Schwierigkeiten. Indem sie sich nicht mehr über ihre Kinder stellen, geben sie ihnen mehr Freiheit. Und Freiheit – das bedeutet für den, der noch keine Übung im Umgang mit der Freiheit hat, oft nur Ellbogenfreiheit.

Die neue Freiheit. Wir sprachen in einer Diskussionsrunde über die nichtautoritäre Erziehung, da schüttelte eine ältere Dame besorgt den Kopf. »Ich sehe da keine Grenzen«, sagte sie immer wieder.
Die jüngeren Gesprächsteilnehmer lächelten leicht überheblich – diese Grenzen wollen wir ja gerade beseitigen! Heute bin ich nicht mehr ganz so sicher, welche Grenzen diese Frau meinte. Es tut mir leid, daß wir uns nicht darüber ausgesprochen haben.
Unsicher wurde ich, als ich aus nächster Nähe die Folgen einer mißverstandenen antiautoritären Erziehung erlebte. Frau K. hatte ihre beiden Kinder, sie sind 10 und 12 Jahre alt, nach alter Gewohnheit in Gottesfurcht und Strenge erzogen. Über Erziehung wurde in dieser Familie nicht viel nachgedacht. Die Eltern ordneten an, und die Kinder hatten zu gehorchen. Die K.s, das muß ich hinzufügen, sind äußerlich betrachtet eine moderne Familie, moderne Möbel, Kleider nach der neuesten Mode – nur in der Erziehung hielten sie sich an alte Traditionen. Da bekam Frau K. eines Tages das Buch von A. S. Neill »Erziehung in Summerhill« zu lesen. Sie gab es ihrem Mann, und die beiden mußten sich sagen, daß sie in der Erziehung hoffnungslos altmodisch waren. Sie hatten, so stellten sie beschämt fest, nahezu alles verkehrt gemacht. Die Kinder brauchen mehr Freiheit, wir dürfen ihnen nicht ständig etwas gebieten und verbieten, sagten sie sich. Vielleicht wäre alles gutgegangen, wenn die K.s das Buch zehn Jahre früher in die Hand bekommen hätten, als die Kinder noch kleiner waren. Aber der Übergang von einer autoritären zu einer nichtautoritären Erziehung kam für die beiden Kinder völlig überraschend. An Befehle und Gehorchen gewöhnt, sahen sie sich nun auf einmal in ein Wasser geworfen, in dem sie gar nicht schwim-

men gelernt hatten. Die beiden lebhaften Kinder, deren Eigeninitiative durch die strengen Eltern bislang stark gebremst worden war, gerieten außer Rand und Band.
Als sie einmal bei uns eingeladen waren, versetzten sie unseren Nachbarn in Angst und Schrecken, als sie plötzlich auf dem Glasdach seiner Werkstatt herumpolterten. Nachdem er sie verjagt hatte, sprangen sie durchs Fenster in unsere Wohnung und warfen sich nacheinander den Erwachsenen mit Vehemenz auf den Schoß. Einer Dame rissen sie die Perücke vom Kopf, einer anderen drückten sie die Fingerknochen so zusammen, daß sie vor Schmerz aufschrie.

Von einem Extrem ins andere. Die Eltern der beiden Wildfänge waren ratlos. Sie suchten einen Psychologen auf, aber nach einem Jahr kapitulierten sie. Heute leben die beiden Kinder in einem Internat, wo sie von frommen Schwestern wieder zu Gottesfurcht und Tugend zurückgeführt werden sollen. Nicht jeder Fall artet so kraß aus. Aber häufig beobachten wir Eltern, die, dem allgemeinen Trend folgend, ihre Kinder nicht mehr so streng erziehen. Sie lassen einfach alles laufen. Wenn ihre Kinder unangenehm auffallen, dann geraten diese Eltern in eine regelrechte Panikstimmung. »Hätten wir unsere Kinder doch strenger erzogen«, sagen sie sich. Deshalb kann ich die eben erwähnte Dame heute besser verstehen, die so besorgt fragte: »Wo sind denn da die Grenzen?« Wenn ich ihr noch einmal begegnete, würde ich ihr gerne sagen: »Natürlich gibt es Grenzen, die Grenzen sind immer da, wo die Interessen des Mitmenschen beginnen. Unsere Kinder müssen lernen, ihren Platz zu behaupten, ohne anderen den Platz wegzunehmen. Das ist gar nicht so einfach, das muß man regelrecht lernen – von klein auf – bis ins Erwachsenenalter!«

Familie – Übungsfeld demokratischer Verhaltensweisen. Die berufstätige Mutter kommt abgespannt von der Arbeit nach Hause. Ihre Tochter Simone genießt ihren letzten Ferientag, sie sitzt vorm Fernseher und sieht einen spannenden Krimi. Da entspinnt sich zwischen Mutter und Tochter eine Debatte.
Mutter: »Hast du deine Schultasche schon gepackt?«
Simone: »Mach ich morgen früh.«
Mutter: »Ich würde es aber jetzt machen, morgen früh vergißt du sicher wieder was.«
Simone: »Ich vergeß schon nichts, ich mach das doch immer morgens.«
Mutter geht ins Nebenzimmer, weil sie dort Stimmen hört, und sagt dann vorwurfsvoll: »Hier läuft ja noch das Tonband!«

Simone: »Dann stell es doch ab!«
Jetzt wird die Mutter wütend. Sie stellt nicht das Tonband, sondern den Fernseher ab und schimpft: »Das Tonband stellst du ab!«
Simone, die in ihrem Krimi gestört wird, zischt: »Du bist gemein. Ich hasse dich!« Sie geht aus dem Zimmer und knallt die Tür zu.
Danach will die Mutter mit Simone sprechen, aber die sagt: »Ich spreche nicht mehr mit dir, ich will dich nicht mehr sehen.«
Die Mutter wartet ab. Gegen Abend reden die beiden dann doch miteinander. Simone sagt: »Du bist schrecklich. Einmal bist du nicht autoritär, und dann bist du wieder autoritär. Ich weiß nie, wie ich mit dir dran bin! Wenn Vater da gesessen hätte, dann hättest du das Tonband abgestellt und nicht den Fernseher!«

Beim Streitgespräch wird man klüger. Nun sagen Mutter und Tochter sich gegenseitig die Meinung. Sie sprechen lange, und am Ende haben beide einige neue Einsichten gewonnen. Die Mutter war gereizt, weil sie sich überlastet fühlt. Wenn sie aus dem Beruf nach Hause kommt, dann bleiben 80% der Hausarbeit »an ihr hängen«, wie sie sagt. Die Tochter hält ihr vor: »Du stöhnst immer erst hinterher, wenn du die Arbeit schon getan hast. Ja, ich weiß, wir stellen uns so ungeschickt an, da sagst du dir: ›Dann mach ich's lieber selber.‹ Und wenn du immer alles alleine machst, dann fühlen wir uns schließlich nicht mehr mitverantwortlich und werden bequem.«
Die Mutter erinnert sich, daß sie früher, als junges Mädchen, auch »bequem« war und daß ihre Arbeitswut erst später im eigenen Haushalt erwachte.
Vielleicht sollte man die Arbeit einfach mal liegenlassen, sagt sie sich, und dann gemeinsam mit dem Mann und den Kindern überlegen, wie man sie am besten einteilt. Simones Mutter ist erst seit einigen Jahren wieder in ihren Beruf zurückgegangen, so hat sie die Gewohnheit, die Hausarbeit allein zu machen, beibehalten. Aber das soll jetzt anders werden, sagt sie sich.

Wenn Vater und Mutter berufstätig sind. Die demokratische Form des Zusammenlebens in der Familie – das können wir heute schon beobachten – wird erleichtert, wenn beide, Vater und Mutter, berufstätig sind. Damit wird sich – ohne großes Aufsehen – die althergebrachte Rollenverteilung von Vater und Mutter langsam aufheben. Einige haben diesen Schritt schon vollzogen, andere leben noch in der traditionellen Vorstellung, daß die Frau ins Haus gehört.

In einer Kneipe beobachten wir eine Gruppe von etwa 15 Männern. Sie treffen sich hier zu einem »Klassentag«. Nach Jahren sehen sie sich zum erstenmal wieder. Claus B. war überrascht, als die Rede auf die Frauen kam. Etwa die Hälfte seiner ehemaligen Klassenkameraden hob die Hand, als einer von ihnen gefragt hatte: »Wessen Frau ist berufstätig?« – »Meine Frau braucht nicht zu arbeiten.« Es klang nicht sehr taktvoll, als Claus B. das sagte. Um den Vorwurf abzuschwächen, begann er mit einem etwas umständlichen Vortrag über die Familie, die doch immer leidet, wenn die Mutter berufstätig ist.
Einige schwiegen, etwas verlegen, sie hatten ein schlechtes Gewissen, weil sie tatsächlich nicht genug verdienten. Einige wurden unsicher. Vielleicht kommt die Familie wirklich zu kurz, sagten sie sich. Bis Herbert M. das Wort ergriff. »Meine Frau ist auch berufstätig«, sagte er, »aber davon will ich nicht weiter reden.«

Eine alleinstehende Mutter. Ich hab da noch ein besseres Beispiel. In unserem Haus wohnt eine Kriegerwitwe. Der Frau blieb gar keine Wahl, sie mußte arbeiten. In den ersten Jahren lebte die Großmutter noch. Als sie starb, mußte die junge Frau allein fertig werden. Sie arbeitete bei der Post. Der Junge ging zur Schule. Mittags kam er auch zur Post und aß mit der Mutter in der Kantine. Wir kamen öfter mit der Frau ins Gespräch, wenn wir für sie Pakete annehmen mußten oder so. Wir haben sie immer bewundert und fragten auch manchmal: »Wie machen Sie das eigentlich, Haushalt und Beruf so unter einen Hut zu bringen?« – »Ach«, sagte sie, »man muß nur etwas mehr mit dem Kopf arbeiten und alles richtig einteilen. Mein Sohn hilft mir dabei, er ist dadurch viel früher selbständig geworden als andere Kinder.«
Ein Prachtjunge übrigens. Er konnte schon mit 12 Jahren kochen, einkaufen. Wenn er aus der Schule kam, lag immer auf dem Küchentisch ein Zettel, darauf stand, was er einkaufen, woran er denken sollte. Später machte er das alles ganz selbständig.
Inzwischen ist aus diesem Jungen ein Ehemann geworden. Er hat Psychologie studiert, seine Frau ebenfalls. Sie sind beide berufstätig und haben ein Kind. Also, ich kann mir vorstellen, daß bei diesen beiden die Familie bestimmt nicht vernachlässigt wird.

Wenn die Mutter Geld verdient. Nun meldete sich noch ein anderer zu Wort, der anfangs zur Partei der Unsicheren gehörte. Aber jetzt sah er seine eigene Situation etwas selbstsicherer: »Meine Frau ist vier Jahre älter als ich«, sagte er, »als wir heirateten, war sie schon im Beruf. Ich studierte noch. Und weil ich meine Zeit damals besser einteilen konnte als sie, machte ich die Hausarbeit. Das klappte auch ganz gut. Ich bin nämlich praktisch veranlagt. Meine Frau hat dann den Beruf auch nicht aufgegeben, als die Kinder kamen. Wir machten die Hausarbeit jetzt immer gemeinsam, abends und morgens. Wir konnten den Verdienst meiner Frau auch gut gebrauchen, nachdem wir nicht mehr nur zwei, sondern vier Personen waren. Aber abgesehen davon – ich bin eigentlich froh, daß meine Frau den Beruf nicht aufgegeben hat. Nach meiner Erfahrung genießt die berufstätige Mutter in der Familie bei den Kindern etwas mehr Ansehen. Daß man sie liebt, das ist ja wohl selbstverständlich, aber daß sie auch außerhalb des Hauses gebraucht wird, das gibt ihr dieses Ansehen, und das scheint mir wichtig, auch für das Selbstgefühl der Frau.«

Die althergebrachte Rollenverteilung von Mann und Frau. Der anfangs so selbstsichere Claus B., der gesagt hatte, »meine Frau braucht nicht zu arbeiten«, war jetzt etwas nachdenklich geworden. »Nun ja«, meinte er, »meine Frau und ich, wir sind ganz anders erzogen worden. Meine Frau hat gar keinen richtigen Beruf erlernt.«
Die Vorstellung, daß Mann und Frau verschiedene Rollen zu spielen haben, ist ins Wanken geraten. Noch vor etwa fünf Jahren, als wir den Leuten auf der Straße die Frage stellten: »Wie soll Ihrer Meinung nach ein richtiger Junge und ein typisches Mädchen aussehen?«, entwarfen die meisten das Bild eines kleinen Draufgängers, der bei einem Streit kräftig die Fäuste gebraucht. Das Bild des Mädchens sah dagegen völlig anders aus, ein sanftes, freundliches Wesen, das dem Streit tunlichst aus dem Weg geht.

Die Unterschiede verwischen sich. Heute, nur fünf Jahre später, hat sich die öffentliche Meinung geändert. Da heißt es:
»Jungen und Mädchen würde ich gleich erziehen. In der Schule lernen sie ja auch in gemischten Klassen, und später, wenn sie in den Beruf gehen, muß sich ein Mädchen genauso behaupten wie der Junge.« – »Ich bin der Meinung, daß man Jungen und Mädchen gleich erziehen sollte.« –
»Ich würde die Jungen und Mädchen beide gleich erziehen. Da ich selber vier Kinder habe, mache ich keine Unterschiede. Ich bin der Meinung, daß das Ziel einer Erziehung das Hinführen zu einer selbständigen, verantwortungsbewußten Persönlichkeit sein muß, außerdem sollten im Erziehungsstil keine Unterschiede gemacht werden.«

Aber wie verhält man sich in der Praxis? Die Begründung für alle Antworten war, daß Mann und Frau heute vor dieselben Probleme gestellt werden. Aber wenn man dann die Praxis anschaut, bemerkt man doch immer noch Unterschiede. »Aber, aber«, hörte ich eine Frau vorwurfsvoll sagen, »ein Junge weint doch nicht!« Sie meinte einen kleinen Jungen, der mit tränenüberströmten Gesicht seinem Luftballon nachtrauerte, der auf Nimmerwiedersehen in den Lüften entschwand.
Und wie sieht es aus, wenn wir uns selbst kritisch beobachten? Mein Sohn bringt einen Freund ins Haus, der einige Tage bei uns bleibt. Und ich ertappe mich dabei, daß ich dem Jungen ein besonderes Lob spende, weil er sein Bett machte, sein Zimmer aufräumte und beim Geschirrspülen half. Gut und schön, aber einige Wochen vorher war ein junges Mädchen unser Gast. Als sie ihr Zimmer aufräumte und beim Spülen half, hatte ich das als ganz selbstverständlich hingenommen.

Vorurteile haben ein zähes Leben. Das heißt, wir möchten da eigentlich keine Unterschiede machen, aber wir tun es doch. Der Widerspruch wird besonders deutlich, wenn wir die eben befragten Leute mit der Frage konfrontieren: »Was meinen Sie, sollte eine Mutter berufstätig sein oder sollte sie sich lieber ganz dem Haushalt und den Kindern widmen?«
Dieselben Leute, die Jungen und Mädchen auf die gleiche Weise erziehen wollten, meinten nun:
»Solange ein Kind noch unselbständig ist und auf die Hilfe der Mutter angewiesen ist, nein. Später, wenn es erwachsen wird, ja, denn ich glaube, daß eine Mutter, die im Berufsleben steht, mehr Verständnis für ihre Kinder hat, als die, die mehr zu Hause ist.«
»Ich bin nicht der Meinung, daß eine Mutter durchaus berufstätig sein sollte. Natürlich sollte sie in den ersten zehn Jahren in erster Linie ihr Kind betreuen. Danach kann sie sich dann wieder dem Beruf widmen, wo sie sich gleichzeitig auch geistig weiterbilden kann.«
»Eine Mutter kann gern berufstätig sein, aber sie sollte noch Zeit für die Kinder haben. Die Kinder müßten dann so erzogen sein, daß sie der Mutter vieles abnehmen, denn dadurch hat ja auch die Mutter Zeit.« »Die Mutter sollte nur dann berufstätig sein, wenn sie die Aufgaben im Haus nicht mehr ausfüllen, und das bedeutet ja meist für die Kinder, die dann schon größer sind, daß sie die Mutter nicht mehr in dem Maße brauchen wie die Kleinkinder.« –

Eine Frau ging noch weiter:
»Nein, gerade das ältere Schulkind braucht das Gespräch und Verständnis der Mutter, da die Mütter sich von Rechts wegen ganz und gar der Erziehung der Kinder widmen müßten. Wenn es aber erforderlich ist, daß die Mutter arbeitet, so muß man dies ganz und gar von dem Alter des Kindes abhängig machen.« –

In der Sackgasse zwischen Haushalt und Beruf. Wir stehen hier vor einem Problem. Einerseits sagt die öffentliche Meinung, daß Jungen und Mädchen die gleiche Erziehung und die gleichen Berufschancen haben sollten, wie das der Frau ja auch im Grundgesetz garantiert ist. Andererseits – das machen die Antworten deutlich – ist man der Meinung, daß die Frau, wenn sie Kinder hat, nicht berufstätig sein sollte. Wie kann man diese beiden Forderungen unter einen Hut bringen? Einerseits geben wir den Jungen und den Mädchen die gleiche Erziehung, die gleiche Ausbildung, die gleichen Berufsmöglichkeiten. Und wenn dann das Mädchen heiratet, soll sie den Beruf verlassen – und sie tut es meist auch. Andere nehmen ihren Platz ein, und wenn sie nach Jahren den Beruf wiederaufnehmen möchte, ist der Platz besetzt. Vielleicht kann sie sich umschulen lassen, vielleicht kann sie durch Weiterbildung den Anschluß wiederfinden. Meist muß sie sich, das zeigt die Statistik, mit einer untergeordneten Tätigkeit begnügen, die weder ihren Fähigkeiten noch ihrer Ausbildung entspricht.
Wenn die Frauen aus diesem Teufelskreis herauskommen wollen, brauchen sie vermutlich die Hilfe der Männer.

Die vergessenen Väter. »Wer ist Ihrer Meinung nach für die Erziehung der Kinder wichtiger«, so haben wir noch einmal das Publikum befragt, »der Vater oder die Mutter?«
Hier sind die Antworten:
»Vater und Mutter sollen gemeinsam die Erziehung der Kinder in die Hand nehmen. Dabei wird es immer Schwerpunkte geben. Mal wird der Vater mehr gefordert, mal die Mutter.«
»Meines Erachtens sind beide Elternteile für die Erziehung verantwortlich. Ich traue aber einer Mutter mehr zu, weil sie das Kind immer bei sich hat und stets auf die Einstellung des Kindes eingehen kann. Der Vater ist gewissermaßen als eine entscheidende Instanz nur in den äußersten Fällen in Betracht zu ziehen.«
Hier treten Vater und Mutter noch einmal in der alten Rollenverteilung aus der vorindustriellen Zeit auf. Die meisten vertreten jedoch eine Ansicht wie diese: »Ich bin der Meinung, daß der erziehen

sollte, der das bessere pädagogische Talent hat. Normalerweise wird das immer die Mutter sein, wenn sie nicht berufstätig ist.«

Väter mit pädagogischem Talent. Wir haben uns an den Gedanken gewöhnt, daß die Mutter die geeignetere Erzieherin ist, ganz einfach deshalb, weil sie den Beruf aufgibt und bei den Kindern ist. Wenn man aber die einzelnen Elternpaare einmal ganz vorurteilsfrei betrachtet, dann stellt man fest, daß es auch Väter mit ausgesprochenem pädagogischen Talent gibt, und Mütter, die sich auf dem Gebiet der Erziehung nicht sonderlich geschickt benehmen.

Ein junges Ehepaar zog daraus die Konsequenzen. Beide waren berufstätig. Die junge Frau ist in ihrem Beruf etwas erfolgreicher. So hat der junge Mann sich entschlossen, seinen Beruf für einige Jahre aufzugeben und die Kinder zu betreuen. Nicht nur, weil er weniger verdiente, sondern weil er die stärkeren pädagogischen Neigungen hat.

Dieser junge Mann, so höre ich oft, bringt ein Opfer. Aber niemand käme auf den Gedanken, daß die Frau ein Opfer bringt, wenn sie den Beruf aufgibt.

Wenn davon die Rede ist, daß auch die Frauen die Chance eines beruflichen Aufstiegs bekommen sollten, dann denkt man dabei kaum einmal an die Hilfe, die der Mann dabei leisten könnte. Wenn die Frau unbedingt berufstätig sein muß oder möchte, dann rufen wir nach mehr Kindergärten und Kinderkrippen.

Emanzipation der Frau auf Kosten der Kinder. In der DDR, wo man bereits langjährige Erfahrungen mit Kindergärten und Kinderkrippen gemacht hat, stellten Psychologen fest, daß man bei Kindern, die in der Familie aufwachsen, eine menschenfreundlichere Grundhaltung beobachtet als bei Krippenkindern. Auch in der CSSR beginnt man dem Einfluß der allzu frühen Gruppenerziehung zu mißtrauen. Darum sucht man z. B. in Schweden andere Wege. Man möchte allen jungen Familien ermöglichen, daß beide, Mann und Frau, bei voller Bezahlung Teilzeitarbeit machen können, solange die Kinder klein sind.

Wenn dieser Plan verwirklicht wird, können beide, Vater und Mutter, sich in den entscheidenden ersten Jahren um die Kinder kümmern. Beide werden sich freier fühlen, wenn die Sorge um die finanzielle Basis und die Sorge für den Haushalt und die Kinder auf beider Schultern verteilt ist.

Die gleiche Verteilung der Lasten. Der Vater, der die Last des Geldverdienens für eine mehrköpfige Familie allein trägt, die Mutter, die vom öffentlichen Leben weitgehend isoliert lebt – sie könnten ihren Kindern bessere Partner sein, wenn einer dem anderen etwas von der Belastung abnehmen würde.

Gleichberechtigte und gleichmäßig verpflichtete Ehepartner werden sich auch den Kindern gegenüber nicht als Autoritäten aufspielen. Sie verhalten sich den Kindern gegenüber als Freunde. Von Freunden wird man nicht gemaßregelt, nicht geschlagen. Aber unter Freunden sagt man sich gelegentlich die Meinung – gegenseitig! Und man sagt sich die Meinung so, daß die Freundschaft erhalten bleibt!

Onkel und Tanten, die man nicht vergißt

Erwachsene, die nicht vollkommen sind. Verwandte sind auch Menschen! Mit diesem Ausspruch amüsieren wir uns selbstkritisch über die Tatsache, daß Verwandte oft hemmungslos kritisiert werden. Für die immer noch zahlreichen Eltern, die von ihren Kindern Respekt verlangen, ist diese Kritiklust eine vielleicht lebenswichtige Erfahrung. Diese Onkel und Tanten sind ja erwachsene Menschen, aber – Gott sei Dank – nicht so vollkommen, wie die Eltern und Erzieher es zu sein vorgeben. Wenn diese Onkel und Tanten etwas falsch machen, dann wird das nicht vertuscht oder gar abgestritten, man spricht genüßlich von ihren Fehlern und Schwächen, und dadurch werden sie zu lebendigen Menschen. Man kann sich über sie mokieren, sich über sie ereifern, und man kann sie gern haben, denn man muß sie nicht um jeden Preis respektieren.

Der befreiende Tratsch über die Verwandten. Lassen wir einmal diese Galerie von Onkeln und Tanten einer x-beliebigen Familie an uns vorbeiziehen, um sie – wie das in jeder Familie geschieht – kritisch zu betrachten.
Fangen wir mit dem an, der das meiste Aufsehen erregt, ganz einfach darum, weil er das größte Auto, das geräumigste Haus, das dickste Portemonnaie hat – Onkel Rainer.

Der Erfolgsmensch. Irgendwie hat dieser Mann mit seinem etwas großspurigen Auftreten den Nichten und Neffen stets imponiert. Er war nicht kleinlich. Er ließ die Kinder immer gewähren, auch als sie noch klein waren. Der Lärm und dieses typische Durcheinander, das Kinder oft hinterlassen, all das störte ihn anscheinend gar nicht. Darum mochten sie ihn gern. Sie kamen auch zu ihm, um ihn etwas zu fragen. Er hörte ihnen zu. Aber – hörte er wirklich zu, fragen sie sich heute, wo sie etwas älter geworden sind und schärfer beobachten: »Wenn du ihm etwas erzählst, dann guckt er dich an, als ob er durch dich hindurch schaute und dich gar nicht sähe. Und wenn man aufhört, redet er wieder vom Geschäft.«
Irgendwann müssen sie es gemerkt haben, daß er mit seinen Gedanken immer abwesend war, und nun interessieren sie sich nicht mehr sonderlich für ihn. Das scheint er gemerkt zu haben, denn jetzt prahlt er ab und zu – auch vor den Kindern – mit seinen geschäftlichen Erfolgen. Aber das imponiert ihnen absolut nicht:

»Also dieses Jobben, wie Onkel Rainer das macht, so möchte ich später nicht leben, der hat ja nichts anderes im Kopf als Geldverdienen.«

Jobber werden zu Hause in Watte gepackt. Sie erleben auch schon mit, wie teuer diese Erfolge erkauft werden. Seit einiger Zeit ist Tante Suse, seine Frau, eigentlich nur noch damit beschäftigt, allen häuslichen Ärger von ihm fernzuhalten. »Onkel Rainer muß geschont werden, Ruhe muß er haben.« Mehrmals im Jahr fährt er in ein Sanatorium. Die Erwachsenen berichten darüber mit besorgter Miene. Die Kinder schütteln mißbilligend den Kopf: »Nein, so nicht!« Sie wissen genau, was los ist. Obwohl Onkel Rainer sich nie über seine Arbeit beklagt hat. Im Gegenteil, er ließ oft durchblicken, daß ihm dieses Jobben Spaß macht. Aber die Kinder trauen dem nicht: »Ich möchte doch nicht mit Vierzig einen Herzinfarkt bekommen.«

Die Reisetante. Im Gegensatz zu Onkel Rainer beklagt sich Tante Hannelore ständig über ihre Arbeit. Sie ist Lehrerin und, wie sie sagt, »zum Glück unverheiratet, sonst schaffte ich das überhaupt nicht. Die Verheirateten sind ja auch alle naselang krank.«
Die ganze Verwandtschaft amüsiert sich darüber, daß Tante Hannelore es jedem begreiflich zu machen versucht, wie schwer, wie anstrengend es ist, bei dieser Jugend heute Lehrer zu sein.
Mit ihren Nichten und Neffen kommt sie ganz gut aus. Sie vergißt keinen Geburtstag, bringt ihnen von jeder Reise etwas mit. Ab und zu lädt sie die Verwandten ein, dann erzählt sie von ihren Reisen und zeigt Dias. Anfangs hat das allen Spaß gemacht, aber im Laufe der Zeit verloren die Reiseberichte an Anziehungskraft, vielleicht häuften sie sich auch zu sehr. Tante Hannelore fährt in den Weihnachtsferien ins Gebirge zum Skilaufen, in den Osterferien nach Südspanien oder Nordafrika, der Sonne entgegen, und in den Sommerferien macht sie Bildungsreisen in die fernöstlichen Länder und nach Amerika.
Von jeder Reise bringt sie einen Haufen Farbdias mit, und sie ist fest davon überzeugt, daß die ganze Verwandtschaft mit Spannung darauf wartet, diese Farbdias zu sehen und ihren Reisebericht zu hören.

Die intoleranten Erwachsenen. Aber die Erwachsenen machen das Spiel seit einiger Zeit nicht mehr mit. Sie verschanzen sich hinter Terminen und schicken die Kinder, wenn Tante Hannelore zum

Vortrag einlädt. »Die Kinder interessieren sich für die Reiseberichte«, so sagen sie.
Das stimmt und stimmt auch wieder nicht. Die Kinder sagen zu ihren Eltern: »Nun habt euch man nicht so«, wenn die Eltern stöhnen: »Wir können keine Dias mehr sehen!« Sie finden es etwas unfair, daß die Erwachsenen nun Tante Hannelore auf einmal völlig ablehnen, nachdem sie diese Reiseberichte langweilen. Zugegeben, sie hat sich mit diesen ewigen Dia-Vorträgen etwas zu sehr in den Vordergrund gespielt. Aber: »Warum hat ihr das nicht mal einer von euch gesagt?«, so werfen die Kinder den Eltern vor.
Nun versuchen die Kinder das Gleichgewicht wiederherzustellen und lassen sich nach jeden Ferien zu Kaffee und Kuchen und zum Dia-Vortrag einladen.

Umgang mit Kindern bildet. Bei diesem Publikum muß sich Tante Hannelore notgedrungen etwas umstellen. Die Kleineren laufen im Zimmer herum, sobald es langweilig wird. Und die Größeren gähnen ungeniert, wenn sie allzu lange Monologe hält.
So wird ganz von selbst aus dem Vortrag ein Gespräch. Man schweift vom Thema ab. Die Kinder erzählen von ihren positiven und negativen Erlebnissen. Da wird Tante Hannelore – ohne daß sie sich selbst in diese Rolle gedrängt hätte – zur älteren Freundin der Kinder. Sie kommen zu ihr mit ihren Schulschwierigkeiten, und dabei lernt Tante Hannelore – die Lehrerin –, Schulprobleme einmal von der anderen Seite zu betrachten. Daß sie dabei etwas lernt, ist nicht zu übersehen. Sie urteilt heute schon ganz anders über ihre Schüler, über »diese Jugend von heute«, wie sie damals sagte.

Warum sind Onkel beliebter als Tanten? Wenn man die Verwandtschaft ganz allgemein betrachtet, dann fällt einem auf, daß sich die Kinder, besonders die kleineren, mehr zu den Männern hingezogen fühlen als zu den Frauen. Das fällt allen auf. Sie finden es irgendwie komisch: »Wieso mögen sie ausgerechnet die Männer lieber?« Aber sie denken nicht weiter darüber nach.
Wenn sie sich etwas genauer beobachteten, würden sie rasch eine Antwort finden. Wenn Frauen zu Besuch kommen, steuern sie meist mit betonter Liebenswürdigkeit auf die lieben Kleinen zu, sie nehmen vielleicht das Kleinste auf den Arm, tippen ihm auf die Nase, auf die Brust und gackern dabei irgend etwas, das dem Kleinen Spaß machen soll. Oder sie drücken die Kleinen an sich: »Ach, du Süßes!«
Aber so etwas mögen die meisten Kinder nicht. Vor solchen Liebes-

bezeugungen nehmen sie Reißaus. Wenn Tanten kommen, verkriechen sie sich in den letzten Winkel.

Kinder wollen respektiert werden. Männer sind da im allgemeinen ganz anders. Sie setzen sich in den Sessel und kümmern sich gar nicht um die Kinder. Und nun treten die Kinder selbst in Aktion. Zunächst betrachten sie den Onkel aus der Ferne, dann pirschen sie sich langsam heran. Sie betasten seinen Arm, zupfen an seiner Jacke oder interessieren sich für seine Schuhe. Und wenn sie ihn von oben bis unten zur Kenntnis genommen haben, stellen sie auch eine Frage. Wenn der Onkel freundlich und sachlich Auskunft gibt, fühlen sie sich ernst genommen, und der Onkel kann einen Pluspunkt für sich buchen. Er ist akzeptiert, man kann sich an ihn wenden. Wenn er wiederkommt, nimmt man nicht Reißaus, sondern setzt sich dazu, wie die Erwachsenen das tun. Von dieser Erfahrung profitieren auch die anderen Männer, die man noch nicht kennt. Verhalten sie sich ähnlich reserviert – und sie tun es meist –, dann werden sie ebenfalls akzeptiert.

Der ernst zu nehmende Spaßmacher. Onkel Peter, genannt Pit – keiner käme auf die Idee, ihn Onkel zu nennen –, hat sich übrigens dieses reservierte Verhalten Kindern gegenüber bewußt angeeignet. Und von ihm hätte man es bei oberflächlicher Betrachtung vielleicht am wenigsten erwartet. Pit ist nämlich der geborene Spaßmacher. Es dauert nie lange, und er hat eine Kinderschar um sich versammelt.
Aber Pit ist ein scharfer Beobachter. Er hatte es bald heraus, daß man Kinder nur verscheucht, wenn man mit gespielter Lustigkeit auf sie zugeht. Darum macht er es wie die anderen Männer. Er wartet ab, kümmert sich zunächst gar nicht um die Kinder. Wenn sie dann von selbst zu ihm kommen und ein Gespräch anfangen, dann führt er ganz unerwartet irgendein Zauberkunststück vor.
Daß Pit zaubern kann, hat sich inzwischen herumgesprochen im Kreis der Nichten und Neffen und deren Freunde.
Seine Phantasie auf dem Gebiet der Zauberei erscheint unerschöpflich. Er kombiniert alte Tricks mit neuen Einfällen und bringt so sein Publikum zu immer neuem Staunen. Aber nicht weniger staunenswert ist seine pantomimische Begabung. Er ahmt alle Erwachsenen auf eine so komische Weise nach, daß man Tränen lachen muß.

Der Mann, der zu Hause nichts zu lachen hat. Nur einen erwachsenen Menschen nimmt er aus seinem Repertoire aus – seine eigene Frau! Sie sieht dem lustigen Treiben mit einem etwas überheblichen und gezwungenen Lächeln zu. Sie führt diesen vielseitig begabten Mann an einer unsichtbaren Leine, die sie fest in den Händen hält. Und Pit, der sonst vor nichts auf der Welt Respekt hat, vor seiner Frau kuscht er. Das wissen auch die Kinder schon, vielleicht lieben sie ihn darum um so mehr. Er ist für sie beinah schon so etwas wie eine tragische Figur, ein Problem. Sie zerbrechen sich den Kopf darüber, warum gerade dieser geborene Clown an eine Frau geraten ist, die keinen Humor hat:

»Habt ihr gesehen, wie unsicher er wird, wenn seine Frau dazukommt, wie er auf eine ganz ungeschickte Weise, die gar nicht zu ihm paßt, versucht, ihr Komplimente zu machen? Nein, das ist zum Heulen.«

Die Erwachsenen sehen das anders. Sie halten Pit für einen Bruder Leichtfuß, der sich freuen sollte, eine so energische Frau gefunden zu haben. Um so mehr Anlaß zur Kritik gibt ihnen dagegen die Ehe von Onkel Harry, den die Kinder ebenfalls sehr gerne mögen.

In manchen Ehen stimmt es nicht. Onkel Harry und Dorle, seine Frau, leben getrennt, aber in einem Haus. Harry bewohnt in der oberen Etage zwei große Räume, dorthin kommen auch seine Schüler, denen er privaten Musikunterricht gibt. Die Räume im Parterre bewohnt Dorle mit den beiden Kindern. Sie haben inzwischen gelernt, die Ehe der Eltern so zu nehmen, wie sie nun einmal ist.

Die Eltern hatten sich früher oft gestritten, aber jedesmal, wenn sich die Mutter scheiden lassen wollte, brach er in Tränen aus und versprach hoch und heilig, keiner anderen Frau mehr zu nahe zu treten. Aber er war unfähig, das Versprechen zu halten.

Dorle und die Kinder gewöhnten sich schließlich an den Zustand. Das Ganze war nebenbei auch ein finanzielles Problem, da der Vater nicht mit dem Geld umgehen konnte. Aber auch hier fand sich eine Lösung. Dorle nahm ihren früheren Beruf wieder auf, und die Familie führt jetzt eine getrennte Haushaltskasse, zu der der Vater einen bestimmten Betrag beisteuert. Er kommt nur morgens zum Frühstück herunter, und wenn er zu Hause ist, sitzt er auch am Abend bei der Familie.

Ein guter Gesprächspartner mit schlechtem Ruf. Besonders wenn die Nichten und Neffen zu Besuch kommen, heißt es: »Wo ist Onkel Harry?«, und dann holen sie ihn herunter. Einen so anregenden Gesprächspartner wie Onkel Harry findet man selten. Er ist eigentlich immer anderer Meinung als die anderen, und die Art und Weise, wie er seine Meinung begründet, belebt das Gespräch dermaßen, daß manchmal alle auf einmal reden möchten.

Dabei ist seine Art zu reden ganz undogmatisch. »Er redet wie ein sehr kluges Kind«, sagte seine Tochter mal. Was er sagt, ist immer originell, aber er sagt es so, daß alle das dringende Bedürfnis verspüren, ihn zu belehren. Oft sitzen sie bis morgens drei, vier Uhr zusammen. Dann maulen die Eltern, deren Kinder so spät nach Hause kommen. »Was macht ihr nur so lange bei Onkel Harry?« fragen sie, weil sie ihm alle nicht so recht über den Weg trauen. Und sie fürchten insgeheim, daß er einen schlechten Einfluß auf die Kinder ausübt. Aber wenn sie ihnen das vorhalten, lachen die Kinder: »Ach, ihr kennt ja alle Onkel Harry nicht, der ist Klasse!« Neuerdings sieht man oft einige Langmähnige bei ihm. Das sind Schüler, die bei ihm Gitarre spielen lernen wollen. Alle wundern sich, daß er mit diesen jungen Leuten so gut auskommt, weil er eigentlich nur in der klassischen Musik zu Hause ist. Manche bezeichnen ihn auf diesem Gebiet als ein vertrotteltes Genie.
Aber diese jungen Gitarristen sind von ihm und dem, was sie bei ihm lernen, fasziniert. Und auch Onkel Harry ist ganz glücklich dabei, weil er verschiedentlich versucht hat, an Schulen Musikunterricht zu erteilen, und dann jedesmal kläglich scheiterte.

Die lehrreichen Probleme der Erwachsenen. All diese Onkel und Tanten – ob sie nun zur Verwandtschaft gehören oder nicht – ziehen an den Kindern vorbei als Akteure in einem Lehrstück, bei dem die Kinder handelnd eingreifen können, noch nicht als die Hauptpersonen, aber als Nebenfiguren, die dabeistehen, zusehen und auch mitreden können, und die sich vor allem ihre Gedanken machen: Das gefällt mir! – Das gefällt mir weniger! – Das mag ich gar nicht, ich mach das später mal ganz anders!
Die Erwachsenen wissen meist gar nicht, wie scharf sie beobachtet werden. Sie wissen wohl auch nicht, wieviel Nachsicht die Kinder mit ihnen üben, mit ihren Fehlern und Schwächen, die sich manchmal, unter günstigen Umständen, plötzlich in Tugenden verwandeln.
Vielleicht gelingt es uns Eltern, wenn wir die Fehler und Schwächen der lieben Verwandten unter dem Vergrößerungsglas betrachten, der Tatsache mutig ins Auge zu sehen, daß wir selbst auch nicht zu den vollkommenen Menschen zählen, als die wir uns vor den Kindern allzuoft aufspielen.

Die Wiederentdeckung der Großeltern

Im Zwiespalt zwischen Herz und Verstand. An der Ladenkasse steht eine Großmutter mit ihrem Enkelkind. »Ich möchte ein Eis, bitte kauf mir eins«, bettelt das Kind und zeigt auf die Box mit Eisbechern, die so verführerisch nah an der Kasse steht.
Die Großmutter zögert einen Augenblick, dann kauft sie rasch noch ein Eis. Aber während sie bezahlt, schüttelt sie energisch den Kopf und sagt, halb im Selbstgespräch, halb zu der Kassiererin: »Richtig ist das nicht, man soll den Kindern nicht jeden Wunsch erfüllen. Aber man kann so schlecht ›nein‹ sagen als Großmutter – und ich weiß doch genau, das ist eigentlich falsch.«
Die Kassiererin nickt und schüttelt gleichzeitig den Kopf: »Ich kenn das, ich hab auch Enkelkinder.« Aber sie ist unsicher, denn bei ihr ist die Liebe zu den Enkelkindern auch etwas stärker als der Grundsatz: Man soll die Kinder nicht verwöhnen!

In alten Zeiten nannte man sie Bestmutter. Irgendwann haben die Eltern entdeckt, daß die Großeltern ihre Kinder verwöhnen, wie sie das nennen. Die Zeiten, wo man die Großmutter die »Bestmutter« nannte, sind längst vergessen. Diese Bestmutter, die auf dem Altenteil saß und dem Leben und Treiben nur noch aus einer gewissen Distanz zusah, nahm sich das Recht heraus, die Kinder, denen man an Arbeitsleistung oft schon recht viel zumutete, etwas in Schutz zu nehmen. Haben die Kinder heute diesen Schutz nicht mehr nötig?
Die Zwangsvorstellung, daß die Großeltern die Kinder nur verwöhnen, muß ungefähr zu der Zeit aufgekommen sein, als der Begriff »Leistungsgesellschaft« in unserem Sprachschatz auftauchte. Vielleicht war es auch schon etwas früher. Da packte die Eltern der durchaus verständliche und berechtigte Ehrgeiz: Unsere Kinder sollen es einmal besser haben!

Die sogenannte bessere Zukunft. Aber was verstehen sie darunter? Vernünftigerweise könnte man dabei an die soziale Sicherheit denken, an Chancengleichheit und an eine gerechtere Verteilung des Eigentums. Auf dieser Basis würden es die Kinder einmal besser haben.
Dieser Gedanke liegt den meisten Eltern noch fern. Sie denken weniger an das Gemeinwohl, sie nehmen sich die wenigen Reichen

zum Vorbild, die es »geschafft« haben, die – weiß der Teufel auf welche Art auch immer – Erfolg hatten.
»Wenn man Erfolg haben will in unserer Leistungsgesellschaft, dann muß man eben etwas leisten«, so sagten sie, »man muß arbeiten und fleißig sein.«
Die Großeltern hatten da etwas andere Erfahrungen gemacht. Der Großvater meinte: »Na, dann leistet man schön. Eine Leistungsgesellschaft – so hab ich mal gehört – ist eine Gesellschaft, in der einige wenige sich alles leisten können.« Und die Großmutter sagte: »Wir haben die Hände auch nicht in den Schoß gelegt, aber von Hände Arbeit ist noch niemand reich geworden.«
Die Eltern glaubten den Großeltern nicht. »Ihr habt ja wahrscheinlich nicht genug geleistet!« trumpften sie auf. Sie machten Überstunden und verkauften den Volkswagen, um sich einen Opel kaufen zu können.

Die Kinder sollen es besser haben, so sagen sie. Und sie ermahnen ständig die Kinder: »Seid fleißig! Paßt gut in der Schule auf! Habt ihr die Schulaufgaben schon gemacht? Schreibt noch eine Übungsarbeit, damit ihr im nächsten Diktat nicht wieder so viele Fehler macht!«
Wenn man schon mit seiner Hände Arbeit nicht reich werden kann, dann muß man eben nach einem Beruf streben, bei dem man sich die Hände nicht schmutzig macht. Wer in der Schule gut ist, der erreicht das, der kann später einen besser bezahlten Job bekommen, so denken die Eltern.
Die Großeltern nehmen die Kinder manchmal in Schutz: »Nun laßt doch die Kinder. Sie sitzen ja den ganzen Nachmittag über den Schularbeiten, das geht doch nicht, sie müssen doch auch mal spielen, sich bewegen!« Den Großeltern tun die Kinder leid. Sie versuchen, ihnen schon mal etwas zuzustecken. Sie erlauben ihnen etwas, das die Eltern verbieten.
»Ja, ihr nehmt sie auch noch in Schutz«, beklagen sich die Eltern – ärgerlich über diese Großeltern, die sich immer einmischen, die einem das Konzept verderben. Also raus mit den Großeltern! Sie verwöhnen die Kinder ja nur. Wir wollen unsere Kinder nach unseren eigenen Vorstellungen erziehen.

Wohin mit den alten Leuten? In den letzten Jahren ist man allerdings etwas unsicher geworden. Ob mit oder ohne Großeltern, die Erziehungsschwierigkeiten sind geblieben. Nur kann man sie jetzt nicht mehr den Großeltern in die Schuhe schieben, nachdem man

sie fortgeschickt hat. Man fragt sich aber auch, ob es richtig war, die Generationen so rigoros voneinander zu isolieren. Indem man sie auf ein Abstellgleis schiebt, beraubt man sie frühzeitig der Möglichkeit, sich in der Gesellschaft noch nützlich zu machen.
Während in der Öffentlichkeit einerseits der Ruf nach mehr Altersheimen ertönt, fragt man sich auch schon, ob es nicht besser wäre, Wohnungen zu bauen, in denen Alte und Junge nebeneinander leben könnten, ohne sich gegenseitig zur Last zu fallen.
Man sollte meinen, daß dieses Zusammenleben von alten und jungen Leuten beiden Teilen viele Vorteile brächte. Jeder kann sich ausrechnen, daß bei dem gemeinsamen Haushalt viel eingespart werden kann. Wenn die Mutter berufstätig ist (42% der Frauen sind es!), könnten sich die Großeltern um die Kinder und um die Küche kümmern.

Auf der Rennbahn zum Erfolg sind die Alten fehl am Platz. Warum hören wir dann trotzdem immer so viele Klagen über Dinge, die das Zusammenleben von Alten und Jungen schwermachen? Wenn wir das Verhältnis zwischen Alten und Jungen einmal kritisch und ohne Emotionen betrachten, dann spiegelt sich darin der Lebensstil unserer Gesellschaft, die sich demokratisch nennt, aber immer noch einem liberalistischen Freiheitsbegriff huldigt. Im Geschäftsleben, im Beruf, auf der Straße – überall gilt die Spielregel: Erfolg hat derjenige, der sich durchzusetzen versteht, sei es mit Schläue, sei es mit der rücksichtslosen Kraft seiner Ellbogen. Man nennt das Lebenskampf. Dieser Kampf setzt sich zwischen den Alten und den Jungen in der Familie fort. Dabei ist durchaus nicht immer gesagt, daß bei diesem Kampf die Jugend, als die körperlich stärkere, siegt. Wenn die Jungen sich als die Stärkeren erweisen, werden sie die Alten unterdrücken, ausbeuten oder ganz einfach beiseite schieben. Oft übertreffen aber auch die Alten die Jüngeren an Zähigkeit und Durchsetzungskraft.

Soziales Verhalten gibt auch den alten Leuten eine Chance. Wo immer sich aber heute demokratischere Formen des Zusammenlebens durchsetzen, da wird auch das Verhältnis zwischen Alten und Jungen menschlicher. Beide Parteien lernen Toleranz zu üben, sie erkennen ihre gegenseitigen Vorzüge und Schwächen, und so beobachten wir mehr und mehr Fälle wie diesen:
Bei Familie H. wohnen vier Generationen unter einem Dach. Ursel H. und ihr Mann sind beide berufstätig und haben zwei Kinder. Weil Ursel ihren Beruf nicht aufgeben wollte, haben sie gemeinsam

mit den Eltern ein Haus gebaut. Ursels Mutter versorgt den Haushalt und die Kinder, Ulrike (2) und Andreas (4). Außerdem lebt in dem Haus noch die gelähmte Urgroßmutter.
Diese alte Frau, die immer an derselben Stelle in ihrem Rollstuhl sitzt, wirkt in der Familie wie ein ruhender Pol, der die beiden Kleinen von Zeit zu Zeit wie ein Magnet anzieht.
Die Großmutter arbeitet im Haus, im Garten, sie ist bald hier, bald dort. Aber die Urgroßmutter bleibt immer auf demselben Fleck, in ihrem Zimmer auf ihrem Platz am Fenster, und sie weiß auf die tausend Fragen der Kinder immer eine Antwort.

Gegenseitigkeit heißt voneinander lernen. Die Harmonie in dieser Familie beruht natürlich in erster Linie darauf, daß jeder auf den anderen angewiesen ist. Darüber hinaus gehört Ursels Mutter zu den nicht sehr zahlreichen älteren Leuten, die bereit sind, zu lernen und – gegebenenfalls – umzulernen.
Sie erzieht die Enkel anders, als sie selbst erzogen wurde. »Früher zu meiner Zeit«, sagt sie, »war alles anders. Damals mußten wir uns immer nach den Erwachsenen richten, denn als Kind lernte man, und als Erwachsener hatte man ausgelernt, da war man fertig. Aber heute beginnt der Prozeß der Selbständigwerdung schon in der Kindheit, langsam, schrittweise – und als Ausgleich dafür muß der Erwachsene bereit sein, immer noch und immer wieder dazuzulernen.«
Durch diese Bereitschaft wird die Kluft zwischen Alten und Jungen weitgehend eingeebnet. Und darum leben in dieser Großfamilie vier Generationen ziemlich reibungslos nebeneinander.
Den beiden Kindern bleibt die Tatsache, daß jeder von uns einmal alt und vielleicht sogar gebrechlich wird, nicht verborgen. Sie tragen der alten, kranken Urgroßmutter vieles herbei, was sie sich nicht selbst holen kann. Aber sie wissen auch schon den Wert dieser Frau zu schätzen, die immer ein offenes Ohr für sie hat. So wachsen sie – gebend und nehmend – in einer Atmosphäre der Gegenseitigkeit auf, die ihre Spuren hinterlassen wird, unaufdringlich und nachhaltig.

Warum wollen die meisten Jungen die Alten abschieben? Daß es eine Harmonie dieser Art aber anscheinend nicht sehr häufig gibt, erfuhr ich anläßlich einer öffentlichen Diskussion über das Zusammenleben von Alten und Jungen. Als ich von dieser Großfamilie berichtete, da unterstellte mir ein Diskussionsteilnehmer rundheraus, daß ich diese Familie wohl erfunden hätte. Aus der Heiterkeit und dem Beifall, den diese Bemerkung auslöste, ging deutlich hervor,

daß soviel Verständnis und Lernbereitschaft bei der älteren Generation hierzulande offenbar Seltenheitswert besitzt.
Im Anschluß an diese Diskussion bekam ich einen Brief einer unverheirateten Frau. Sie schrieb mir, um mir die Probleme des Zusammenlebens von Alten und Jungen einmal von der anderen Seite zu zeigen:

Was erschwert das Zusammenleben von Alten und Jungen? »Vor einigen Monaten ist meine Mutter 85jährig gestorben. Ich habe praktisch mein ganzes bisheriges Leben mit ihr verbracht. Nur drei Jahre war ich von zu Hause fort. Kurz nach dem Examen bekam ich eine Stelle an einem Krankenhaus in Süddeutschland. Mit Schwung begann ich mir damals ein eigenes Leben aufzubauen. Dann starb mein Vater, und Mutter war allein. Zunächst dachten wir alle, sie würde zu meiner Schwester ziehen; die war verheiratet, hatte zwei kleine Kinder und arbeitete als Bibliothekarin in unserer Stadt. Dort hätte die Großmutter helfen können, denn meine Schwester mußte arbeiten, weil ihr Mann damals noch wenig verdiente.
Aber nach kurzem Aufenthalt stand für Mutter fest: zu meiner Schwester würde sie auf keinen Fall ziehen. Mein Schwager hätte sich das ›ständige Herumkommandieren‹, wie er das nannte, nicht gefallen lassen. Und für meine Mutter war er ›ein unmöglicher Mensch‹. Mit meiner Schwester hatte sie sich früher immer besser verstanden als mit mir, aber als die Mutter der Tochter jetzt vorhielt, was sie alles falsch machte, sagte meine Schwester entschieden: ›Das ist mein Haushalt und mein Leben. Ich mache es so, wie ich es den Verhältnissen entsprechend machen muß.‹ So kam die Mutter zu mir, unglücklich, mit einem nervösen Herzleiden und etlichen anderen Krankheiten, die immer dann auftraten, wenn sie unzufrieden oder unbeschäftigt war. Mir tat sie damals leid. Ich hatte mich mit meinem Vater immer gut verstanden und nahm mir vor, nun auch mit der Mutter gut auszukommen. Und ich kam gut mit ihr aus, denn ich kannte ja ihre Fehler. Ich wußte, daß sie keine Kritik vertragen konnte, also übte ich keine. Ich wußte, daß sie Beschäftigung brauchte, darum ließ ich sie in unserem kleinen Haushalt schalten und walten.
Erst spät, zu spät, kamen mir Zweifel an der Richtigkeit meines Verhaltens. Aus reiner Bequemlichkeit hatte ich ihr nie widersprochen. Um des lieben Friedens gab ich allen ihren Wünschen nach. Ich ließ mich dazu überreden, ein Haus zu bauen, und überließ ihr in Haus und Garten das Regiment. Die Probleme begannen erst, als ihre Kräfte nachließen. Nun brauchten wir Hilfskräfte, die Haus

und Garten in Ordnung hielten, die schwer zu bekommen waren und sich rasch wieder entfernten, weil sie sich nicht gern von Mutter ›herumkommandieren‹ ließen.

Mutter wurde älter. Sie hätte ein Hörgerät gebraucht. Aber sie lehnte es strikt ab. ›Dich verstehe ich ja, das genügt mir‹, sagte sie. Wenn ich ihr gesagt hätte, daß es mich sehr anstrengte, so laut zu sprechen, wäre sie gekränkt gewesen. Verwandte kamen immer seltener zu ihr. So konzentrierte sich ihr Bedürfnis auf Geselligkeit ausschließlich auf meine Person. Wenn ich abends müde nach Hause kam, hieß es: ›Nun erzähl doch mal, wie war es denn heute.‹ Wenn ich Freunde besuchen wollte, wurde sie krank. ›Du darfst mich nicht mehr alleine lassen!‹ klagte sie. An Ferien war in den letzten zehn Jahren nicht mehr zu denken.

Als ich ihr einmal zu verstehen gab, daß ich auch mal Ferien machen, verreisen möchte, sah sie mich streng an. ›Ich sehe schon, du wirst mich noch in ein Altersheim abschieben‹, sagte sie spitz. Aber zu solchen Mißtönen kam es selten. Ich gab immer nach, weil mir zum Widerspruch einfach die Kraft fehlte, die ich in meinem anstrengenden Beruf brauchte.

Wenn meine Bekannten sagten: ›Du hast es doch gut, daß du deine Mutter im Hause hast‹, nickte ich zufrieden. Aus reinem Selbsterhaltungstrieb redete ich mir ein, daß ich es wirklich gut hätte.

Nun ist meine Mutter tot. Als sie starb, war ich sehr traurig, und ich habe geweint. Aber heute fühle ich mich auf eine unbeschreibliche Weise frei. Ich klage meine Mutter nicht nachträglich an, denn ich weiß, sie konnte nicht anders. Sie gehörte zu einer Generation, in der die Kinder gehorchen gelernt hatten. Als sie erwachsen waren, schlüpften sie in die Rolle derer, die zu bestimmen hatten. Erwachsene waren fertige Menschen, sie hatten ausgelernt, sie machten nichts mehr falsch. Wenn man sie auf einen Fehler aufmerksam machte, tat man ihnen körperlich weh, denn Fehler machten in ihrer Vorstellung nur jüngere Menschen und Kinder. Daß jüngere Menschen oder gar Kinder einen älteren auf Fehler aufmerksam machten, das galt als ungehörig; so hatte man es ihnen beigebracht, als sie selbst klein waren.

Das ist der Grund, warum ich immer wieder über meine Mutter und ganz allgemein über das Verhältnis zwischen Alten und Jungen nachdenken muß. Ich glaube, das Ganze ist ein Erziehungsproblem. Wenn ich Kinder hätte, dann sollten sie von Anfang an lernen, daß nicht nur Kinder, sondern auch Erwachsene Fehler machen, damit sie später, wenn sie alt werden, bereit sind, Fehler einzugestehen, einzusehen, damit sie sie korrigieren können.«

Wie reagiert man auf Kritik von Jüngeren? Es hat wohl zu allen Zeiten Menschen gegeben, die – trotz einer strengen Erziehung – bereit waren, sich auch als Erwachsene noch kritisieren und korrigieren zu lassen. Aber sie sind – oder sie waren bis jetzt – in der Minderzahl. Die meisten alten Leute reagieren tatsächlich krankhaft empfindlich, wenn man sie auf Fehler aufmerksam macht. Gleichzeitig nehmen sie kein Blatt vor den Mund, wenn sie der Meinung sind, daß ihre oft schon erwachsenen Kinder etwas falsch machen. Das erschwert das Zusammenleben mit den Jungen so sehr, daß die Jungen dann resigniert feststellen: Alte und junge Menschen zusammen, das geht nicht lange gut!

Alte Leute, die die Jugend achten. Als ich diesen Brief der unverheirateten Frau erhielt, kam ich gerade von einer Reise in die USA zurück. Ich hatte dort Gelegenheit, mit vielen älteren Menschen zu sprechen. Wir unterhielten uns über die gegenwärtigen Verhältnisse, über wirtschaftliche und soziale Fragen. Aber wenn diese altgewordenen Amerikaner mir die Zusammenhänge erklären wollten, dann versäumten sie nie hinzuzufügen: »Das ist unsere Meinung, so denken wir älteren Leute. Wenn du mit unseren jungen Leuten sprächst, dann ergäbe sich ein ganz anderes Bild. Unsere Kinder denken heute ganz anders über diese Dinge.« Sie sagten das ohne Vorwurf, sondern nur zu meiner Information. Und sie brachten damit unmißverständlich zum Ausdruck, daß es das gute Recht der Jugend ist, anderer Meinung zu sein. Warum begegnet man dieser Einstellung in Deutschland so selten? Weil man bei uns – oft unausgesprochen – voraussetzt, daß die Jüngeren sich nach den Älteren zu richten haben, daß man sich den Autoritäten unterordnet.
In den USA vermittelt die Schule nicht nur Wissensstoff. Die Schüler lernen auch die Spielregeln demokratischen Zusammenlebens. Gleichzeitig ermuntert man sie, allen Menschen, die sich als Autoritäten aufspielen, zu mißtrauen. Dank dieser Erziehung begegnen die alten Menschen den jungen, ja auch schon den kleinen Kindern, mit der gleichen Achtung, mit der sie selbst behandelt werden möchten. Ratschläge erteilen sie höchstens, wenn sie direkt gefragt werden. Seine Meinung anderen aufzudrängen, gilt als Verstoß gegen die Spielregeln.

Enge Kontakte trotz räumlicher Trennung. Ein Zusammenwohnen von alten und jungen Familien ist in den USA im allgemeinen nicht üblich, da die meisten Familien, auch die Alleinstehenden, ein kleines Haus bewohnen. Wenn die Familie wächst oder kleiner wird,

wechselt man das Haus mit dem veränderten Bedarf. Trotz der räumlichen Trennung lebt man in ständigem Kontakt miteinander. In den amerikanischen Familien wird viel telefoniert. Man redet fast täglich mit den Kindern, mit den Enkelkindern, den Freunden und Verwandten. Man besucht sich häufig. Die berufstätige Mutter bringt die Kleinen, die noch nicht zur Schule gehen, morgens zu den Großeltern und holt sie am Nachmittag wieder ab. So gehören die alten Leute auf eine ungezwungene Weise mit dazu. Zu den Spielregeln gehört aber auch, daß das Haus, wenn es noch so klein ist, ein Zimmer für den Gast hat, denn Gäste sind immer willkommen. Und wenn dann etwa der Großvater stirbt und die alte, kranke Großmutter allein zurückläßt, dann holt man sie zu sich. Eine Amerikanerin, die mich zur Besichtigung ihres Hauses einlud, zeigte mir auch dieses Gästezimmer. »Und hier«, sagte sie, »hat meine Mutter zwei Jahre krank gelegen, bis sie starb.« Aber sie betonte gleichzeitig, daß diese Krankenpflege für sie keine Last bedeutet hatte, denn die alte Mutter, das unterstrich sie mehrmals, »war so lieb, so dankbar«.
Man ist in Deutschland leicht geneigt, sich über die amerikanischen Umgangsformen zu mokieren, über dieses keep smiling, über dieses »seid nett zueinander«. Wir übersehen gern, daß dahinter eine Erziehung zur Rücksichtnahme, zur Gegenseitigkeit steht, die den Lebensraum der Alten und Jungen nicht einengt, sondern garantiert.

Das Zusammenleben in der Demokratie. In Deutschland ist diese Gegenseitigkeit noch unterentwickelt, weil wir noch ungelernte Demokraten sind. Viele alte Leute sehen sich immer noch als Respektspersonen. Wer rücksichtslos genug ist, sich diesen Respekt zu verschaffen, der wird den jungen Leuten manchmal zu einer fast unerträglichen Last. Wer von den alten Leuten aber schwach ist und sich nicht durchsetzen kann, der wird von den jungen Leuten oft rücksichtslos unterdrückt oder beiseite geschoben.
Daß dieses ungeklärte und darum unschöne Verhältnis zwischen Alten und Jungen die Folge einer immer noch undemokratischen Erziehung ist, wollen viele Deutsche nicht einsehen.

Freiheit heißt nicht Ellbogenfreiheit. Da sie eine freiere Erziehung gar nicht kennen, wissen sie nicht, daß diese Freiheit zugleich Gegenseitigkeit beinhaltet. Dank dieser freieren Erziehung sind die alten Leute in Amerika keine Respektspersonen, sondern Freunde der jungen Leute. Diese freiere Erziehung ist von den Deutschen oft mißverstanden worden. Wenn von Freiheit die Rede ist, dann versteht man darunter oft nur Ellbogenfreiheit. Weil die Deutschen

allzulange unter einem Obrigkeitsstaat und unter einer Diktatur gelebt haben, möchten viele, die so lange Amboß gewesen sind, endlich Hammer sein. Diese undemokratische Vorstellung, daß immer die einen unten und die anderen oben sind, kann sich erst ändern, wenn die Autoritäten von ihrem eingebildeten Thron heruntersteigen. Bernard Shaw hat einmal gesagt: »Das Verhältnis zwischen Vorgesetzten und Untergebenen schließt gute Manieren aus.«
Wo die Eltern sich als Vorgesetzte ihrer Kinder fühlen, da werden sie eines Tages erbarmungslos abgesetzt oder abgeschoben. Nur wo Eltern sich als gleichberechtigte Partner ihrer Kinder verstehen, da dürfen sie erwarten, auch im Alter als Freunde betrachtet zu werden. In Deutschland hat man es stets an dem notwendigen Respekt vor den Kindern fehlen lassen. Kinder mußten gehorchen, Befehle ausführen. Ihr natürlicher Bewegungsdrang wurde schonungslos gebremst, ihre Entdeckerfreude, ihren Wissensdrang empfand man als lästig. Kinder mußten sich der Vorstellungswelt der Erwachsenen unterordnen und beizeiten lernen, was man später vom Erwachsenen verlangte: etwas Tüchtiges zu leisten, denn nur wer etwas leistet, ist etwas wert im Leben.

Kinder und alte Leute kommen beim Leistungswettlauf nicht mit. Wenn sie es dann geschafft hatten und erwachsen waren, dann gaben sie diese Moralvorstellung an die nächste Generation weiter. Nichts gegen Leistung – aber wenn sich dieses Leistungsdenken an einer immer noch hierarchisch gestaffelten Gesellschaft orientiert, dann sind diejenigen, die viel leisten, ganz oben, und wer wenig oder gar nichts leistet, muß sich mit den schlechtesten Plätzen begnügen.
Die Benachteiligten in diesem Leistungswettkampf sind die Kinder und die alten Leute. Für die Kinder ändert sich der Zustand, sie werden eines Tages erwachsen. Aber für die alten Leute ist die Chance vertan. Sie werden immer älter und immer leistungsunfähiger. Daß das ein Mißstand ist, bekommen sie nicht selten unverblümt zu spüren. Aber sie haben diese »Weltordnung« ihr Leben lang selbst akzeptiert. Nun sind sie plötzlich leistungsunfähig geworden. Sie schämen sich dieser Schwäche und werden dabei manchmal unausstehlich.

Wer das Konkurrenzdenken bejaht, fürchtet sich vor dem Altwerden. Die Probleme des alten Menschen fangen genaugenommen in der Kinderstube an. Ein russisches Sprichwort sagt: »Erst der Abend zeigt, wie der Tag war.«

Im Wortschatz des Kindes kommt der Satz »Wenn ich groß bin« recht häufig vor. Auch der heranwachsende Mensch beschäftigt sich oft mit Plänen für die Zeit, die vor ihm liegt. Aber irgendwann, um die Mitte des Lebens, schiebt der Mensch die Gedanken an die Zukunft von sich weg. Keiner von uns hat die Absicht, früh zu sterben, und doch sind die Gedanken an das Alter, das vor uns liegt, für die meisten nicht gerade freundlich. Ohne es genau zu wissen, ahnt der Mensch, daß ihn im Alter nichts besonders Erstrebenswertes erwartet – ein bequemer oder auch unbequemer Platz auf dem Abstellgleis, daran denkt man nicht gern.
Was kann man aber auch anderes erwarten, wenn man zeit seines Lebens in erster Linie an sich selbst, an sein persönliches Fortkommen gedacht hat. Bei diesem Konkurrenzkampf sucht man stets seinen Nebenmann zu übertrumpfen. Dabei erweisen sich die für ein menschenwürdiges Zusammenleben unerläßlichen Eigenschaften nur als lästig: soziales Verhalten, Gegenseitigkeit, Rücksichtnahme, Hilfsbereitschaft. Diese Eigenschaften erfüllen eigentlich nur eine dekorative Aufgabe, als »gute Manieren« dienen sie dem schönen Schein. Daß sie im Ernstfall auf der Strecke bleiben, bekommen die sozial Schwachen, die alten Leute und die Kinder, oft bitter zu spüren.

Wer schützt die Kinder vor ihren ehrgeizigen Eltern? Die Großeltern kann man aus dem Weg räumen, wenn sie einen im täglichen Leistungskampf behindern. Und die Kinder müssen »spuren«, müssen sich anpassen. Sie werden – heute oft schon im Vorschulalter – auf den Kampf um die bessere Leistung getrimmt.
Da ist eine Mutter, die mit der Heirat ihren Beruf aufgegeben hat. Sie projiziert ihren zu kurz gekommenen Ehrgeiz auf die Kinder; sie sollen das erreichen und leisten, was ihr selbst zu leisten versagt war. Der Vater, der im Beruf nicht der »Erfolgreichste« ist, spielt sich seinen Kindern gegenüber als Herr im Hause auf.
Zwischen diesen unerfüllten Wünschen der Eltern stehen die Kinder – eingeengt, bedrängt, hilflos, unterdrückt von Eltern, die ihnen immer wieder versichern, sie wollten ja nur ihr Bestes.

Großeltern, die sich mit den Enkeln verbünden. Gleichzeitig beobachten wir eine bis jetzt noch wenig beachtete, aber stetig wachsende Zahl von Großeltern, die ihre Enkelkinder auf eine selbstlose und herzliche Art lieben. Über sich selbst erstaunt, versichern sie uns: »Ehrlich gesagt, so sehr habe ich meine eigenen Kinder nicht geliebt, wie ich meine Enkelkinder liebe.«

Warum lassen wir dieses Kapital an Liebe so ungenützt brachliegen? Warum beziehen wir die Großeltern nicht in die Erziehung mit ein? Warum richten wir zum Beispiel nicht Großelternschulen ein, Schulen, in denen wir die Großeltern mit den Vorstellungen der modernen Erziehung bekannt machen? Diese Großeltern würden vielleicht besser als manche Eltern verstehen, *warum* man heute keinen Gehorsamszwang mehr verlangen sollte. Ihnen, die aus dem Leistungskampf ausgeschieden sind, würde man vermutlich – besser als vielen Eltern – klarmachen können, daß man ohne Zwang letztlich mehr und Besseres leistet. Daß man im fairen Miteinander menschlicher und freundlicher zusammen leben kann als im egoistischen Konkurrenzkampf, wo sich einer als des anderen Feind fühlt.

Die neue Generation der Großeltern. Parallel zu einer freieren Erziehung wächst, so scheint es, eine neue Großelterngeneration heran, die, von den täglichen Existenzsorgen befreit, sich einer freieren, humaneren Erziehung gegenüber recht aufgeschlossen zeigt. Es sind Großeltern, die nicht mehr auf das hohe Roß des Erwachsenen setzen, die, schon als sie noch Eltern waren, mit ihren Kindern und von ihren Kindern gelernt haben. Diese Großeltern machen mit ihren Enkeln nun die dritte Lernphase ihres Lebens durch.

Der Reichtum an Erinnerungen. Über das Zusammenleben mit solch einer Großmutter berichtet Frau S. Sie beginnt mit einem Erlebnis, das die Großmutter ihr erzählte: »Fast jeden Tag nach dem Abendessen, vor dem Schlafengehen, sitzen unsere beiden Kinder, Andreas und Bernhard, noch ein Stündchen bei der Oma, sie hat in unserem Haus ein Zimmer. Oft bitten sie dann die Oma: ›Erzähl doch noch mal von früher, als du noch klein warst.‹ Und dann kramt die Oma in ihrem Gedächtnis, erzählt von dem Dorf, in dem sie geboren ist, von dem Haus, in dem sie gewohnt hat, von dem schönen Garten mit den Buchsbaumhecken und den weißen Kieswegen, wo sie zu Ostern Eier gesucht hat, und dann stand ihre Oma am Fenster und schaute zu.
›Sag mal, deine Oma, das ist doch meine Ur-Oma?‹ fragt Andreas. ›Nein‹, sagt die Oma, ›das ist deine Ur-Ur-Oma.‹ – ›Ach ja, und wenn ich mal Kinder habe, dann bist du die Ur-Oma von meinen Kindern, und deine Oma, das ist dann die Ur-Ur-Ur-Oma von meinen Kindern.‹ Während er das ausspinnt, wird Andreas auf einmal nachdenklich: ›Ja, wo kommt denn die Mutter von meinen Kindern her?‹ Die Oma meint: ›Bis dahin ist noch lange Zeit, die wird sich schon finden.‹ – ›Wieso‹, fragt Andreas, ›muß ich die finden? Muß

ich sie suchen? Muß ich da durch die ganze Welt laufen und an jeder Haustür schellen?‹«

Das erzählte Frau S., als sie erklären wollte, welche Vorzüge damit verbunden sind, wenn man eine Oma im Hause hat. »Unsere Kinder«, sagt sie, »bekommen ein ganz anderes Verhältnis zur Gegenwart. Sie erfahren aus den Erzählungen der Großmutter, was vor ihnen war, und bemerken dabei – gemeinsam mit der Oma –, daß heute vieles anders ist als damals.«

Wie sich ein Mensch wandeln kann. Mit dieser Erfahrung hat sich auch die Großmutter verändert. Frau S. berichtet: »Meine Mutter war, als ich noch Kind war, eine sehr ernste, energische und strenge Frau. Ich war ein munteres Kind und lachte gern. Sie besaß für Spaß und alles, was damit zusammenhängt, keine Neigungen. Darum hatte ich zu meiner Mutter damals ein etwas distanziertes Verhältnis. Als ich heiratete und mein Vater starb, zog meine Mutter zu uns. Ich kann nicht sagen, daß wir darüber begeistert waren. Wir betrachteten es mehr als unsere Pflicht, meine alleinstehende Mutter aufzunehmen.

Als dann unsere Kinder geboren wurden, ging mit der Mutter, die nun Großmutter war, ein Wandel vor sich. Nicht von heute auf morgen, aber im Laufe der Jahre wurde die energische, strenge Frau immer weicher und milder. Ich hatte einmal gelesen, daß ältere Menschen sich nicht mehr grundlegend ändern könnten. Unsere Großmutter bewies uns das Gegenteil.

Als junge Frau war sie von dem Wunsch beherrscht, vorwärtszukommen. Die Berufskarriere des Mannes, Sauberkeit, Ordnung, Sparsamkeit im Haushalt – dieser Vorstellung mußte sich alles unterordnen. Nun sind die Kinder erwachsen und haben selber Kinder, und nun sind diese Ziele auf einmal nicht mehr so wichtig. Sie sieht die Enkelkinder mit ganz anderen Augen an als ihre eigenen Kinder.

Vermittler zwischen Eltern und Kindern. Man sagt, daß Großeltern die Enkelkinder verwöhnen, aber so ist das bei unserer Oma nicht. Sie behandelt die Kinder mit Rücksicht, mit Nachsicht, mit einer Höflichkeit, wie sie unter Erwachsenen üblich ist.

Wenn wir Eltern die Kinder gelegentlich etwas unbeherrscht anfahren, schaut sie uns verständnislos an. Wenn wir ungerecht sind, nimmt sie die Kinder gegen uns in Schutz. Und die Kinder danken es ihr. Sie benehmen sich der Großmutter gegenüber ausgesprochen rücksichtsvoll. Nie braucht die Oma etwas zweimal zu sagen. Wenn sie um etwas bittet, erfüllen die Kinder ihr den Wunsch sofort, während sie bei uns Eltern oft etwas schwerhörig sind. Vielleicht liegt das daran, daß wir Eltern die Kinder ebenfalls nicht so rücksichtsvoll behandeln, wie die Großmutter es tut. Wenn man mit ihr darüber spricht, begründet sie ihr Verhalten auch.

Großmutter entdeckt die neue Zeit. Sie bemerkt selbst den Wandel, der mit ihr vorgegangen ist. Und sie bleibt nicht bei diesem stereotypen Satz stehen: Früher war alles anders. Unsere Großmutter liest mit großem Interesse Bücher über moderne Erziehung, und sie sagt dann: ›Ich habe vieles falsch gemacht früher, das sehe ich jetzt ganz anders!‹

Mit dem Interesse für Erziehung begann auch ihr Interesse für die Probleme des öffentlichen Lebens und für die Politik. Sie erkennt die Zusammenhänge, die eine freiere Erziehung mit einer Politik verbinden, die für Gleichberechtigung und Solidarität eintritt. Seitdem liest sie aufmerksam die Zeitungen und führt bereits mit unseren Kindern Gespräche über politische Probleme.

Wenn Alte und Junge voneinander lernen. Für unsere Kinder ist das Zusammenleben mit der alternden Frau eine unschätzbare Erfahrung. Sie erleben, wie der Mensch mit zunehmendem Alter schwach und schwächer wird. Das aktiviert ihre Hilfsbereitschaft. Wir haben es nicht nötig, ihnen zu sagen, daß die Großmutter manchmal ihre Hilfe braucht, sie sehen es selbst. Sie lernen es sehen, weil sie die Großmutter gern haben.

Durch die Großmutter, die ihnen von früher erzählt, wird ihnen die Vergangenheit lebendig. Heute redet die Oma mit ihnen übrigens nicht mehr so viel von früher. Seitdem sie angefangen hat, sich für das öffentliche Leben zu interessieren, spricht sie mit den Kindern auch oft über die Probleme der heutigen Zeit und über die Zukunft. So wird den Kindern, in Gesellschaft der alternden Frau, klar, daß sie selbst Glied einer Kette sind zwischen Vergangenheit und Zukunft.«

Kinderfreundschaften

Zwischen vielen Kindern, und doch allein. Der erste Schultag oder der erste Tag im Kindergarten, das sind Ereignisse, die man so leicht nicht vergißt; hier steht das Kind auf einmal vor einer ganz neuen Situation.

Zu Hause ist es eine wichtige Person, auch wenn ihm das keiner sagt. Selbst wenn es hin und wieder ausgeschimpft oder sogar geschlagen wird, fühlt es, daß es für die Eltern etwas bedeutet, etwas, das sie um alles in der Welt nicht hergeben würden. Davon wird der Umgangston in der Familie bestimmt, und wenn er noch so rauh ist.

In der Schule dagegen erlebt man sich als einer von vielen. Alle haben zunächst die gleiche Bedeutung. Um sich in dem Getümmel nicht verloren vorzukommen, sucht man sich ein anderes Kind, das man an die Hand nehmen kann, damit so etwas wie Zugehörigkeit spürbar wird. Und dann macht man die ersten Erfahrungen, daß draußen alles ganz anders ist als zu Hause.

Zu Hause wird man, ob man lieb oder böse ist, beachtet. Hier, unter so vielen, kann es einem passieren, daß die anderen gar nicht hinhören, wenn man etwas sagt. Man wird einfach übersehen.

Auf der Suche nach Freundschaft. Doris, 6 Jahre alt, fühlt sich in der Schule von Anfang an sehr verlassen. Gleich am ersten Tag schaut sie sich hilfesuchend nach einem Kind um, dem sie vertrauen möchte. Neben ihr sitzt Gabi, ein lebhaftes Mädchen. Nach einigen Tagen riskiert sie eine Ansprache. In der Pause läuft sie hinter Gabi her, aber die spielt auch mit anderen, mit diesem und jenem Kind.

Am nächsten Tag bringt Doris Süßigkeiten von zu Hause mit. In der Pause sagt sie: »Da, das schenk ich dir!« Gabi steckt die süßen Sachen in die Tasche und läuft weg. Nachmittags sitzt Doris lange an ihrem Tischchen und malt Bilder für Gabi. Aber als sie diese mit viel Mühe und Zeitaufwand bemalten Blätter am nächsten Morgen Gabi schenken will, schaut die nur einen Augenblick verwundert darauf, dann schiebt sie die Blätter weg.

Nun hat Doris auf einmal keine Lust mehr, zur Schule zu gehen. Die Eltern müssen allerhand Überredungskunst aufwenden, um ihr die Schule wieder schmackhaft zu machen. Die Enttäuschung, die Doris erlebt hat, macht auch die Eltern nachdenklich. Doris wollte sich etwas erkaufen, was sie zu Hause geschenkt bekommt: Liebe und Zuneigung.

Liebe ist eine Familiensache. Zu Hause liebt man sich, und diese Liebe ist so stark, daß sie auch Enttäuschungen aushält. Eltern halten fast immer zu ihren Kindern, auch wenn diese Kinder sie enttäuschen, wenn sie versagen, wenn sie sich von ihnen abwenden. Ich erinnere mich an eine Mutter, die ihren Sohn auch dann noch herzlich liebte, als er einen Mord begangen hatte. Sie litt, aber sie hörte nicht auf, ihn zu lieben. Außerhalb der Familie ist diese Form der Liebe entweder undenkbar – oder vielleicht sogar gefährlich. Wo unsere zwischenmenschlichen Beziehungen mit allzu starken Emotionen belastet sind, da schlägt die Liebe, wenn sie enttäuscht wird, rasch in Haß um. In der Liebe wie im Haß werden die Beteiligten unsachlich und ungerecht. Liebe macht blind, und Haß weckt Aggressionen.

Darum werden wir unseren Mitmenschen besser gerecht, wenn wir ihnen nicht unsere Liebe aufdrängen, sondern ihnen freundschaftlich begegnen. Damit schaffen wir die notwendige Distanz zum Nächsten. Aus der Distanz kann man alles besser überschauen. Die positiven und die negativen Erfahrungen werden objektiviert. »Liebe deinen Nächsten, aber reiß ihm den Zaun nicht ein«, sagt ein altes Sprichwort.

Wie soll man dem Kind so etwas erklären? Man kann einem Kind wie Doris helfen, die Enttäuschung zu überwinden, und es anregen, weniger die Zuneigung, sondern mehr das Interesse seiner Mitschüler anzusprechen, indem es versucht, etwas Gemeinsames mit ihnen zu unternehmen.

Wie entstehen Freundschaften? Man kann aber dem Kind auch schon Anstöße geben, über die anderen Kinder nachzudenken: Was fällt mir an den anderen auf? Wofür interessieren sie sich? Was gefällt mir mehr oder weniger? Wer ist so ähnlich wie ich? Wer ist ganz anders? Warum ist er ganz anders? Bei der Frage nach dem Warum beginnt man den anderen zu tolerieren, und nachdem man sich selbst und andere beobachtet, stellt sich heraus, was man miteinander tun kann.

Sebastian gehörte, als er zur Schule kam, zu den Größten und Kräftigsten. Vielleicht fiel ihm dadurch der Kleinste in der Klasse besonders auf: Thomas, zu dem er sich hingezogen fühlte, weil er so auffallend klein war. An dem kleinen Thomas begann er seine Kräfte zu erproben. Wie er das machte, fiel den Eltern erst nach einigen Monaten auf. Sebastian kam immer sehr spät nach Hause.

Auf die Frage: »Wo bleibst du denn immer so lange?« kam es

schließlich heraus. Thomas hatte bis zu seiner Wohnung einen Fußweg von etwa einer Viertelstunde. Auf diesem Weg begleitete Sebastian seinen kleinen Freund nicht einfach – er transportierte ihn. Seinen eigenen Schulranzen hängte er auf den Rücken, den von Thomas schnallte er so über die Schultern, daß er wie ein Tablett waagerecht vor seinem Bauch hing. Auf diesen Sitz hob er den kleinen Thomas, so daß dessen Beine links und rechts unter seiner eigenen Schulmappe herunterbaumelten. Dieses Transportunternehmen machte beiden großen Spaß, auch die vorübergehenden Passanten schmunzelten.
Das regte sie zu anderen akrobatischen Kunststücken an. Sebastian packte Thomas fest an den Hosenträgern der Lederhose und hob den kleinen Kerl so hoch er nur konnte mit ausgestrecktem Arm in die Höhe, hielt ihn eine Weile fest – dann ließ er ihn plötzlich fallen. Thomas hatte diesen Fall eingeübt und landete mit einem geschickten Sprung auf seinen beiden Füßen.
Wenn sie sich mit solchen Kraft- und Geschicklichkeitsspielen auf dem Schulhof produzierten, standen die anderen Kinder staunend und lachend um sie herum. Beide fühlten sich wohl in der Schule. Die Freundschaft gab ihnen einen Halt, und zu den Mitschülern fanden sie, indem sie sich vor ihnen produzierten, auch bald einen freundlichen, fröhlichen Kontakt.

Man muß etwas gemeinsam tun. Fast alle Kinder wünschen sich Kontakt zu anderen Kindern. Aber manchem fällt es schwer, an den anderen heranzukommen. Marlies ist nicht eigentlich schüchtern, aber sie wird erdrückt von der großen Zahl. In der Gruppe kommt sie mit den anderen ganz gut aus, aber sie wünscht sich brennend, auch mal ein einzelnes Kind mit zu sich nach Hause zu nehmen, zum gemeinsamen Spielen. Aber wie fängt man so etwas an? Es ist November, im Freien kann man jetzt nicht mehr spielen, da schlägt die Mutter vor: »Nächste Woche ist Sankt Martin, lad doch mal jemanden aus deiner Klasse ein, dann basteln wir zusammen Martinsfackeln.«
»Kommst du heute nachmittag zu uns? Wir wollen Fackeln machen für Sankt Martin«, fragt Marlies am nächsten Morgen Anja, die neben ihr sitzt. Daß sie sich gerade Anja aussucht, ist reiner Zufall, weil Anja neben ihr sitzt. Aber Anja kommt, und die Bastelei macht ihr Spaß. Sie hat geschickte Hände und fragt nun ab und zu von selbst: »Kann ich heute nachmittag zu dir kommen? Dann basteln wir wieder.«

Und wenn es Streit gibt . . . Das geht eine Zeitlang gut, aber dann beklagt sich Marlies oft bei der Mutter. Wenn die beiden Kinder zu Hause miteinander spielen und basteln, geht es ganz friedlich zu, aber in der Schule fängt Anja immer Streit an. Die Mutter erkundigt sich nach dem Grund: »Warum gibt es denn Streit?« Marlies denkt nach, sie erzählt dies und das aus der Schule, dabei stellt sich heraus, daß Anja sich offensichtlich ärgert, wenn Marlies bessere Zensuren bekommt. Sie nennt Marlies »strebsch« – ein neues Schimpfwort in der Klasse. (Strebsch – Abkürzung von streberisch, strebsch wird alles genannt, was so ist, wie die Erwachsenen es gerne haben: fleißig, ordentlich, sauber, gutes Benehmen, gute Zensuren. Wer eine dieser Forderungen auffallend gut erfüllt, der gilt als »strebsch«.)
»Ich kann doch nichts dafür, daß ich in Mathe gut bin«, klagt Marlies. – Was kann man da machen? Die Mutter erkundigt sich: »Wann schreibt ihr die nächste Mathearbeit?« – »Vielleicht nächste Woche schon.« – »Dann sag doch Anja, sie soll morgen nachmittag zu uns kommen, dann schauen wir uns mal zusammen an, was ihr in Mathe durchgenommen habt. Du erklärst Anja, was sie nicht versteht, und dann üben wir gemeinsam die Aufgaben, die ihr Schwierigkeiten machen.« Mutter und Tochter unterhalten sich noch eine Weile über Anja, und sie finden, daß sie doch auch viele sympathische Eigenschaften hat und daß der Ärger und der Neid auf die besseren Zensuren verständlich ist. Die beiden kommen schließlich zu der Überzeugung: Man sollte die Zensuren abschaffen, die den Neid der schwächeren Schüler wecken. Ohne Zensuren könnte man sich gegenseitig besser helfen.
Indem wir versuchen, uns in den anderen Menschen hineinzuversetzen, die Gründe seines Verhaltens zu erforschen, wird unser Verhältnis nicht nur zu diesem einen Menschen, sondern zu allen Mitmenschen objektiviert. Indem wir nicht nur seine Schwächen, sondern auch die äußeren Umstände, die sein Verhalten beeinflussen, erkennen, werden wir ihm eher gerecht.

Wenn man sich nicht versteht. Aber was soll man tun, wenn der andere uns angreift, wenn er uns hintergeht oder verrät? Vera ist seit einiger Zeit mit ihrer Mitschülerin Bettina befreundet. Die beiden haben viele gemeinsame Interessen. In Deutsch und Geschichte gehören die beiden zu den besten, und Vera unterhält sich gern mit Bettina.
Aber die beiden sondern sich durchaus nicht von den anderen ab. Vera lacht gern, Bettina ist etwas ernster und steifer, so fühlt sich

Vera gelegentlich zu zwei anderen Mitschülerinnen, die auch gerne Spaß machen, hingezogen.
Eines Tages beschließen die drei, einen ganzen Vormittag lang die Schule zu schwänzen. Die ganze Klasse weiß Bescheid, und man denkt sich eine Entschuldigung aus, damit den Lehrern die Sache nicht auffällt. Die Lehrer merken auch zum größten Vergnügen der Schüler nichts von der Schulschwänzerei. Aber daß Veras Eltern es erfahren, dafür sorgt Bettina.
Sie läuft in der Pause rasch zur Wohnung von Vera, die ganz in der Nähe der Schule liegt, und fragt bei Veras Mutter scheinheilig nach: »Wie geht es Vera, ist sie krank?« – »Wieso krank«, fragt die Mutter erstaunt, »sie ist doch in der Schule!« – »Nein, die ist nicht in der Schule!« Während die Mutter zunächst sprachlos darüber nachdenkt, was denn da los ist, verabschiedet sich Bettina rasch, um rechtzeitig zur nächsten Stunde zu kommen.
Vera, die mit ihren beiden Klassenkameraden eine Wanderung unternommen hat, kommt mittags pünktlich und ahnungslos nach Hause. Aber als die Mutter mit sehr merkwürdigem Gesicht fragt: »Also, wo bist du gewesen?«, merkt sie, daß da etwas nicht stimmt. Sie wagt schon gar nicht mehr zu lügen, sondern fragt nur zerknirscht: »Woher weißt du denn, daß ich nicht in der Schule war?« Die Mutter wird unsicher. Sie weiß im Moment nicht, worüber sie sich ärgern soll, über die Tatsache, daß ihre Tochter die Schule geschwänzt hat, oder über deren Freundin Bettina, die sie verraten hat.
»Wußte Bettina nicht, daß du die Schule geschwänzt hast?« – »Aber natürlich, die ganze Klasse wußte es. Bettina hätte auch gern mitgemacht, sie traute sich nur nicht, und zugeredet haben uns alle.«
Die Mutter kann es nicht fassen. »Aber Bettina ist doch deine Freundin!« Auch Vera kann ihre Enttäuschung nicht verbergen. Sie möchte am liebsten losheulen, aber die Enttäuschung wird überdeckt von der bohrenden Frage: »Warum hat sie das nur getan?« Sie mag aber mit Bettina nicht darüber reden, weil sie sich sagt: »Sie weiß doch selbst, daß man so etwas nicht tut.«
Eine Zeitlang sprechen die beiden nicht miteinander. Dann gerät die Sache in Vergessenheit. Vera vergißt natürlich nicht, sie tut nur so, als ob nichts gewesen wäre. Aber sie beobachtet Bettina jetzt schärfer als früher und stellt fest: »Wir sind doch sehr verschieden, wir passen eigentlich gar nicht zusammen.« Sie kommen fortan ganz gut miteinander aus, ohne befreundet zu sein.
Die beiden Mädchen hatten zwar gemeinsame Interessen, aber im

Gespräch darüber lernt man sich nur sehr oberflächlich kennen. Der Mensch zeigt sich erst, wie er wirklich ist, wenn man etwas gemeinsam tut. Darum erlebt man bei Schulfreundschaften oft Enttäuschungen. Da man den Partner nur von einer Seite kennenlernt, erwartet man oft etwas von ihm, das er nicht bieten kann. Dabei steht die durch Zeugnisse und Zensuren gegebene Konkurrenzsituation dem mitmenschlichen Verhalten oft im Wege. Tatsächlich erlebt man, daß man in entscheidenden Situationen nicht helfen darf, wo Hilfe nötig wäre. Indem man dem anderen nicht hilft, verhilft man sich selbst zu einer besseren Zensur. So bleibt die Hilfsbereitschaft gegenüber dem Schwachen ganz allgemein unterentwickelt.

Die Kraft der Schwachen. Vincent war schon immer ein zartes, sensibles Kind. Als er mit sieben Jahren an Kinderlähmung erkrankte, glaubte man zunächst, er würde es gar nicht überstehen. Nach einem Jahr lernte er mühsam wieder gehen. Aber er wird mit dem einen Bein sein Leben lang nicht richtig auftreten können. In der Schule gab es in der ersten Zeit Probleme. Er fühlte sich zurückgesetzt, weil er vieles nicht mitmachen konnte, einige ließen ihn das auch fühlen. Jahrelang überlegte die Mutter, wie man ihm aus der Außenseiterrolle, in die er mehr und mehr hineingeriet, heraushelfen könnte.

Inzwischen ist es gelungen. Langsam, Schritt für Schritt, lenkte die Mutter die Aufmerksamkeit des Jungen von seiner eigenen Situation weg. Es gelang ihr, ihn für die Sorgen und Nöte anderer Menschen zu interessieren. Da er sich körperlich nicht für andere einsetzen konnte, begann er sich durch Gedanken und Worte mit den Schwierigkeiten anderer Menschen zu beschäftigen. Er las mit immer stärker werdendem Interesse Zeitungen und Veröffentlichungen, die sich mit sozialen und politischen Problemen befaßten.

In der Schülermitverwaltung und in der Schülerzeitung machte er sich bald unentbehrlich, weil er gut formulieren konnte. Nach und nach vergaß er seine eigenen Probleme und engagierte sich da, wo er Mißstände erkannte. Durch dieses Zurückstellen der eigenen Person erkannte er die Mißstände früher und sah sie etwas deutlicher als seine Altersgenossen – und als seine Lehrer, die ihn manchmal nur zähneknirschend respektierten. Mit seiner objektiven Betrachtungsweise verstand er nämlich auch den Lehrern klarzumachen, daß seine Kritik berechtigt war. Dazu kam der Respekt, den man einem Körperbehinderten, der sich so intensiv für die Belange der Allgemeinheit engagiert, einfach nicht versagen kann.

Wer sich für andere einsetzt, hat Freunde. Mehr noch als bei den Lehrern hat er sich aber bei seinen Mitschülern Freunde erworben. Sie schätzen ihn, weil er sich für sie und mit ihnen gemeinsam für etwas einsetzt.
Da sind zwei oder drei Mitschüler, mit denen er sich besonders gut versteht, aber mehr als die Hälfte der Mitschüler sagen von ihm: Er ist mein Freund, und das sind vor allem die schwächeren Schüler, für die er sich besonders einsetzt.
Vielleicht hat sich die Sonderstellung dieses Jungen zu einem Teil auch daraus entwickelt, daß er bei den üblichen Raufereien zwischen Jungen nicht mitmachen konnte. Bei einem solchen Streit, wenn einer angegriffen wird, fühlt der andere den unwiderstehlichen Drang, ebenfalls aggressiv zu werden. Wir glauben, das muß so sein, weil es immer so ist. Und warum ist es so? Weil man den Jungen von klein auf eingeredet hat: Du darfst dir nichts gefallen lassen! Wer sich nicht wehrt, ist ein Schwächling!

Beim Streit mit Worten setzt man sich zusammen. Nun – Vincent war ein Schwächling, das sah jeder auf den ersten Blick. Wenn der zarte Junge mit dem lahmen Bein an einer Gruppe von diesen raufenden Kampfhähnen vorbeikam, dann lähmte das ihre Angriffslust merklich. Vielleicht zu Anfang weniger, aber im Laufe der Zeit, je mehr er sich die Achtung und Freundschaft seiner Mitschüler erwarb, genierten sie sich einfach, den Streit mit Fäusten auszutragen.
An die Stelle der körperlichen Auseinandersetzung trat die Aussprache, und dabei machten alle eine neue Erfahrung: Wenn man beim Streit Gewalt anwendet, gibt es nur eine Lösung: da siegt der Stärkere. Beim Streit mit Worten fragt man: Was sagst du dazu? Wie siehst du das von deinem Standpunkt? Warum tust du das? Natürlich wünscht auch hier jeder, daß er recht bekommt, aber dieses Rechthaben ist am Ende nicht ausschlaggebend, denn bei dem Streit mit Worten haben alle Beteiligten etwas gelernt.

Die Anziehungskraft der Gruppe

Da wird man geschubst und gestoßen. Hannes freute sich auf die Schule. Schon zwei Jahre bevor es soweit war, machte er uns vor, wie er dann gehen würde: Beide Hände in den Hosentaschen, die Schultern nach vorn, die Mundwinkel heruntergezogen, versuchte er den lässigen Gang der »großen Jungen« nachzuahmen.
Als er dann endlich eingeschult war, kam er jeden Tag mit erfreulichen Nachrichten nach Hause: »Wir haben ein Buch geschenkt bekommen!« – »Die Lehrerin erzählt so schöne Geschichten.« – Aber es gab auch gleich zu Anfang einige Schwierigkeiten: »Einige Kinder boxen und schubsen mich immer, und ich hab ihnen doch gar nichts getan, einfach so . . .« Ich gebe zu bedenken, daß dieses Boxen und Schubsen sicher gar nicht böse gemeint war: »Vielleicht wollen die Kinder nur mit dir anbandeln, du sollst mit ihnen spielen.«
Aber er glaubt mir nicht und beschließt, sich mit seinen Sorgen an eine höhere Instanz zu wenden: »Heute abend bete ich zum lieben Gott, daß er die bösen Kinder lieb macht, das tue ich jetzt jeden Abend, und wenn ich's vergesse, dann erinnere mich dran.«
Ich verspreche es – und es dauert nicht lange, da beschließt er sein Abendgebet mit den Worten: »So, jetzt brauch ich nicht mehr für die bösen Kinder zu beten, sie sind ganz lieb geworden.«

Anpassungsversuche. Ich erfahre auch so ganz nebenbei, wie er sich mit den Kindern arrangiert hat. Unsere Großmutter ist zu Besuch gekommen. Wir wollen Tee trinken und suchen vergeblich nach Streichhölzern, um den Teewärmer anzuzünden. Unsere Oma weiß sich zu helfen. Sie rollt einen Fidibus aus Zeitungspapier, hält ihn über die Gasflamme des Warmwassererhitzers im Badezimmer, und während sie mit dem brennenden Fidibus hantiert, ruft Hannes: »Au, hat die aber Nerven!«
Ich schaue ihn etwas verblüfft und belustigt an und frage: »Nanu, wie redest du denn auf einmal?« Da grinst er verlegen: »Ja, so sprechen die Jungen in der Schule immer. Wenn ich mit denen so spreche wie mit euch hier zu Hause, dann geben die mir überhaupt keine Antwort. Da muß ich immer so sprechen: ›Äh, du . . .‹«, und dann schreit er uns so an, wie er sich mit den Jungen auf dem Schulhof verständigt.

Unerwünschte Miterzieher. Nach einiger Zeit tauchen neue Probleme auf. Wenn Hannes aus der Schule erzählt, dann hören wir immer wieder den Namen Peter. Peter hat oft etwas angestellt. Zweimal war »die Polizei« schon in der Schule »wegen Peter«. Den Grund erfahren wir nicht.

Aber Peter entwickelt sich in der Klasse mehr und mehr zu einem Anführer. Hannes erzählt uns alles sehr genau, weil er unsicher ist. Er weiß nicht recht, was er tun soll. Peter hat eine Bande gebildet, die halbe Klasse gehört schon dazu. Man erkennt sie an Abzeichen, die ihnen Peter verleiht.

Wir erkundigen uns vorsichtig nach den Zielen der Bande und erfahren, daß sie allerhand Streiche aushecken, einschließlich Ladendiebstähle. Wir unterhalten uns über die Folgen solcher Unternehmungen, und Hannes sieht ein, daß sich die Sache nicht lohnt, der Spaß muß zu teuer bezahlt werden. Nun locken ihn auch die bunten Abzeichen nicht mehr. Wo immer Kinder – wo Menschen zusammenkommen, da bilden sich über kurz oder lang Gruppen. Eine Gruppe solidarisiert sich durch gemeinsame Interessen, durch gemeinsames Tun. Hier läge für die Schule eine große Chance, wenn sie nicht so sehr die Einzelleistung in den Vordergrund stellte, wie sie es bis heute tut.

Wie entwickelt sich Solidarität? Hannes hatte Glück. Er bekam eine neue Lehrerin, der es nicht so sehr auf Einzelleistungen ankam. Sie animierte die ganze Klasse zur gegenseitigen Hilfe. Peters Bande löste sich auf. Sie war wohl nur entstanden, weil der Vorgänger der Lehrerin, ein ehrgeiziger Lehrer, die guten Schüler zu sehr gelobt hatte und die schlechten ständig tadelte. Peter hatte sich zum Anführer der benachteiligten Schüler gemacht und eine Gegengruppe gebildet.

Die neue Lehrerin verstand es, kleine Gruppen zu bilden. Sie verteilte die Aufgaben an diese Gruppen, in denen man sich untereinander half. Die Lösung der Aufgabe war das Ergebnis der Arbeit, an dem die ganze Klasse Anteil hatte. So entstand ein Gruppenbewußtsein der ganzen Klasse. Hannes sagte eines Tages: »Du mußt mal kommen und dir das ansehen, wenn ich mittags aus der Schule komme. Das ist schön! Dann geht das große Tor auf, und wir kommen alle raus, ganz viele, 'ne ganze Mannschaft sind wir dann, und ich – ich bin da mittendrin!«

Mitläufer laufen einfach mit. Jede Menschenansammlung übt eine gewisse Anziehungskraft auf uns aus. Wo viele Menschen sind, da

schaut man hin, da bleibt man stehen, da schließt man sich vielleicht sogar an. Der Sog, der von der Gruppe ausgeht, hat aber zugleich etwas Bedrohliches. Man kann manchmal nicht auf den ersten Blick unterscheiden, ob es sich um eine Gruppe oder eine Bande handelt. Besorgte Eltern möchten darum immer gerne wissen, was das für Leute sind, wenn ihre Kinder sich einer Gruppe anschließen.
Diese Frage ist durchaus berechtigt. Wir wissen, daß die Faszination, die von der Gruppe ausgeht, seit eh und je von legalen und von illegalen Anführern zu guten, zu bösen und zu höchst fragwürdigen Zwecken eingesetzt und ausgenützt worden ist. Darum sollten wir uns tatsächlich die Gruppe etwas genauer ansehen.

Der Einfluß des Kollektivs. Jede Gesellschaft hat ihre eigenen Ordnungsvorstellungen. Sie möchte diese ihre Ordnungsvorstellungen nicht nur aufrechterhalten, auch die kommende Generation soll diese Ordnung übernehmen und weitergeben. Das gelingt auch meistens, wenn man sich den Einfluß des Kollektivs zunutze macht. Je früher man das Kind in der Gruppe erzieht, desto stärker wird es von den Gewohnheiten der Gruppe geprägt. Darum erzieht man die Jugend in Gruppen, in Schulen. Vereine und Bünde, die die Staatsordnung bejahen, werden gern gesehen und sogar unterstützt.

Jede starre Ordnung überlebt sich. Dieser Wunsch, die einmal aufgestellte Ordnung zu erhalten, gerät jedoch immer wieder in Konflikt mit der Zeit. Die Zeit steht nicht still, man kann sie nicht aufhalten. Wir beobachten über längere Zeiträume hinweg einen ständigen Wandel.
Für eine begrenzte Zeit kann man diesen Wandel aufhalten, wenn man – wie eben gesagt – Kinder und Jugendliche in möglichst straff organisierten Gruppen auf die bestehende Ordnung einschwört. Aber nach einer gewissen Zeit läßt sich der dem Menschen angeborene Widerspruchsgeist, das Bedürfnis nach dialektischem Tun und Lassen nicht mehr zurückhalten, und spätestens zu diesem Zeitpunkt kann sich die überlebte Ordnung nur noch mit eiserner Strenge aufrechterhalten.

Der Wandel ist das Bestehende. Darum sind in einem Obrigkeitsstaat alle Gruppen mit einer demokratischen Ordnungsvorstellung verboten. In einer Demokratie dagegen übt man Toleranz. Man läßt die Meinung des Andersdenkenden gelten und duldet auch Gruppen, die das demokratische Prinzip ablehnen. In dieser Toleranz liegt zugleich die Stärke und die Schwäche der Demokratie. Da sie den Wan-

del als das Bestehende akzeptiert, bleibt sie immer »zeitgemäß« und hat größere Überlebenschancen. Verletzlich wird sie aber da, wo sie Gruppen toleriert, die wieder starre Ordnungsprinzipien einführen wollen.
Ganz allgemein können wir demnach zwei Arten von Gruppen unterscheiden:

1. Die geschlossene Gruppe, die autoritär geführt wird und die dem Wandel feindlich gegenübersteht.
2. Die offene, demokratische Gruppe, die den stetigen Wandel akzeptiert.

Autoritär geführte Gruppen. Das Musterbeispiel einer geschlossenen, autoritären Gruppe stellte die Erziehung der Jugend in Sparta dar. Hier wurden die Kinder vom siebten Lebensjahr an in militärischen Gruppen erzogen und einer beispiellos strengen Disziplin unterworfen. Das elementare Bedürfnis der Kinder nach Spielgefährten, nach Zusammenspiel, nach gemeinsamem Tun wird hier systematisch eingesetzt und in zwei vorgeschriebene Richtungen gelenkt. Im Mittelpunkt steht der eigene Staat, verkörpert durch einen Führer, der leidenschaftlich verehrt wird, dem man blind gehorcht und für den man sein Leben einsetzt. Auf der Gegenseite baut man ein hassenswertes Feindbild auf, das erbittert bekämpft werden muß. Dieses Freund-Feind-Denken wird schon in der Kindheit eingeübt. Geschlossene, autoritäre Gruppen erkennt man schon äußerlich an der einheitlichen Kleidung, an allerlei äußeren Merkmalen, mit denen sie sich von anderen Gruppen abheben möchten, und durch die straffe Ordnung, die sie sich geben. Die offenen, partnerschaftlichen Gruppen sind weder in ihrem äußeren Erscheinungsbild noch in ihren Zielen einheitlich. Es sind bestimmte gemeinsame Interessen, die sie zusammenführen. Der notwendige Gegenspieler ist aber hier nicht ein außenstehender Feind, sondern der Freund. In jeder offenen Gruppe kommen unterschiedliche Temperamente und Ansichten zusammen, und sie kommen auch zu ihrem Recht. Wenn man die Gruppe offenhält und nicht in eine Richtung dirigiert, wird der Partner zum Mitspieler und zum Gegenspieler. An die Stelle der Befehle, die die geschlossene Gruppe zusammenhalten, tritt in der offenen Gruppe das Gespräch.

Woran erkennt man die Ziele einer Gruppe? Die Gruppen, in die wir selbst oder unsere Kinder – manchmal freiwillig, manchmal unfreiwillig – hineingeraten, haben viele Namen. Meist verraten uns die Bezeichnungen, die sie sich selbst geben, ob es sich um eine offene oder geschlossene Gruppe handelt. Aus der folgenden Aufstellung, die sich gewiß noch verlängern läßt, kann man im Hinblick auf das Selbstverständnis der Gruppen einiges herauslesen. Sie können sich darstellen als:

Bande	Kreis
Bataillon	Mannschaft
Blase	Menge
Block	Meute
Brut	Partei
Bund	Rotte
Clan	Runde
Gesellschaft	Schar
Haufen	Schicht
Horde	Sezession
Kader	Sippe
Klasse	Sippschaft
Klub	Team
Klüngel	Truppe
Kollektiv	Verein
Kolonne	Zirkel

Da gibt es Gruppen, die sich zu freundlich-friedlichem Tun zusammenfinden, solche, die sich hochmütig absondern, und Gruppen, die den Kampf auf ihre Fahnen geschrieben haben. In den zahlreichen Schimpfnamen kommt zum Ausdruck, daß man bestimmte Gruppen verachtet und diskriminiert. Hier wird die feindliche Einstellung deutlich, die im Gegner nicht den Gegenspieler, sondern den Feind sieht, den man nicht duldet, sondern beseitigt.
Nach dem Untergang der Hitlerdiktatur begann man ganz allgemein den geschlossenen Gruppen zu mißtrauen. Hitler hatte der ganzen Welt deutlich gezeigt, wie man aus einer Gruppe eine Bande macht, wie das Freund-Feind-Denken beim Kampf gegen den Feind beginnt und sich über die Ausrottung Andersdenkender bis zur Ermordung kranker und leistungsunfähiger Menschen fortsetzt.

Gruppenbildung in der Demokratie. Um sich von dieser unmenschlichen Grundeinstellung zu distanzieren, entstanden nach dem Krieg zahlreiche Gruppen unter menschenfreundlicheren, friedlicheren Vorzeichen. Sie nannten sich Bund, Kreis, Klub oder Ring und wollten dadurch ihre Bereitschaft zur Gegenseitigkeit, zum Gespräch dokumentieren, denn in einem Klub, in einem Kreis sind alle gleich-

berechtigt, es gibt keine Befehlsgewalt eines Führers, jeder wird angehört.
An den verschiedenen Jugendgruppen, die in den hinter uns liegenden 20 Jahren nacheinander ins Blickfeld der Öffentlichkeit rückten, wird uns die Veränderung deutlich, die sich in dieser Zeit vollzogen hat.
In den fünfziger Jahren hatten zunächst die Jugendorganisationen, die sich unter religiösen Vorzeichen zusammenfanden, einen starken Zulauf. Sie versuchten an Vorbilder aus der Jugendbewegung anzuknüpfen, hatten damit aber nur einen zeitlich begrenzten Erfolg.

Musik als Bindemittel. Zu Beginn der sechziger Jahre übte die Musik eine starke Anziehungskraft auf die Jugend aus. Als die Faszination so weit ging, daß bei Musikveranstaltungen Stuhlbeine zusammenbrachen und junge Mädchen Weinkrämpfe bekamen, empörten sich viele Erwachsene, vor allem ältere Leute, die 20 oder 30 Jahre zuvor unbesorgt zugesehen hatten, als Hitler die Kinder und Jugendlichen in Marschkolonnen einem mehr als fragwürdigen Ziel zuführte, von dem man sich nun schamhaft distanzierte.
Die Musikbegeisterung jener Jahre konnte zum Teil noch recht unartikulierte Emotionen auffangen, für die uns die Geschichte der Beat-Bands ein aufschlußreiches Bild gibt.
In der englischen Hafenstadt Liverpool führte die Polizei damals einen fast aussichtslosen Kampf gegen die Jugendkriminalität der sozial benachteiligten Schichten. Einzelne Polizeibeamte sagten sich: »Wir kämpfen hier gegen Windmühlen; diesen Jungen bleibt ja gar kein anderer Ausweg, als sich zu Banden zusammenzuschließen. Wo sollen sie auch hin? In den engen Wohnungen der Eltern ist für sie kein Platz. Sie stellten darum diesen Jugendlichen Räume zur Verfügung, gründeten Klubs, in denen musiziert wurde. Als die ersten »music-bands« großen Zulauf bekamen, schossen in Liverpool, und später in vielen anderen europäischen Städten, Bands wie Pilze aus dem Boden.

Gruppen mit politischem Engagement. Gegen Ende der sechziger Jahre machte die Studentenbewegung viel von sich reden. Diesmal gingen nicht nur Stuhlbeine zu Bruch, es gab bei den turbulenten Demonstrationen auch einige Tote. Inzwischen hat sich der Staub, den diese unruhigen Studenten aufgewirbelt haben, gelegt. Aber die Jugend ist nach jenen unruhigen Jahren nicht mehr dieselbe wie zuvor.

Eine Lehrerin – sie unterrichtet an einem Mädchengymnasium – berichtet: »Vor fünf Jahren langweilte man noch die Schülerinnen, wenn man von Politik sprach, da gab es jeweils höchstens eine in jeder Klasse, die sich aus eigenem Antrieb am Unterricht beteiligte. Heute ist das fast umgekehrt. Achtzig Prozent der Schülerinnen interessieren sich für Politik. Einige sind in den Jugendgruppen der Parteien organisiert. Dann gibt es in unserer Stadt einen Jugendklub, eine Art Gaststätte für Jugendliche. Dort werden neue, sozialkritische Filme gezeigt. Alle möglichen Bands treten da auf, und ein- oder zweimal in der Woche werden dort Vorträge oder Gesprächsabende über politische und soziale Probleme gehalten. Dort treffen sich die Jugendlichen, Schüler, Lehrlinge, aber auch Erwachsene, und diskutieren miteinander.
Seitdem hat sich der Unterricht in Geschichte und Gemeinschaftskunde völlig verändert. Früher habe ich immer nur vorgetragen im Unterricht. Heute wissen die jungen Mädchen – was die Zeitprobleme angeht – oft besser Bescheid als ich. Seitdem sie so interessiert sind, wird aus dem Unterricht immer ein Gespräch. Sie haben ja inzwischen gelernt zu diskutieren.«
Eine ganz ähnliche Veränderung vollzieht sich inzwischen auch an den Berufs- und Fachschulen. In dem Jugendklub, von dem die Lehrerin berichtet, trifft man neben Schülern auch immer viele Lehrlinge. Mehr und mehr organisieren sie sich in der Gewerkschaftsjugend, und sie drängen sich zu den Schulungen, die die Gewerkschaft anbietet. Hier üben sie sich im Argumentieren, hier erhalten sie neue Informationen. Und wenn sie dann in dem Klub mit den Schülern zusammenkommen, gibt es rege Diskussionen.

Gemeinsame Aktionen. Manchmal bleibt es nicht nur beim Diskutieren, einige entschließen sich auch, etwas gemeinsam zu tun. In einer Schulklasse unterrichtete Herr P., ein Lehrer, der das politische Interesse seiner Schüler mit großer Skepsis betrachtete. Auf politischem Gebiet selbst völlig ahnungslos, warf er den Schülern Dilettantismus vor: »Ihr führt große Reden und tut nichts. Ihr wollt die Welt verändern und seht nicht die Dinge, die vor eurer Nase liegen.«
Abends, als die Schüler sich in ihrem Klub trafen, machten sie ihrem Ärger über Herrn P. Luft. »Natürlich tun wir nichts, wir können ja auch nichts tun«, hieß es, »aber wer hat uns denn zur Inaktivität erzogen? Die Schule! Wenn man so lange Jahre die Schulbank drückt – im wahrsten Sinne des Wortes –, wenn man immer nur Aufgaben ausführt, dann erlahmt die Eigeninitiative.«

Nun wurden nacheinander alle Schulfächer kritisiert, und man fragte sich, in welchem Fach man denn überhaupt Gelegenheit habe, Eigeninitiative zu entfalten. »Vielleicht noch am ehesten in den musischen Fächern«, meinten einige, »aber auch da wird man reglementiert!« – »Aber Herr D., unser Kunsterzieher, ist doch eigentlich ganz vernünftig, man müßte mal mit ihm reden. Mit dem sollten wir mal überlegen, wie man einen zeitgemäßen Unterricht gestalten könnte.«

Sie redeten mit ihm, eine ganze Stunde lang. Und man sagte sich: »Durch dieses ewige Belehren wird man nur unselbständig. Man müßte etwas gemeinsam tun.« Einer erzählte, wie man ihm schon als Kind die Lust an der Tätigkeit genommen hatte: »Ich spielte unheimlich gern mit Werkzeug, mit Hammer und Nägeln. Aber immer nahmen sie mir die Sachen weg, weil sie Angst hatten, ich würde etwas kaputtmachen!«

Vielleicht war diese Bemerkung einer der Anstöße zu der Idee, die dann auch in die Tat umgesetzt wurde. Die Klasse beschloß, auf einem Gelände, das schon längst für einen Spielplatz vorgesehen war, einen Abenteuerspielplatz einzurichten, auf dem kein fertiges Spielzeug herumsteht, sondern auf dem die Kinder mit vorhandenem Material selbständig bauen können.

Es gab eine Menge praktischer Arbeit und organisatorischer Überlegungen. Verhandlungen mit Behörden, Geldprobleme usw. »Bei dieser Arbeit«, so versicherten alle, »haben wir viel gelernt!« Und jeder machte eifrig mit, obwohl dafür keine Zensuren verteilt wurden.

Was zerstört und was fördert die Solidarität? Ältere Pädagogen, die den neuen Unterrichtsmethoden immer noch mißtrauen, können sich nur schwer vorstellen, daß man ohne Zensuren mehr leistet, weil dabei der Schwächere nicht ständig zurückgesetzt und entmutigt wird. Das Zensurensystem lähmt nicht nur den Tätigkeitstrieb, es demoralisiert auch den einzelnen, indem es ihn zu einem egoistischen Konkurrenzkampf antreibt. Die Solidarität der Gruppe wird dabei zerstört. Darum fällt es den Schülern so schwer, sich zu gemeinsamem Tun aufzuschwingen.

Eine junge amerikanische Lehrerin wurde an eine Schule versetzt, in der sie Kinder von Indianern zu unterrichten hatte. Sie wollte die Kinder kennenlernen und bat zehn Kinder, sich an die Tafel zu stellen, um die dort angeschriebenen zehn Aufgaben zu lösen. »Wer zuerst fertig ist, dreht sich um«, sagte sie.

Die Lehrerin wartete; sie sah, daß zwei, drei der Kinder bereits fertig waren, aber keiner drehte sich um. Erst als der letzte fertig war, drehten sich alle gemeinsam um. Nun erkundigte sich die Lehrerin, warum sich nicht einer nach dem anderen, so wie sie es gesagt hatte, umdrehte. Da erfuhr sie, daß sie damit etwas von den Kindern verlangt hatte, das gegen die guten Sitten der Indianer verstieß. Sie nannten es »schlechtes Benehmen«, wenn einer sich vor dem anderen hervortun würde.

Rangordnungen gefährden die Demokratie. In autoritär geleiteten Gruppen wird immer der »Beste« herausgehoben, und die »Schlechteren« müssen sich schämen. Diese Rangordnung zerstört die Gleichberechtigung. Der Gemeinsinn verkümmert. Statt dessen wachsen Stolz und Hochmut bei denen, die gelobt und bewundert werden, und Neid und Minderwertigkeitsgefühle bei denen, die im Schatten stehen.

Die Schule alten Stils hat stets Rangordnungen reproduziert, weil sie von unterschiedlichen Begabungen gleiche Leistungen verlangte. Diese Rangordnungen werden als ungerecht empfunden. Darum strebt man heute, wenn man sich außerhalb der Schule einer Gruppe anschließt, nach Gleichgesinnten, mit denen man Interessen und Neigungen teilt. Wer ein Instrument spielt, schließt sich einer Musikgruppe an. In einem Fotoklub treffen sich die Amateurfotografen. Die zeichnerisch Begabten bilden einen »Grafikkreis«, wer sich schriftlich ausdrücken möchte, kann sich einem Werkkreis für Literatur anschließen usw.

Gruppen – offen für öffentliche Interessen. Solche und ähnliche Neigungsgruppen entstanden in den letzten Jahren in vielen Städten und Orten. Hier kommt es nicht zum Konkurrenzkampf, sondern der Austausch ist wesentlich. Konflikte arten nicht in einen Kampf aus, wo einer den anderen verdrängt oder unterdrückt. Man diskutiert – man »rauft sich zusammen«.

Diese neuen Gruppen unterscheiden sich von ähnlichen Vereinen oder Klubs, die bereits früher bestanden, dadurch, daß sie neben ihrem »Hobby« politisches Bewußtsein entfalten. Ganz gleich, ob sie fotografieren oder malen, ob sie musizieren oder schreiben, sie verfolgen aufmerksam die Probleme des öffentlichen Lebens. Sie betrachten kritisch unsere sozialen und wirtschaftlichen Verhältnisse, weil sie wissen, daß unsere leichtverletzliche Demokratie wacher und kritischer Aufmerksamkeit bedarf.

Wenn wir noch einmal auf die vergangenen 20 Jahre zurückblicken, wird uns die Veränderung deutlich, die sich in dieser Zeit vollzogen hat. Und wenn wir uns entschließen, diese Veränderung, diesen Wandel als etwas Natürliches zu betrachten, dann beobachten wir, wie sich aus jeder neuen Bewegung eine Gegenbewegung entwikkelt, die – aus einiger Entfernung betrachtet – einen Fortschritt darstellt.

Der Erfolg einer frühen Gruppenerziehung. In einem Seminar für Eltern berichtete ein junger Vater über Beobachtungen, die er bei seinen beiden Kindern gemacht hat:
»Unser erstes Kind ist zu Hause, also in der Familie, aufgewachsen. Damals gab es in unserem Ort noch keine Krippe. Bei diesem Kind war die Erziehung gar nicht so einfach, es wollte nicht gehorchen und immer seinen Kopf durchsetzen. Bei unserem zweiten Kind ist das ganz anders. Inzwischen gibt es hier eine Krippe und einen Kindergarten. Meine Frau konnte ihren Beruf wiederaufnehmen, und wir gaben das Kind in eine Krippe, später in den Kindergarten. Mit diesem Kind haben wir überhaupt keine Schwierigkeiten. Es gehorcht aufs Wort, es sitzt am Tisch wie eine Eins und ißt so ordentlich wie ein Erwachsener. Abends, wenn es zu Bett geht, gibt es keine Widerworte, und wenn es sich auszieht, dann legt es seine Kleider so exakt auf den Stuhl wie beim Militär.«
Nicht nur dieser Vater, fast alle Eltern sind begeistert vom Erfolg einer frühen Gruppenerziehung. Wer schon einmal für einige Wochen oder Monate sein Kind in einem Kinderheim untergebracht hat, der macht die Erfahrung, daß sein Kind wie verändert zurückkommt: brav, angepaßt, gehorsam, es hat keinen Dickkopf mehr und benimmt sich so, wie die Erwachsenen es gerne hätten.

Warum stören Kleinkinder das Bedürfnis der Erwachsenen nach Ruhe und Ordnung? Dieses Wohlverhalten ist bei einem Zwei- bis Vierjährigen aber keineswegs natürlich, sondern ungewöhnlich. Die meisten – gesunden – Kinder dieses Alters benehmen sich ganz anders. Sie bringen Unordnung ins Haus, sie fassen alles an, untersuchen – und zerstören dadurch alle möglichen Gegenstände. Indem sie alles anfassen, alles ausprobieren, kommen sie mit den Grenzen in Berührung, die wir ihnen setzen müssen: Das darf man, das darf man nicht. Sie erleben dabei auch meist, *warum* man dieses tut und jenes unterläßt.
Das eine Kind lernt dies etwas schneller, bei dem anderen dauert es etwas länger, weil es die Sache von allen Seiten betrachten und darum öfter ausprobieren will.

Lernen durch Nachahmen. In der Gruppe vollzieht sich dieser Lernprozeß viel rascher und reibungsloser. Das Kind lernt den Umgang

mit den Dingen und die Spielregeln unseres Zusammenlebens nicht, indem es experimentiert. In der Gruppe ahmt es einfach nach, es tut, was es die anderen tun sieht. Dabei gibt es keine nennenswerten Schwierigkeiten. Krippenkinder sind ganz allgemein nicht so eigenwillig wie Kinder, die in der Familie aufwachsen.
Aber – hinter dieser »Eigenwilligkeit« verbirgt sich der eigene Wille der kleinen, wachsenden Persönlichkeit. Wäre es uns möglich, alle Kinder in Krippen aufzuziehen, dann würden wir vermutlich ein Volk von Mitläufern großziehen: brave, angepaßte Leute, die sich widerspruchslos dirigieren ließen.

Soll das Kind in der Gruppe oder in der Kleinfamilie aufwachsen? Wir wissen, daß man nicht alle Kinder einer einheitlichen Gruppenerziehung unterwerfen kann, ebensowenig wie man alle Kinder nicht als Einzelkinder in der Kleinfamilie völlig isolieren kann. Wir wissen nur, daß eine harmonische Mischung zwischen diesen beiden Extremen die Entwicklung des Kindes am besten fördert.
Kinder brauchen Kinder, Spielgefährten, Freunde und Gegenspieler. Aber Kinder wollen und müssen auch von Zeit zu Zeit alleine sein, sich mit sich selbst beschäftigen, um zu sich selbst zu kommen. Indem es sich selbst in seinem Tun erfährt, bildet sich das Selbstbewußtsein des Kindes. Wenn es etwas kaputtmacht, erfährt es, daß es durch sein Tun etwas verändern kann.
In der Gruppe, im Kindergarten und in der Schule wird es manipuliert und beherrscht. In der Familie erfährt es ganz persönliche Beachtung und Liebe.
Zu Hause, wenn das Kind mit sich allein ist, hat es auch Zeit und Gelegenheit, die vielen Erlebnisse zu verarbeiten. Ungestört kann es sich in sein Verhältnis zur Umwelt hineinspielen, indem es so tut als ob.

Die imaginären Freunde. »Sebastian ist in dem Alter, in dem er alles kaputtmacht«, erzählt seine Mutter, »seine Spielsachen von Weihnachten sind schon alle auseinandergenommen oder verbogen. Alles, was zerstörbar ist, wird so lange gedrückt oder gerissen, bis es kaputt ist. Daneben spielt er jetzt oft mit Dingen, die es gar nicht gibt. Er geht im Zimmer herum, bewegt sich und spricht mit Personen seiner Einbildung. Wenn wir in der Stadt durch die Straßen gehen, hält er öfter an: ›Warte!‹ Dann dreht er an irgendeiner Hauswand an einem unsichtbaren Wasserhahn, hält eine imaginäre Gießkanne darunter und sagt nach einer Weile: ›Fertig. Weitergehen.‹ Im Weitergehen begießt er links und rechts eingebildete Blümchen.

Es ist ihm aber nicht recht, wenn die Erwachsenen sich einmischen. Eines Morgens saßen wir im Wohnzimmer. Er sagte: ›Es hat geklingelt, Herr Waltermann.‹ Ich kümmerte mich nicht darum, denn es hatte gar nicht geschellt. Sebastian lief zur Tür und öffnete. Dann begleitete er den unsichtbaren Gast ins Zimmer und redete mit ihm: ›Guten Tag, Herr Waltermann, setz dich. Willste was zu essen? Nein? – Ach so, du hast schon gegessen. Mutter, da ist Herr Waltermann, sag ihm guten Tag.‹
Ich ging auf das Spiel ein, begrüßte Herrn Waltermann, aber als ich dann mit dem Gast ein Gespräch begann, schickte Sebastian Herrn Waltermann schnell zur Türe hinaus, lachte und klärte mich auf: ›Das stimmt doch gar nicht, ich tu doch nur so.‹«

Bei einsamen Spielen kommt man zu sich selbst. Die Mutter sollte nur »Guten Tag, Herr Waltermann« sagen, mit der weiteren Ansprache an den Gast hatte sie ihre Kompetenz überschritten. Sie war in diesem Spiel nicht als Mutter anwesend, sondern nur als Spielfigur, als Guten-Tag-Sager. Dieses Spiel war nicht als Zusammenspiel gedacht, hier betätigte Sebastian selbständig seine Phantasie.
Kinder, die oft und ausgiebig Gelegenheit haben, alleine zu spielen, werden sich mit größerer Wahrscheinlichkeit zu eigenwilligen und eigenständigen Persönlichkeiten entfalten als Kinder, denen diese Gelegenheit fehlt. Indem sie in diesem Alleinspiel sich selbst finden und erkennen, betrachten sie auch ihre Umwelt – nicht so wie die Erwachsenen sie ihnen präsentieren, sondern so wie sie ist. Sie entwickeln darum schon als Kinder oft mehr Widerspruchsgeist, als den Erwachsenen lieb ist.

Das selbstbewußte Kind ist den Erwachsenen unbequem. Vielleicht war darum den Berufspädagogen das einsame Spiel der Kinder nie ganz geheuer. Sie haben alle möglichen und unmöglichen Argumente gegen das Alleinsein. Die Einsamkeit, so befürchten sie, würde die Kinder zu allerlei Untugenden verführen. Sogar Rousseau sagte: »Ich möchte meinen Emile lieber in den gefährlichsten Gesellschaften von Paris sich unterhalten sehen als ihn allein in seinem Zimmer wissen, wo er ganz den Versuchungen seines Alters überlassen wäre.«
Ohne es offen auszusprechen und ohne sich darüber klar zu sein, quält die Pädagogen vermutlich der Gedanke, daß das Kind, alleine gelassen, sich ihrem Einfluß zu entziehen sucht. Der Erzieher möchte seinen Zögling, sei es mit Strenge, mit List oder mit Liebe, zu seinem Glück – was auch immer er darunter versteht – gerne zwingen. Von diesem Zwang löst und erholt sich das Kind, sobald es allein ist.

Wenn man das Kind sich selbst überläßt. George Sand erzählt, daß sie als Kind von ihren Eltern oft allein gelassen wurde. »Ich lernte also das für ein Kind sonderbare, von mir aber lebhaft empfundene Vergnügen des Alleinseins kennen; weit entfernt, dies unerträglich oder schrecklich zu finden, empfand ich etwas wie Bedauern, wenn ich den Wagen meiner Mutter zurückkehren sah.«
Das kleine Mädchen führte vor dem Spiegel ein Gebärdenspiel auf, in dem es zwei kleine Mädchen in immer neuen Rollen darstellte. Dieses Spiel steigerte sich schließlich so, daß das Kind einer regelrechten Halluzination verfiel und die Dinge wirklich sah und erlebte, die es sich in der Phantasie vorstellte. Als George einmal von ihrer Mutter bei einem solchen Spiel überrascht wurde, erlitt sie einen leichten Nervenschock.
Sicherlich wagte sich das Kind bei den Spaziergängen in die Welt der Phantasie etwas zu weit, aber seine spätere Entwicklung ist davon offensichtlich nicht negativ beeinflußt worden. Im Umgang mit sich selbst bildete sich hier eine eigenwillige Persönlichkeit. Ebenso intensiv, wie sie früher allein gespielt hatte, interessierte sie sich später für ihre Umwelt. Ihr lebhafter Geist, ihre unkonventionelle Einstellung befähigten sie bald dazu, die Probleme ihrer Mitmenschen kritischer und in größeren Zusammenhängen zu sehen. George Sand ist in die Geschichte eingegangen, weil sie die Schwächen ihrer Zeit mit ungewöhnlich scharfem Blick erkannt und beschrieben hat.
Es ist sicher kein Zufall, daß viele Dichter und Denker – wenn sie an ihre Kindheit zurückdenken – sich vor allem der einsamen Spiele erinnern. Wenn das Kind allein ist, schafft es sich Spielgefährten in seiner Phantasie.

Aus Einzelkindern werden oft unkonventionelle Denker. Auch Sören Kierkegaard hatte einen Vater, der nicht gerne sah, wenn sein Sohn »draußen« spielte. Sobald der Knabe den Wunsch äußerte, auf der Straße zu spielen, nahm der Vater ihn an der Hand und machte mit ihm im Zimmer Spaziergänge. In seinem biographischen Roman »Entweder – oder«, der unter dem Decknamen Johannes Climacus erschien, beschreibt er diese Spaziergänge:
»Sein Vater war ein strenger Mann, scheinbar trocken und prosaisch, während er unter diesem rauhen Kleid eine glühende Phantasie verbarg. Wenn Johannes bisweilen um die Erlaubnis bat, ausgehen zu dürfen, erhielt er meistens eine abschlägige Antwort, wogegen ihm der Vater zum Entgelt vorschlug, an seiner Hand auf dem Fußboden auf und ab zu spazieren. Dies war auf den ersten Blick

ein armseliger Ersatz, und doch ging es damit wie mit dem rauhen Kleid. Etwas ganz anderes war dahinter verborgen. Der Vorschlag wurde angenommen, und es blieb Johannes ganz überlassen, wohin sie gehen wollten. Sie gingen dann zum Tor hinaus nach einem nahe gelegenen Lustschloß oder zum Strand hinaus oder auf und ab in den Straßen, je nachdem Johannes es wollte, denn der Vater vermochte alles. Während sie also auf dem Fußboden auf und ab gingen, erzählte der Vater von allem, was sie sahen. Sie grüßten die Vorübergehenden, die Wagen lärmten an ihnen vorbei und übertönten des Vaters Stimme, die Früchte der Kuchenfrau waren einladender denn je. Er erzählte alles so genau, so lebendig, so gegenwärtig bis in die unbedeutendste Einzelheit, die Johannes bekannt war, daß er, nachdem er eine halbe Stunde mit dem Vater spazieren war, so überwältigt und müde war, als ob er den ganzen Tag draußen gewesen wäre. Johannes schaute diese Zauberkunst dem Vater bald ab. Was vorher episch vorgegangen war, geschah nun dramatisch, sie führten auf dem Spaziergang Zwiegespräche. Wenn sie bekannte Wege gingen, gaben sie gegenseitig aufeinander acht, daß nichts übersehen wurde, war Johannes der Weg fremd, so kombinierte er, während die allmächtige Phantasie des Vaters imstande war, alles bildhaft zu machen, jeden kindlichen Wunsch als Ingredienz in dem sich abspielenden Drama zu verwenden. Für Johannes war es, als ob während des Gesprächs die Welt entstünde, als ob der Vater der liebe Gott sei und er selbst sein Liebling, dem es erlaubt war, sich mit seinen törichten Einfällen genauso lustig dreinzumischen, wie er wollte, denn er wurde nie abgewiesen, der Vater nie gestört, es wurde alles damit verflochten, zu Johannes' Zufriedenheit.«

Die Spielgefährten aus dem Reich der Phantasie. Wir haben uns daran gewöhnt, ein Kind zu bedauern, das keine Spielgefährten hat – mit Recht. Aber darüber gerät oft in Vergessenheit, daß ein Kind, dem die Gelegenheit zum Alleinsein, zum Alleinspielen fehlt, ebenso bedauernswert ist. Sobald das Kind allein ist, beginnt seine Phantasie zu arbeiten, beim Erfinden von Spielen wachsen seine individuellen Vorstellungen und Fähigkeiten.

Auch Gottfried Keller war als Kind viel allein. »Desto eifriger verkehrte ich im stillen mit mir selbst«, schreibt er, »in der Welt, die ich mir allein zu bauen gezwungen war. – Meine Mutter kaufte mir äußerst wenig Spielzeug, so war ich bald darauf angewiesen, mir mein Spielzeug selbst zu schaffen. Was ich so bei den Menschen nicht fand, das gab mir die stumme Natur. Bald hatte ich eine gewichtige Sammlung glänzender und farbiger Mineralien zusammen. Glimmer-Quarze und solche Steine, welche mir durch ihre abweichende Form auffielen. Glänzende Schlacken aus Hüttenwerken, in den Strom geworfen, hielt ich ebenfalls für wertvolle Stücke, Glasflüsse für Edelsteine, und der Trödelkram der Frau Margret lieferte mir einigen Abfall an Marmorscherben und halb durchsichtigen Alabasterschnörkeln, welche überdies noch eine antiquarische Glorie durchdrang. Für diese Dinge fertigte ich Behälter und legte ihnen wunderlich beschriebene Zettel bei. Wenn die Sonne in unser Höfchen schien, so schleppte ich den ganzen Schatz hinunter, wusch Stück für Stück in dem kleinen Brünnlein und breitete sie nachher in der Sonne aus, um sie zu trocknen, mich an ihrem Glanze erfreuend. Dann ordnete ich sie wieder in die Schachteln und hüllte die glänzendsten Dinge sorgsam in Baumwolle, welche ich aus den großen Ballen am Hafenplatz und bei dem Kaufhaus gezupft hatte.«

Allein sein, eine Kunst, die man lernen muß. Kindern, die nie allein gespielt haben, fällt es später im Erwachsenenalter oft sehr schwer, allein zu sein. Diese Unfähigkeit zum Alleinsein kann unter Umständen krankhaft werden. Menschen, die sich nicht allein beschäftigen können, wird das Alleinsein zu einer Qual. Sie greifen zum Alkohol oder flüchten sich in Krankheiten und Neurosen. Dabei beobachten wir, daß Männern das Alleinsein oft schwerer fällt als Frauen, und man schiebt die Schuld daran sicher nicht zu Unrecht auf die einseitige Berufsarbeit, die den Menschen im Laufe des Lebens abstumpft. Frauen sind an vielseitigere Beschäftigungen gewöhnt. Sie pflegen aber auch bereits als Kinder häufiger allein zu spielen. Mädchen spielen oft stundenlang allein mit der Puppe, mit der Puppenstube. Die kleinen Jungen befassen sich weit mehr mit Gemeinschaftsspielen; manchmal ausschließlich, denn die Erwachsenen ermuntern sie auch dazu. Ein Junge, der sich häufiger allein beschäftigt, ist in ihren Augen kein richtiger Junge, er gerät leicht in den Ruf eines Stubenhockers.

Die Qualität der Einsiedlerspiele. Diese Einstellung ist jedoch in einem Wandel begriffen. Unser technisches Zeitalter bringt zumindest dem kleinen Bastler ein wohlwollendes Verständnis entgegen. Mancherlei Hobbys gewinnen immer mehr Ansehen, so daß auch die einsamen Spiele allmählich populärer werden.
Einsiedlerspiele nannte man sie einst: das Grillenspiel, das magische Quadrat, die Geduldspiele und Patiencen. Alle diese Spiele geben der Selbstbesinnung, der Beschaulichkeit Raum. Der Mensch kommt dabei zu sich, er lernt den Umgang mit sich selbst.

Wenn mein Schwager gelegentlich, mitten im dicksten Trubel, an einem Seitentisch beginnt, Patiencen zu legen, dann schütteln seine Mitarbeiter spöttisch lächelnd den Kopf. In unserer Leistungsgesellschaft wird die Arbeit groß geschrieben. Jede Tätigkeit gilt als etwas Positives – Nichtstun als etwas Schlechtes.
»Dös nicht!« mahnt der Lehrer. »Träumst du schon wieder?« fährt er einen Schüler an. Im Berufsleben, in der Schule, überall verlangt man von uns ständig Tätigkeit: »Ohne Fleiß kein Preis!« – »Wer rastet, der rostet«, so klingt es in unseren Ohren. Wer die Hände in den Schoß legt, wer sich Zeit nimmt, um zu überlegen, der ist faul, so sagt man. Nachdenken tritt als Qualität nicht in Erscheinung. Auch zu Hause sieht man die Kinder gern immer beschäftigt. Wenn sie schon nicht gerade Schulaufgaben machen, sollen sie wenigstens spielen, sich irgendwie beschäftigen!
Nimm dir Zeit ... Meine Schwester war in der Schule ein »Überflieger«. Wenn sie nachmittags nach Hause kam, legte sie sich auf die Couch und döste – stundenlang. Meine Mutter brachte diese »Trägheit« in Rage: »Wenn du nichts zu tun hast, kannst du mir doch in der Küche helfen!« – »Doch, ich habe was zu tun, ich muß noch Schulaufgaben machen.« Aber diese Schulaufgaben machte sie gegen Abend, in kürzester Frist. Zwischen meinen Eltern gab es oft lange Debatten über dieses »faule Stück«. Da sie eine so gute Schülerin war, sah man ihr manches nach. »Laß sie doch«, sagte mein Vater, »sie muß doch auch mal nachdenken, zu sich selbst kommen.« – »Aber doch nicht den ganzen Nachmittag«, stöhnte meine Mutter, die es als betriebsame Hausfrau so einzurichten wußte, daß man sie nie unbeschäftigt sah.
Das Nichtstun als Tugend. Alle Kulturen der Welt räumen neben der Tätigkeit auch dem Nichtstun einen wichtigen Platz ein. »Eine Handvoll Ruhe ist besser als beide Fäuste voll Mühe und Haschen nach Wind«, heißt es im Alten Testament. Man wußte aus langer Erfahrung: Der Mensch, der sich Zeit nimmt, der sich auf sich selbst besinnt, kommt fast immer zu qualitativ besseren Lösungen als derjenige, der pausenlos in Aktion ist.
Ein Mensch, der nur zur Arbeit erzogen wird, der zur ständigen Aktivität angehalten wird, gewöhnt sich daran, bei einer Auseinandersetzung sofort zum Angriff überzugehen – sei es mit Taten oder mit Worten. Er ist – bei einer Diskussion etwa – unfähig, auf den anderen einzugehen, weil er nie gelernt hat, in sich zu gehen, mit sich selbst ins reine zu kommen. Wer als Kind Zeit und Ruhe hatte, sich auf sich selbst zu besinnen, der wird auch seinen Mitmenschen verständnisvoller entgegentreten.

Anführer und Mitläufer

Leben lernen ohne Gängelband. Vor 200 Jahren erregte in ganz Europa ein Bestseller großes Aufsehen, ein Buch des Franzosen Jean Jacques Rousseau, das die Lebensgeschichte eines Kindes erzählte, eines Knaben mit dem Namen Emile. Rousseau gab in diesem Buch eine Antwort auf die Frage: Wie muß man ein Kind erziehen, aus dem einmal ein selbständiger, selbstverantwortlicher Mensch werden soll, ein Mensch, der sich nicht zeit seines Lebens am Gängelband irgendeines Führers oder Verführers leiten läßt.
Selbständige Menschen, das waren im damaligen Obrigkeitsstaat gefährliche Leute, darum braucht es uns nicht zu wundern, daß das Buch in Paris bald nach seinem Erscheinen öffentlich verbrannt wurde und Rousseau aus Frankreich fliehen mußte, weil ihm die Verhaftung drohte.

Selbständigkeit in Theorie und Praxis. Als Immanuel Kant das Buch in die Hände bekam, unterbrach er zum ersten und einzigen Mal seinen geregelten Tageslauf und las in einem Zug die Geschichte des Knaben Emile von Anfang bis zu Ende. An diesem Tag, so berichtet eine Anekdote, blieb in Königsberg die Zeit stehen, weil der Küster nach dem täglichen Verdauungsspaziergang des pünktlichen Professors jeden Mittag die Uhr stellte.
Was den gelehrten Mann an diesem Buch so fesselte, war der Gedanke, der die ganze althergebrachte Erziehung in Frage stellte. Immanuel Kant hatte bereits viele kluge Bücher über die Selbständigkeit und die Selbstverantwortung des Menschen geschrieben. Aber hier las er, daß alle noch so einleuchtenden Theorien wirkungslos bleiben, wenn man dem Menschen in seiner Kindheit keine Entwicklung zur Selbständigkeit ermöglicht.
Die Pädagogik jener Zeit beschränkte sich auf die Belehrung. Der Lehrer trat vor die Schüler wie einer, der alles weiß. Dieses Wissen trug er vor, und die Kinder hatten es sich anzueignen.
Aber Rousseau erklärte ihnen, daß sie seelische Krüppel erzogen hätten, unselbständige Menschen, die nur angelerntes Zeug nachplapperten. Am Beispiel des Knaben Emile zeigte er ihnen, daß das Kind letztlich nur durch Erfahrung lernt. Er schreibt:
»Der Knabe Emile soll die Wissenschaft nicht erlernen, sondern sie erfinden. Kein Buch, außer der Welt! Anstatt das Kind an Bücher zu fesseln, beschäftige es in einer Werkstatt, wo seine Hände zum

Nutzen seines Geistes arbeiten; er wird ein Philosoph und glaubt ein Arbeiter zu sein.«

So erzieht man Mitläufer. Natürlich kann man das Kind durch Worte belehren. Aber die Worte rauschen an ihm vorbei. Im alten Ägypten gab es ein Sprichwort: »Die Ohren des Schülers befinden sich auf dem Rücken, er hört, wenn man ihn schlägt.« In der althergebrachten Erziehung hat man diese Methode mit Erfolg praktiziert. Die Kinder sind gelehrig, und sie hören aufs Wort, wenn man sie schlägt. Aber was sind das für Menschen, die wir auf diese Weise erziehen? Rousseau gibt uns auch darauf eine Antwort: »Ihr raubt ihm auf diese Weise den Mutterwitz, ihr gewöhnt es, sich immer leiten zu lassen, nur eine Maschine in Händen anderer zu sein. Vom Kind Gelehrigkeit zu verlangen, heißt fordern, daß es erwachsen leichtgläubig werde und sich am Narrenseil führen läßt. Es hilft nichts, dem Kind zu sagen, man befehle ihm etwas zu seinem Besten, es werde es später einsehen. Das heißt, jedem Schwärmer, Scharlatan und Betrüger in die Hände arbeiten, welcher das Kind in seinem späteren Leben in sein Netz locken will.«
Wir wissen heute, wie sehr Rousseau mit dieser Bemerkung recht behalten sollte. Aber immer noch erziehen wir die Kinder durch Zwang. An die Stelle der Schläge sind Zensuren und Zeugnisse getreten, ein nicht weniger wirksames Mittel, die Schüler zum Zuhören zu zwingen. Mit dieser Methode arbeiten wir also immer noch möglichen Scharlatanen in die Hände, die sich als Anführer aufspielen und Mitläufer in ihr Netz locken.

Die verführerische Wirkung der Fahne. Die erste Erinnerung an meine Mitläufertätigkeit fällt in meine Vorschulzeit. Wir wohnten damals in einer kleinen Stadt, wo jeder jeden kannte. Eines Morgens stand ich vor unserer Haustür, als ein Zug von streikenden Arbeitern vorbeikam. Sie trugen eine rote Fahne – so rot wie meine Haarschleifen, rot war damals schon meine Lieblingsfarbe. Ich schloß mich dem Zug an und lief, so schnell mich meine kleinen Füße tragen konnten, mit dem Zug durch die Straßen, immer vorne, dicht bei der schönen, roten Fahne.
Mein Vater war damals als Vorstandsmitglied einer konservativen Partei stadtbekannt. Daß man auch mich kannte, sollte ich einige Tage später erfahren, als die Kollegen und Parteifreunde meinem Vater vorwurfsvoll erzählten, daß seine Tochter durch die ganze Stadt hinter der roten Fahne hergelaufen war.
Aber das sagte mein Vater mir nicht. Er dachte sich einen für mich

ungeheuer eindrucksvollen Trick aus, um mich von dieser Mitläuferei abzubringen.
Am Samstagnachmittag, als er gerade – wie immer um diese Zeit – ausführlich Zeitungen las, nahm er das kirchliche Wochenblättchen zur Hand und rief auf einmal mit gespielter Überraschung: »Nanu, was steht denn da«, und dann zu mir, »hier steht dein Name!«
Die ganze Familie hörte gespannt zu, als er mich auf den Schoß nahm und mir vorlas – ich konnte ja noch nicht lesen –, daß man gesehen hätte, wie ich, die Tochter des – Name und Adresse –, durch die ganze Stadt hinter der roten Fahne hergelaufen sei.

Was schützt vor blindem Mitläufertum? Ich wußte nicht, daß der Vater nur Spaß machte, und war tief beeindruckt von dieser Publizität meiner Person. Gleichzeitig spürte ich, daß meinem Vater meine Mitläuferei recht unsympathisch war.
Vielleicht mag dieses Erlebnis für meinen Vater den Anstoß gegeben haben, fortan mit uns Kindern, als wir anfingen, etwas davon zu verstehen, häufig über politische Probleme zu sprechen. Je älter wir wurden, desto weniger teilten wir seine konservative Meinung, und aus unseren Gesprächen wurden Streitgespräche. Als er um das Jahr 1933 aber zusehen mußte, daß seine konservative Partei sich den Gefahren des Faschismus gegenüber blind stellte und Hitler noch unterstützte, da änderte er seine Meinung. Es war nicht zuletzt sein tiefes Mißtrauen gegen jede kritiklose Mitläuferei, die diesen Meinungswandel in Gang setzte.

Trau keinem selbsternannten Anführer. Fast alle Eltern werden irgendwann einmal mit dem Phänomen des Mitläufertums konfrontiert. Sind ihnen die Anführer, hinter denen ihre Kinder herlaufen, sympathisch, dann sagen sie o. k. Erscheinen sie ihnen aber gefährlich, dann machen sie oft verzweifelte, manchmal recht unwirksame Anstrengungen, um die Kinder davon ab und wieder auf den »rechten Weg« zu bringen.
Die Eltern stört nicht so sehr die Mitläuferei der Kinder, als die Tatsache, daß sie in die falsche Richtung laufen.
Im politischen Leben weiß man inzwischen, daß die Gruppierungen einer Gesellschaft in Mitläufer und Anführer die Demokratie ernsthaft gefährden. Der Bestand einer Demokratie ist davon abhängig, daß kritische und mitverantwortliche Bürger sie ständig kontrollieren.
Aber wie sollen die Bürger in diese Mitverantwortung hineinwachsen, wenn wir es als selbstverständlich ansehen, daß sich bei einer

Schar von Kindern stets Anführer heraussheben, die die anderen als Mitläufer dirigieren.

Müssen Gruppen sich immer einem Anführer unterordnen? In einem von Psychologen häufig wiederholten Experiment beobachtete man Jungen in einem Ferienlager, die sich vorher nicht kannten. Meist bildeten sich in den ersten Tagen kleinere Gruppen, die gemeinsam etwas unternahmen. Nachdem sie sich gegenseitig etwas näher kennengelernt hatten, befragte man sie einzeln nach ihren Abneigungen und Zuneigungen gegenüber ihren Spielkameraden. Daraufhin bildete man zwei Gruppen, in denen die Kinder zusammenkamen, die sich gegenseitig nicht mochten, und isolierte die beiden Gruppen für mehrere Tage voneinander. Sehr schnell machte sich in jeder Gruppe einer der Jungen zum Anführer. Er scharte einige »Helfer« um sich, mit denen er gemeinsam die anderen beherrschte. Oft gaben sich die Gruppen einen Namen, und als man sie nach einiger Zeit noch einmal nach ihren Vorlieben und Abneigungen fragte, stellte sich heraus, daß sich jetzt alle guten Eigenschaften und alle Vorlieben auf die eigene Gruppe konzentrierten, während man die andere Gruppe schlecht beurteilte. Das ging so weit, daß die Gruppen Streit miteinander bekamen, den die Psychologen mühsam wieder schlichten mußten.
Viele Pädagogen neigen zu der Ansicht, daß es sich hier um einen »Grundvorgang« im menschlichen Sozialleben handelt. Das würde bedeuten, daß man diesen Vorgang nicht ändern kann.

Kinder sind eine unterdrückte Klasse. Kaum einmal wird dabei beachtet, daß wir unsere Kinder ja zur Unselbständigkeit und zum Mitläufertum erziehen, so daß sie sich gar nicht anders verhalten können. In der Familie bestimmen die Eltern, in der Schule der Lehrer, und durch den auf Leistungsvergleich basierenden Unterricht entstehen Rangordnungen. Nach diesem Beispiel ordnet sich auch die Gruppe einem Anführer unter. Wenn er nicht gewählt wird, sondern sich selbst ernennt, so folgt er auch darin dem vorgegebenen Beispiel – auch der Lehrer wird von den Schülern nicht gewählt. Der Gedanke, daß die Schüler, um die demokratischen Formen des Zusammenlebens einzuüben, ihre Lehrer selbst wählen, ist für viele von uns noch ungewohnt. Weil unsere Gesellschaft jahrhundertelang von Autoritäten beherrscht wurde, die sich selbst einsetzten, können wir uns mit einem solchen Gedanken kaum anfreunden.

Freie Wahl setzt Gleichberechtigung voraus. Von vielen Ethnologen wissen wir, daß es Völker gibt, denen diese autoritäre Form des Zusammenlebens fremd ist. Sie haben in ihrer Sprache gar keine Wörter für Begriffe wie: Häuptling, Führer, herrschen, Befehl und Gehorsam. Lévi Strauss berichtet von einem Stamm in Südamerika, der sechs Monate des Jahres seßhaft ist und sechs Monate umherzieht, um neue Weide- und Wohnmöglichkeiten zu suchen. In diesem Halbjahr, auf der Suche nach einer neuen Bleibe, wählt die Gruppe einen Anführer, der sich mit der Wegsuche gut auskennt und der organisatorische Fähigkeiten besitzt. Dieser Anführer erhält jedoch für diese Tätigkeit weder besonderen Lohn noch sonstige Privilegien. Sein Lohn ist die Arbeit selbst, die ihn vermutlich befriedigt, weil sie seiner Begabung entspricht. Darum hat man ihn ja gewählt. Wenn er seine Aufgabe nicht zur Zufriedenheit der Gruppe ausführt, wird er abgesetzt. Und sobald die Wanderung ihr Ziel erreicht hat und man sich auf dem neuen Platz häuslich einrichtet, wird der Anführer von seinem Amt suspendiert. Wo von den Erwachsenen Gleichberechtigung praktiziert wird, da schlägt sich das Beispiel in den Spielen der Kinder nieder, sie kennen dann ebenfalls in ihren Spielen keinen Anführer, der die anderen beherrscht.

Hinter der Fassade der Scheindemokratie. Wenn wir heute bei uns noch Kinder beobachten, die sich willig einem Anführer unterordnen, dann spiegelt sich darin unser soziales Milieu. Demokratische Formen des sozialen Lebens sind bei uns bis heute noch unterentwickelt.

Wir weisen oft mit einem gewissen Stolz darauf hin, daß wir in einer freiheitlichen Demokratie leben, aber unser Verhalten zu dieser Demokratie ist immer noch gespalten. Wir gehen alle vier Jahre zur Wahlurne und sagen: »Die da oben machen ja doch, was sie wollen.« Aber fängt diese Inkonsequenz nicht schon bei der Erziehung an? Wir beklagen, daß unsere Kinder so unselbständig sind – und verhindern ihre Selbständigwerdung, indem wir ihnen das Wort abschneiden (»Davon verstehst du noch nichts!«), wenn es seine Meinung sagen und uns widerlegen will. Wir kaufen unserem Jungen eine Indianeruniform und Spielzeugrevolver. Wir sehen lachend zu, wenn sie in diesem Aufzug mit ihren Freunden Räuber spielen und Krieg, und wenn sich da einer zum Anführer macht und die anderen seinen Befehlen gehorchen, dann denken wir: »Das sind eben Jungen.«

Bei Kriegsspielen lernt man blinden Gehorsam. Der Soziologe Fuxloch schrieb, während er diese Art von Spielen beobachtete:
»Die Kämpfe der Knaben stellen eine fortgesetzte Gelegenheit zur Auslese dar, bei der die echten Führer ihre Stellung erweitern und sichern können.«
Was manche Eltern sich heute noch wünschen, doch kaum mehr erreichen, das lernen die Jungen bei solchen Kampfspielen um so gründlicher: kritiklosen Gehorsam und Unterordnung unter einen Anführer.
Wir beruhigen uns mit der Ausrede: Das ist doch alles nur Spiel! Nur wenn sich dieses Anführer-Mitläufer-Spiel gegen die Erwachsenen richtet, empören wir uns.

Wann wird aus der Gruppe eine Bande? Heiner kommt zerknirscht aus der Schule nach Hause. Die Klasse hat Herrn G., einen älteren Lehrer, der mit den Jungen nicht mehr fertig wurde, so geärgert, daß er einen Nervenzusammenbruch bekam.
Die Jungen haben sich schon seit Monaten immer neue Schikanen ausgedacht. Wenn Heiner zu Hause davon erzählte, daß Herr G. wieder mal gebrüllt hatte oder mit rotem Kopf aus dem Klassenzimmer gelaufen war, dann erkundigten sich die Eltern: »Wie kam das denn, warum hat er sich so aufgeregt?« Jedesmal hatten die Jungen sich etwas Neues ausgedacht. Mal ließen sie alle zur gleichen Zeit einen Wecker laufen, mal gaben sie vor, sie hätten alle ein Buch vergessen, die Lektüre, mit der in der Stunde gearbeitet werden sollte. Da sie immer alle beteiligt waren, konnte Herr G. keinen einzelnen fassen und fühlte sich auf die Dauer einfach überfordert. Die Phantasie der Jungen im Ausdenken von allerlei Unsinn, mit dem sie Herrn G. schließlich zur Verzweiflung brachten, war unerschöpflich.
Natürlich verhielt sich Herr G. dabei denkbar ungeschickt, wie die Eltern aus den Berichten ihres Sohnes deutlich erkannten. Aber sie gaben Heiner zu bedenken: »Es gibt eben – wie bei Schülern – auch unter Lehrern hochbegabte, mittelmäßige und schwache. Herr G. gehört allem Anschein nach nicht zu den Begabten. Soll man ihm darum das Leben so schwer machen?«
Bei einem Elternabend klagte Herr G. den Eltern einmal sein Leid: »Ich kann es oft nicht verstehen. Einzeln sind die Jungen ganz nett, aber alle zusammen sind sie eine Bande!«
An dem Tag, als Herr G. in der Klasse zusammenbrach, hatten sich die Schüler vorgenommen, alle seine Fragen mit totalem Schweigen zu beantworten und dabei irgendeine Grimasse zu schneiden.

Wer gehorchen gelernt hat, der kann nicht mehr aus der Reihe tanzen. Als Heiner zu Hause darüber berichtete, merkte man ihm an, wie sehr ihn die ganze Sache bedrückte. Dabei kam heraus, daß er regelrecht gegen seinen Willen und gegen seine Überzeugung all diese Schikanen gegen den Lehrer mitgemacht hatte. »Aber warum machst du das alles denn mit?« fragten die Eltern. Und er antwortete ganz zerknirscht: »Ich konnte mich doch nicht ausschließen.«

Dieses »Ich kann mich doch nicht ausschließen« begegnet uns bei vielerlei Situationen immer wieder. Ich bekam, als ich etwa 10 oder 12 Jahre alt war, von einer freundlichen Tante aus England ein Paar Turnschuhe mitgebracht. Sie sahen hübsch aus: schwarz-grau kariert mit dicken weißen Sohlen. So was hatte man damals bei uns noch nicht gesehen. Aber als ich dann in der nächsten Turnstunde mit meinen neuen Schuhen in der Turnriege antrat und wir unsere Füße in einer Linie ausrichten mußten, da fühlte ich mich plötzlich aus der Gemeinschaft der häßlichen dunkelbraunen Schuhe mit den schwarzen Gummisohlen, die alle anderen an ihren Füßen trugen, ausgeschlossen. Ich zog sie nie wieder an.

Mitläuferei ist falsche Solidarität. Hinter diesem Bedürfnis, sich nicht von den anderen zu unterscheiden, sich nicht auszuschließen, steht etwas sehr Positives: der Wunsch nach Solidarität. Aber dieser Wunsch ist im Laufe der Jahre einer autoritären Erziehung langsam verdreht worden.

Solidarität kann sich nur positiv auswirken, wenn man gemeinsam, indem einer dem anderen zur Seite steht, Aufgaben ausführt. Aber in der Schule lernt man nicht gemeinsam, sondern einsam, jeder büffelt auf seinen eigenen Erfolg hin, für seine eigene Zensur.

Man steht auch nicht nebeneinander. Gegenseitigkeit ist nicht gefragt. Der Zensurenspiegel stellt Rangordnungen auf. Zwischen den Besten, den Guten, den Mittelmäßigen und den Schlechten wächst und gedeiht das Konkurrenzdenken mit all seinen Schattenseiten.

Dabei verkümmert die Solidarität. Da man auch kaum Gelegenheit hat, selbständig an Aufgaben heranzugehen – Aufgaben werden gestellt –, bleibt man unmündig und unselbständig. Man läßt sich leicht von jedem, der sich als Anführer aufspielt, lenken. Und was einmal als Solidarität angelegt war, das pervertiert und richtet sich auf negative Ziele. Man spricht nun nicht mehr von Solidarität einer Gruppe, sondern vom Herdentrieb einer Bande.

Die Aggression der Unfreien richtet sich gegen die Schwachen. Wir ernten, was wir gesät haben: Die Abhängigkeit, die Unselbständigkeit, die diesen Herdentrieb auslöst, ist ein Produkt unserer Erziehung. Da man diese Kinder ungerecht behandelt hat, setzen sie

sich nun selbst ins Unrecht. Ihre Aggression richtet sich bedauernswerterweise meist gegen die schwächsten Stellen unseres Erziehungssystems. Einem starken, autoritären Lehrer spielen die Kinder keine üblen Streiche, das riskieren sie – machtlos und unselbständig, wie sie sind – nur bei den schwachen Lehrern.
Dem Herdentrieb unterwerfen sich die Kinder mehr unbewußt als bewußt. Sobald man sich die Situation ins Bewußtsein ruft, verliert der Sog schon einen Teil seiner Anziehungskraft.

Wie überwindet man den Herdentrieb? Heiners Eltern sprachen oft mit ihrem Sohn über das Problem. Sie überlegten gemeinsam: Wie kommt es zu dieser Angst, nicht »aus der Reihe zu tanzen«? Sie fragten sich, was das für Kinder seien, die sich zum Anführer der anderen machen, und sie kamen darauf, daß es sich einmal um besonders gute Schüler handelt, deren übersteigertes Selbstbewußtsein sie veranlaßt, sich zum Führer aufzuspielen. Oft sind es aber auch solche, die als schlechte Schüler nach einem Ausgleich suchen, um Ansehen in der Klasse zu gewinnen, indem sie sich im Erfinden von Streichen hervortun.
Im Gegensatz zu diesen aktiven Anführern verhalten sich die Mitläufer passiv. Sie wissen eigentlich gar nicht genau, was sie tun, sie machen nur mit, weil sie von klein auf gelernt haben, sich anzupassen.

Kritisches Bewußtsein erhellt das Unterbewußtsein. Während Heiner mit seinen Eltern und mit seinen Freunden über sich selbst und seine Position innerhalb der Klassengemeinschaft nachdachte, während sie ihre eigene und die allgemeine Situation erkannten, wurden sie selbstbewußter und selbständiger.
Aus ihrem unreflektierten Protest, der sich gegen einen einzelnen, ungeschickten Lehrer gerichtet hatte, wurde eine bewußte und begründete Kritik an einem Schulsystem, das sie zur Unselbständigkeit und zu unsozialem Verhalten erzieht.
Der Mitläufer hängt wie eine Marionette an einem Faden und an einer Hand, die ihn bewegt. Der Faden ist unser Unterbewußtsein. Man kann sich aus dieser Position befreien, wenn man den Faden erkennt und die Absichten der Hand, die den Faden hält, durchschaut. Der Faden zerreißt, sobald wir aus dem Unterbewußtsein heraustreten und uns unserer *selbst* bewußt werden. Nachdenken über uns selbst und unsere Mitmenschen, Fragen stellen und nach Antworten suchen, das macht uns frei und öffnet uns den Weg zu der positiven Form der Anpassung, die wir Mitmenschlichkeit oder Solidarität nennen.

Geborene und gewordene Außenseiter

Mitläufer sind die Feinde der Außenseiter. In der Nähe einer kleinen Stadt hat ein junger Mann einen Bauernhof geerbt. Er und seine Freunde – etwa 10 Personen – beschließen, auf diesem Bauernhof in einer Kommune zusammen zu leben. Sie sind alle Vegetarier und bekennen sich zu einer makrobiotischen Lebensweise, für die sich der zur Goethezeit berühmte Arzt Hufeland – nach dem Grundsatz »länger leben durch richtige Ernährung« – einsetzte.
Die Bauern der Nachbarschaft mokieren sich über die jungen Leute, die ihre Felder ohne Kunstdünger bearbeiten und einen dementsprechend geringeren Ertrag erzielen. Aber die Hufeland-Anhänger erklären den Bauern, daß sie noch wenig Erfahrung hätten, und sie hofften, in den nächsten Jahren größeren Erfolg zu haben. Sie nehmen Ratschläge und Hilfe der Bauern dankend an, und man kommt auf diese Weise ganz gut miteinander aus.
Aber die Tatsache, daß sie anders auftreten, daß sie sich anders kleiden, provoziert anscheinend einige Dorfburschen. Mehrere Male wird auf dem Bauernhof eingebrochen, Fensterscheiben und Mobiliar zertrümmert und Mitglieder der Gruppe zusammengeschlagen. Die Erwachsenen empören sich über diese Reaktionen der Dorfburschen. Von den verständigen unter den älteren Leuten werden die Kommunemitglieder akzeptiert und auch respektiert. Man findet sie etwas wunderlich, aber man hat die Erfahrung gemacht, daß sie ganz ordentliche Leute sind.

Der Außenseiter wird zum Sündenbock. In unserem Verhalten zu Außenseitern kann man den Grad unserer Aufklärung ablesen. Bei unwissenden und unaufgeklärten Menschen löst der Außenseiter, der Andersartige, entweder Angst oder Aggressionen aus.
Im Mittelalter, ja bis ins 18. Jahrhundert hinein waren Außenseiter eine Art Freiwild, an dem jedermann seine Aggressionen abreagieren konnte. Sein Mütchen kühlen, so nannte man das. Da man von den Herrschenden oft unterdrückt und ausgebeutet wurde, ließ man seinen Zorn, seinen verletzten Stolz an denen aus, die noch schwächer waren als man selbst, denn vor der Macht der Herrschenden versagte aller Mut.
Selbst bei körperlichen Gebrechen oder Mißbildungen empfanden die meisten Menschen damals durchaus kein Mitleid. Diese Andersartigen, die Blinden, die Krüppel lösten zunächst Angst, dann Abscheu und schließlich die Grausamkeit ihrer Mitmenschen aus.

Man glaubte, daß bei der Geburt solcher Kinder, die mit physischen oder psychischen Gebrechen auf die Welt kamen, der Teufel seine Hand im Spiel gehabt hätte. Diesen Aberglauben teilte auch Luther noch mit seinen Zeitgenossen, er schreibt: »Solche Wechselbalge oder Kielkröpfe supponit Satan in locum verorum filiorum (unterschiebt der Teufel an Stelle der wahren Kinder) und plagt die Leute damit. Denn diese Gewalt hat der Satan . . .« Das Leben dieser körperlich oder geistig Behinderten war meist eine mehr oder weniger lange Leidensgeschichte.

Aberglaube und Grausamkeit. In einer Darstellung aus dem 14. Jahrhundert berichtet Hermann Corner: »Die Junker der Stadt Lübeck wählten zur Fastnacht zwölf kräftige Blinde aus, die sie erst durch Schmaus und Trank erquickten, heiter und keck machten, wie in der Lübecker Chronik steht. Dann legten sie ihnen alte Harnische und Panzer und die übrigen Waffenstücke an, setzten ihnen die Helme verkehrt herum auf, damit die, welche sich blind stellten, nicht sehen konnten, und rüsteten sie zum Kampfe aus. Als sie so gewappnet waren, gab man ihnen Keulen in die Hand und führte sie an einen zu diesem Zweck mit Brettern umgebenen viereckigen Raum auf dem Marktplatz. Aber als sie bewaffnet zum lächerlichen Kampf dastanden, wurde ein starkes Schwein hineingelassen, das sie mit ihren Hieben erlegen und dann verzehren sollten. Zu diesem ungewöhnlichen Spaße versammelten sich nicht allein Kinder und junge Leute, sondern Greise und Männer in vorgerücktem Alter, Frauen und Jungfrauen, Geistliche und Laien, zu sehen, was besagte Blinde mit dem Schwein treiben würden. Das Schwein jedoch merkte, daß es zwischen jenen eingeschlossen sei, und wich den Schlägen, soviel es konnte, aus, und wenn es von einer Keule getroffen wurde, lief es wütend mitten durch die Blinden und warf zuweilen drei oder vier zugleich durch seinen rasenden Lauf zu Boden. Die übrigen aufrecht stehenden Blinden aber suchten, als sie bemerkten, daß ihre Gefährten hinfielen und glaubten, es sei das Schwein, heftig drauflos zu schlagen und streckten statt des Schweins ihre Gefährten zu Boden. Als sie sich so länger bemüht und sich untereinander mehr als das Tier ermüdet hatten, wurde eine Glocke an den Hals des Schweins gebunden, damit sie es so wenigstens treffen konnten. Darauf schlugen die Armen nun um so heftiger als sonst aufeinander los, denn da das Schwein mit der Glocke klingelte, glaubte jeder, es sei dicht bei ihm, und stürzten zuweilen drei oder vier auf einen los und streckten ihn mit ihren Keulen verwundet zu Boden.«

Unser Verhältnis zu den schwächsten Gliedern der Gesellschaft wandelt sich. Vielleicht zeigt sich in unserem Verhalten zu den behinderten Kindern besonders stark der soziale Wandel, der sich im Laufe der letzten hundert Jahre vollzogen hat und noch vollzieht. Der Anblick eines behinderten Kindes weckt heute bei den meisten Menschen weder Angst noch Aggressionen, sondern spontane Hilfsbereitschaft.

Da kommt in das vierte Schuljahr einer Grundschule Renate, ein gelähmtes Kind. Sie besuchte in den ersten Jahren eine Sonderschule. Dort hat sie gelernt, mit ihrer Behinderung fertig zu werden. Die Kinder in der Grundschule, mit denen sie nun in einer Klasse sitzt, haben das noch nicht gelernt. Der Anblick des gelähmten Mädchens ist für sie so ungewohnt, daß sie sich dauernd nach ihm umdrehen. Wenn ihr ein Heft auf die Erde fällt, stürzen sechs Mädchen hin, um das Heft aufzuheben. Dabei hat Renate gerade mühsam gelernt, einen Gegenstand von der Erde aufzuheben, und sie ist stolz, daß sie es jetzt kann. Zunächst versteht darum keiner, warum Renate weint, wenn man ihr doch helfen will. Bis die Lehrerin schließlich merkt, daß sie die Mitschüler nicht genügend auf das Zusammenleben mit Renate vorbereitet hat.

Das behinderte Kind wird integriert. Es kommt zu einem Gespräch, an dem Renate beteiligt ist. Die Lehrerin zeigt den Kindern eine Statistik. Daraus erkennt man, daß von je tausend Kindern, die geboren werden, vier diese Behinderung haben, unter der Renate leidet. Dazu kommen noch einige Schwerhörige, Sehbehinderte usw. Den Kindern wird dabei klar: Dieses Leiden hätte jeden von uns treffen können. Daß es Renate betroffen hat, ist ein Zufall.

Und nun berichtet Renate, wie sie sich damit abgefunden hat und was sie in der Sonderschule gelernt hat, um einigermaßen mit ihrer Behinderung fertig zu werden. Jetzt wissen die Mitschüler besser, was Renate selbst tun kann und auch tun möchte und wobei sie ihr helfen müssen. Sie sehen heute in Renate einen Sonderfall, mit dem man leben kann, wenn man einige Rücksichten nimmt.

Was man von den angeblich Lernunfähigen lernen kann. Wir wissen heute, daß es dort, wo man bestimmte Normen aufstellt, auch immer Abweichungen von der Norm gibt. Keine Regel ohne Ausnahme, sagt ein altes Sprichwort. Und die Ausnahmen, die Abweichler haben eine wichtige Aufgabe. Sie stellen uns immer wieder vor die Frage, ob wir mit unseren »normalen« Lebensgewohnheiten und Erziehungsvorstellungen auf dem richtigen Weg sind.

Die italienische Ärztin Maria Montessori, die sich mit geistig behinderten Kindern beschäftigte, erkannte bald, daß sie bei diesen Kindern, wenn sie sie fördern wollte, mit den damals üblichen Lehrmethoden keinen Schritt weiterkam. Diese Kinder galten als lernunfähig, weil sie einer Belehrung durch Worte unzugänglich waren. Sobald man aber versuchte, mit den Kindern etwas zu tun, waren sie nicht nur ansprechbar, sondern auch fähig, etwas zu lernen.
Nach diesen Erfolgen erprobte Maria Montessori dieses »Lernen durch Selbsttätigkeit« auch bei normal entwickelten Kindern und entdeckte – was sie schon vermutet hatte –, daß die Kinder durch »Selbsttun« viel besser, rascher, gründlicher und freudiger lernten als bei einer Belehrung durch Worte, wo sie dieselbe Sache oft nur sehr langsam, widerwillig und unter Zwang leisteten.

Hilfsbedürftigkeit weckt Hilfsbereitschaft. Auch die Pädagogen der Waldorfschulen widmen sich seit fast fünfzig Jahren mit großem Engagement der Erziehung körperlich und geistig behinderter Kinder. Im Umgang mit diesen Kindern lernen die Lehrer, daß sie ihre Lehrmethoden ständig korrigieren müssen.
Während wir diese *geborenen* Außenseiter heute akzeptieren, indem wir ihnen zu helfen suchen, treffen wir immer noch auf sehr viel Unverständnis gegenüber den Außenseitern, die durch eine mechanistische und einseitige Erziehungsmethode zu Sonderfällen *geworden* sind. Wer ein körperbehindertes oder auch ein geistig behindertes Kind bekommt, der ist zunächst deprimiert. Aber – nachdem er sich langsam an den Gedanken gewöhnt und mit der Tatsache abfindet, weckt dieses Kind fast immer die besondere Liebe und Zuneigung der ganzen Familie.

Was heißt überhaupt normal? Neben diesen geborenen Ausnahmen gibt es bei ganz »normalen« Kindern eine breite Palette von Eigenarten, von besonderen Begabungen und besonderen Schwächen auf den verschiedensten Gebieten, die dem Kind den Weg zu seiner Persönlichkeit vorschreiben. Jedes Kind ist anders. Das wissen wir. Aber nehmen wir auch Rücksicht darauf?
Wenn man mit Eltern spricht, die über Erziehungsschwierigkeiten klagen, dann überrascht einen oft die Selbstverständlichkeit und die Zielstrebigkeit, mit der Eltern erwarten, um nicht zu sagen, verlangen, daß ihre Kinder ganz »normal« sind. »Und ich verlange ja gar nicht mehr!« versichern sie einem. Unter normal verstehen sie das, was die landläufige Meinung ein artiges Kind nennt: sauber, ordentlich, anständig. Ein Kind, das ihnen in der Schule keine Schwierigkeiten macht.

Besondere Begabung ist nicht normal. Dabei sollte man sich einmal daran erinnern, daß zum Beispiel alle Menschen, die etwas Hervorragendes geleistet haben, nicht ganz »normal« waren: die Erfinder, denen wir den technischen Fortschritt verdanken, die bedeutenden Ärzte, die Männer, die aktiv für soziale Gerechtigkeit eintraten. Sie alle besaßen eine Spezialbegabung, die oft in der Schule verkannt oder sogar unterdrückt wurde. Viele dieser Männer haben ihren Eltern und Lehrern beträchtliche Schwierigkeiten bereitet, weil sie nicht in die Norm paßten.

Diese Männer – so könnte man sagen – haben Glück gehabt, das Glück einer Begabung, die im späteren Leben erkannt, benötigt und auch gewürdigt wurde. Problematisch wird die Sache, wenn ein Schüler, dem die Schulfächer Schwierigkeiten bereiten, eine Begabung besitzt, die zwar benötigt wird, die aber in unserer Gesellschaft kein besonderes Ansehen genießt.

Wie wird man heute in die Außenseiterrolle gedrängt? Holger F. war ein schlechter Schüler. Als er noch nicht zur Schule ging, zeigte er viele gute Anlagen. Er war ein gescheites Kind, geschickt, praktisch, er konnte sich auch gut ausdrücken. Aber in der Schule machte ihm die Rechtschreibung Schwierigkeiten. Die vielen Fehler und die dementsprechend schlechten Zensuren blockierten nach und nach auch seine schriftliche Ausdrucksfähigkeit. Ja, aus einer gewissen Trotzreaktion erlahmte bei ihm auch die Fähigkeit, sich mündlich auszudrücken. Unter seinen Spielkameraden konnte er »reden wie ein Buch«. Aber die in der Schule gebräuchliche Sprache lernte er einfach nicht, weil er sich in diesem Milieu zurückgesetzt fühlte.

Wer sich zurückgesetzt fühlt, sucht einen Halt. Auch der Rechenunterricht interessierte ihn nicht, am wenigsten die Hausaufgaben, und so machte er sie meist gar nicht. Statt dessen traf er sich nachmittags mit seinen Freunden, um mit ihnen allerlei Streiche auszuhecken. In diesem Kreis wurde er anerkannt. Seine Geschicklichkeit, seine praktische und organisatorische Intelligenz fand hier ein Betätigungsfeld, das ihm und seinen Spielkameraden verschiedentlich Bekanntschaft mit der Polizei einbrachte.

Die Eltern sagten später: »Er ist in schlechte Gesellschaft geraten.« Aber wer nun eigentlich den Anstoß gegeben hatte, daß aus der Spielgruppe eine Bande wurde, ließ sich später nicht mehr genau feststellen.

Holger hatte ein starkes Interesse an technischen Vorgängen. In diesem Zusammenhang faszinierte ihn das Auto, eine Leidenschaft, die er mit seinen Freunden teilte. Diese 12- bis 13jährigen Jungen erwarben sich allmählich eine große Fertigkeit im Aufbrechen von Autos, die sie zu Spazierfahrten benutzten und dann wieder an irgendeinen Straßenrand steuerten und dort stehen ließen.

Die Schule, eine Klippe, an der immer einige scheitern. An seinen Eltern besaß Holger, nachdem er straffällig geworden war, keinen Halt. Sie hatten schon während seiner Schulzeit versagt, weil sie ihm seine Schwäche in der Rechtschreibung ständig als Faulheit vorwarfen.

Holger war, was die Schule betrifft, faul. Aber er war keineswegs faul geboren, sondern faul und uninteressiert geworden. Was sollte er in dieser Situation tun? Er fühlte sich schließlich selbst schuldig, wenn die Eltern und die Lehrer sagten: »Du bist faul!« Daß man ihn durch ständige Entmutigung faul gemacht hatte, wußte er selbst nicht. Er fühlte nur ein dumpfes Unbehagen, gegen das er sich zur Wehr setzte – durch Trotz, durch unartikulierte Aktionen gegen die Erwachsenen.

Keiner machte sich die Mühe, ihn zu verstehen, weder die Eltern noch die Lehrer. Sie verurteilten seine Aufsässigkeit. Als die Polizei ins Haus kam, verprügelte der Vater den Sohn und sprach wochenlang kein Wort mit ihm.

Minderwertigkeitskomplexe. Vielleicht wäre alles noch gutgegangen, denn als Holger in die Lehre kam, erkannte man seine praktisch-technische Intelligenz. Der Meister lobte ihn: »Er ist der Beste von den Lehrjungen hier.« Er schlug Holger vor, doch eine weiterführende Fachschule zu besuchen: »Wenn einer das schafft, dann bist du es!«

Aber Holger wollte nicht. Er fand alle möglichen Ausreden. Den wirklichen Grund erfuhr lange Zeit niemand. Holger hatte Minderwertigkeitskomplexe wegen seiner Schwäche in der Rechtschreibung. Daß er es mit so vielen Fehlern später »zu nichts bringen« würde, hatte man ihm ja allzuoft vorgeworfen.

Weil er sich dessen schämte und auch nicht darüber redete, verstand niemand sein hartnäckiges Sträuben gegen eine weiterführende Schule. Man hielt ihn für begabt, aber faul und uninteressiert.

In der Leistungsgesellschaft strebt man nach Erfolg. Da er schon nicht über die Schule »weiterkommen« konnte, versuchte er auf andere Weise, es »zu etwas zu bringen«. Sein Ziel war, ein Auto zu besitzen. Um das rascher zu erreichen, ließ er im Betrieb allerlei

»mitgehen«. Dabei fiel er mehrmals auf. Nach zwei Verwarnungen war es dann soweit: Er mußte eine Jugendstrafe absitzen.
Auch hier waren die Umstände für ihn nicht ungünstig. Der Jugendrichter erkannte aus seiner Biographie, daß dieser Junge eigentlich nur durch ungünstige Umstände, vor allem durch sein Schulversagen auf die schiefe Bahn gekommen war.

Der Außenseiter muß sein Selbstwertgefühl wiedergewinnen. Er vermittelte Holger in ein Erziehungsheim, in dem fortschrittliche Pädagogen sich um eine Resozialisierung der Jungen bemühten. Die Pädagogen erfuhren, indem sie sich eingehend mit jedem beschäftigten, die Lebensgeschichte der Jungen. Aus den besonderen Umständen ihres Versagens erkannten sie nicht nur die Schwächen, sondern auch die besonderen Fähigkeiten der Jungen, auf die sie bei ihrer Resozialisierung aufbauen konnten.
Neben unvermeidlichen Rückschlägen hatten diese Pädagogen viele Erfolge. Sie behandelten die Jungen wie mündige Menschen. So verhandelten sie zum Beispiel nicht hinter verschlossenen Türen, wenn es um die weitere Zukunft der Jungen ging. In diesem Heim sprach man offen mit jedem – nicht nur über die Dinge, die einer angestellt hatte, sondern auch über die Hintergründe, die ihn dazu gebracht hatten.
Dabei stellte sich oft heraus, daß unsoziale Verhältnisse, falsches Verhalten der Eltern, ein unzeitgemäßes Schulsystem die Weichen zu den Verfehlungen gestellt hatten.

Durch Selbstbewußtsein zur Selbstverantwortung. Von diesem Standort aus, indem die Jungen zum erstenmal in ihrem Leben Einblick in soziale und wirtschaftliche Zusammenhänge bekamen, erkannten sie ihre eigene Situation und konnten selbsttätig an ihrer Resozialisierung mitarbeiten. Da die Jungen lernen sollten, sich im praktischen Leben zu bewähren, wurden sie nicht »hinter Schloß und Riegel« gesetzt, sondern konnten sich frei bewegen.
Diese »Freiheit« stieß bei den Bewohnern des Städtchens, in dessen Nähe das Heim liegt, von Anfang an auf Widerstand. Man wartete geradezu darauf, daß die Jungen etwas anstellen würden.
Wenn einer zu spät nach Hause kam, wenn eine Scheibe zu Bruch ging, eine Prügelei stattfand – sofort ging die Nachricht davon wie ein Lauffeuer durch den ganzen Ort. Diese Jungen brauchen eben eine harte Hand, darin war man sich einig: »Diese weiche Welle kann ja nicht gutgehen.«

Der sogenannte brave Bürger. Eines Tages wurde einer der Jungen in einem Selbstbedienungsladen dabei erwischt, wie er ein Päckchen Puddingpulver nicht in den Einkaufswagen warf, sondern in seine eigene Einkaufstasche steckte. Als man dem Inhaber des Ladens Bericht erstattete, kam er wutschnaubend aus seinem Büro: »Wo ist der Kerl«, schrie er, »dem werd ich's zeigen«, und dann stürzte er sich auf den Jungen und schlug ihn krankenhausreif.
In der darauffolgenden öffentlichen Diskussion ergriffen die meisten Bewohner des Städtchens die Partei des Kaufmanns, der den Jungen zusammengeschlagen hatte. Daß der Junge beteuerte, er habe das Puddingpulver aus Versehen – ganz in Gedanken – in seine Einkaufstasche gesteckt, nahm ihm niemand ab, weil man »denen da« aus dem Heim alles Schlechte zutraute, um so mehr, seit diese neumodischen Pädagogen den Jungen »alles erlaubten«.
Was die Pädagogen in monatelanger Arbeit mühsam erreicht hatten – das Selbstbewußtsein der Jungen zu stabilisieren –, das wurde durch das Verhalten der Öffentlichkeit zunichte gemacht.

Verschüttete Begabungen. Alle diese Jungen waren straffällig geworden, weil sie ihre Minderwertigkeitsgefühle gewaltsam verdrängen wollten. Einige von ihnen haben zu Hause ungünstige Wohn- und Familienverhältnisse. Aber bei näherem Zusehen erwiesen sich die Familienverhältnisse nicht als ausschlaggebend für das Versagen. Viel schwerer wiegt für ein Kind das Versagen in der Schule. Gute Schüler aus sogenannten Problemfamilien entwickeln sich eigentlich immer zu »ordentlichen« Menschen.

Wo die Chancengleichheit aufhört. Erst das Versagen in der Schule legt den Grundstein zu all den Konflikten, zu den späteren Verfehlungen, die sich die Jungen zuschulden kommen lassen. Die Pädagogen des Heims erkannten bald, daß alle diese Jungen nicht »dumm« waren. Nach sorgfältiger Beobachtung stellte sich bei jedem Jungen irgendeine besondere Fähigkeit heraus. Bei mehreren fand man – ähnlich wie bei Holger – eine ausgeprägte praktische Begabung, verbunden mit technischem Verständnis. Einer konnte gut malen, zwei waren musikalisch, einer entwickelte sich zu einem guten Koch. Zwei zeigten starke Neigungen zum Beruf des Sozialarbeiters. Alle diese Anlagen waren in der Schule weder beachtet noch kultiviert worden.
Bei den beiden Jungen, die demnächst mit der Ausbildung zum Sozialarbeiter beginnen, waren – durch die ständige Zurücksetzung in der Schule bedingt – positive Anlagen sogar ins Gegenteil um-

geschlagen. Ihre Redegewandtheit benutzten sie, um mit ihren Untaten zu prahlen. Ihre Hilfsbereitschaft glaubte man ihnen nicht und wurde als Anbiederung ausgelegt. Solidarität zeigten sie nur dort, wo sie Banden bilden konnten.

Wo sucht und findet der Ausgestoßene Anerkennung? Die Schule hatte diesen Jungen eigentlich nur Tag für Tag, Jahr um Jahr vorgeworfen und bescheinigt, was sie *nicht* können, wo es bei ihnen mangelt. Dieser Mangel nahm schließlich überdimensionale Formen an. Er verbaute ihnen den Weg zum lebensnotwendigen Selbstwertgefühl.

Nachdem man sie in der Schule zu Versagern erklärt hatte, wurden sie auch zu Außenseitern, und Gesellschaft fanden sie nur bei anderen Außenseitern.

Zum Außenseiter wird man nicht geboren, sondern gemacht. Sie brauchen Freunde als Schutz gegen die Schwäche, die man ihnen eingeredet hat. Gemeinsam mit diesen Freunden, die ebenfalls als Versager abgestempelt sind, fühlen sie sich stark. Wie stark sie sind, das versuchen sie sich nun gegenseitig zu bestätigen, denn sie wollen ja anerkannt werden. Hier, im Verein der Gleichgesinnten, erhalten sie die Anerkennung, die ihnen die Schule versagt hat. Hier werden sie beachtet, ihre Kumpane akzeptieren und respektieren sie, wenn sie etwas leisten – etwas Negatives.

Kommt er dann mit dem Gesetz in Konflikt und landet im Gefängnis, dann lernt er dort, »was unsereins zum Leben braucht«, so sagte einer von den sogenannten »schweren Jungens«. – »Der Knast, das ist unsere Universität.«

Wo sich heute Sozialpädagogen und Jugendpfleger darum bemühen, eine neue und bessere Art des Strafvollzugs zu praktizieren, da stoßen sie oft noch auf tausend Schwierigkeiten. Es fehlt an Geld und an geeigneten Räumen und vor allem an Verständnis in der Öffentlichkeit, die nicht begreifen will, daß viele Strafanstalten in ihrer heutigen Form tatsächlich Universitäten des Verbrechens sind.

Ein unverhältnismäßig hoher Prozentsatz unserer Straftäter wird nicht geboren, sondern erzogen: in der Schule, in den Strafanstalten. Und wenn der Jugendliche dann straffällig geworden ist, dann stoßen wir ihn empört aus der Gesellschaft aus, dann wollen wir nichts mehr von ihm wissen, denn »wer einmal lügt, dem glaubt man nicht ...« Selbst wenn er – aus dem Knast entlassen – wieder ehrlich werden möchte, der Makel bleibt wie Pech an ihm haften.

Wie kann man das ändern?

Gesetzlich geschützte Resozialisierung. Detlev P. lebt in einer Kleinstadt in der DDR. Er war zwei Jahre in einer Strafanstalt. Was er gemacht hat, weiß heute keiner mehr, davon wird nicht geredet, das ist vergessen. Wer in der DDR seine Strafe abgesessen hat, der gilt nicht als vorbestraft. Jedermann weiß dort, daß es von sehr schlechtem Benehmen zeugt, einem Menschen, der im Gefängnis war, mit Vorurteilen zu begegnen. Damit würde man ihn ja doppelt bestrafen. Er hat seine Strafe abgesessen, das genügt; danach ist die Sache vergeben und vergessen. Detlev bekam nach seinem Gefängnisaufenthalt eine Stelle in einem HO-Laden. Zwei Dinge waren für ihn überraschend: Erstens, daß ihn alle Kollegen sehr freundlich und hilfsbereit behandelten. Zweitens, daß er befördert wurde, obwohl er nach seiner Beobachtung eigentlich noch nicht an der Reihe war.

Er sprach mit dem Abteilungsleiter darüber und erfuhr: Das gehört zum Resozialisierungsprogramm. Wer straffällig geworden ist, an dem hat man irgend etwas versäumt. Er bekommt darum eine besondere Chance.

In der Bundesrepublik steht so etwas nicht im Programm. Ein straffällig Gewordener muß hier schon besonderes Glück haben, wenn er einen solchen Chef finden will.

Resozialisierung als Einzelfall. Herr F. ist Inhaber einer Elektrogroßhandlung mit etwa 40 Angestellten. In diesem Betrieb kennt jeder jeden. Einige sind schon seit 20 Jahren in diesem Betrieb beschäftigt. Herr F. beschäftigt immer zwei bis drei straffällig Gewordene, weil er diesen Jungen helfen möchte, den Weg in ein normales Leben zurückzufinden.

Wie man sich diesen Jungen gegenüber verhält, darüber weiß die ganze Belegschaft genau Bescheid. Herr F. ist ein Mann mit sozialem Engagement, und diese Hilfsbereitschaft hat sich im Laufe der Zeit auf alle Angestellten übertragen.

Sie sind sich darin einig: Die Jungen brauchen vor allem Vertrauen und besondere Aufgaben, keine unlösbaren, sondern lösbare Aufgaben, damit sie ihr Selbstbewußtsein wiederfinden. Wenn sie etwas gut gemacht haben, wird das hervorgehoben.

Eine Sonderstellung nehmen sie nur insofern ein, weil jeder im Betrieb weiß: Diese Jungen reagieren oft nicht ganz normal, denn sie sind ja nicht unter normalen Verhältnissen aufgewachsen. Wenn sie mal »durchdrehen«, wird kein Aufhebens davon gemacht. Keiner der Betriebsangehörigen gerät dann in Panik. Man versucht darüber hinwegzugehen, oder der Chef redet mit dem Jungen.

Durch diese verständnisvolle Behandlung entsteht bei den Jungen eine starke Gefühlsbindung an den Chef. »Auch das ist natürlich«, sagt Herr F., denn die Jungen erleben ja oft zum erstenmal einen Menschen, der es gut mit ihnen meint. Sie würden für den Chef durchs Feuer gehen.
Herr F. berichtet: »Als ich unlängst meine Frau, die sich auch um die Jungen kümmert, einmal etwas unwirsch und auch etwas unbeherrscht anfuhr, da wollte mir einer der Jungen an den Hals springen. Ich hatte ihn enttäuscht, und wir mußten ihm erklären, daß mein Poltern nicht böse gemeint war. Ich entschuldigte mich bei meiner Frau und sagte: ›Ich hab mich wohl im Ton vergriffen‹, und das verstand der Junge dann auch.«
Auch Herr F. hat die Beobachtung gemacht, daß diese Jungen alle in der Schule versagt haben. Hier wurde der Grundstein zu den Minderwertigkeitsgefühlen gelegt, die sie schließlich zu Außenseitern der Gesellschaft werden ließen.

Wenn einer aus der Randsiedlung kommt. Peter I. ist neun Jahre alt und geht in die 2. Klasse einer Grundschule in B. Er wohnt mit seinen Eltern und sieben Geschwistern in einer Randsiedlung, die von den etwas entfernt liegenden Einfamilienhausbewohnern naserümpfend als Asozialensiedlung bezeichnet wird.
Peter bekam das Mißtrauen seiner Mitschüler vom ersten Schultag an zu spüren. »Der stinkt«, sagten die Kinder, und keiner wollte neben ihm sitzen.
Der Lehrer gab sich große Mühe mit dem Jungen, der aus Protest gegen die Ablehnung den Unterricht durch immer neue Streiche störte.
Eines Tages kommt eine Neue in die Klasse. Ina betritt mit Spannung die neue Klasse mit den vielen fremden Gesichtern. Der Lehrer bittet Ina, sich neben Peter zu setzen, da ist noch ein Platz frei.
Es dauert nicht lange, da merkt Ina, daß sie neben dem Sündenbock der Klasse sitzt. Er ißt Uhu aus der Tube, wirft Schulbänke um und legt die Beine auf den Tisch.

Wenn man den Außenseiter hereinholt. Ina reagiert darauf mit Angst. Sie erzählt zu Hause von dem kleinen Rüpel, und Inas Mutter hört sich die Geschichten, die Ina Tag für Tag berichtet, zunächst etwas verwirrt an. Sie geht zur Schule, spricht mit dem Lehrer und erfährt, daß Peter eigentlich ganz intelligent ist, daß er aber völlig verwildert sei und in der Schule überhaupt nicht mitmache. Der Lehrer vertröstet die Mutter und sagt, er habe beantragt, daß Peter

in eine Sonderschule überwiesen werden solle, es könne nicht mehr lange dauern.
Zu Hause unterhält sich die Mutter mit Ina. Sie erklärt ihr genau die Situation, in der Peter sich befindet: sein Zuhause, die Ablehnung der anderen Kinder und Peters Reaktion darauf.
Ina ist ein vernünftiges Mädchen. Sie hat nun keine Angst mehr vor Peter, sondern spricht freundlich mit ihm. Sie leiht ihm ihre Buntstifte und spielt in der Pause mit ihm. »Ich hab zu Hause einen Hamster«, erzählt sie ihm, »willst du ihn mal sehen?«
Von nun an besucht Peter Ina regelmäßig. Er bringt seine Schulmappe mit, und die beiden machen gemeinsam Hausaufgaben.
Nach einigen Wochen erfährt die Mutter bei einem Elternabend, daß Peter sich völlig verändert hat. Peters Schulleistungen haben sich so überraschend gebessert, daß man kleine Rückfälle in sein früheres Rabaukentum nicht mehr besonders beachtet. Von der Sonderschule spricht niemand mehr.
Als Ina ihren Geburtstag feiert und einige Mädchen aus ihrer Klasse und auch Peter einlädt, da fühlt er sich auf einmal wieder in seine alte Rolle zurückversetzt. Eines der Mädchen weigert sich, beim Spiel Peters Partnerin zu sein. Da läuft er ins Nebenzimmer, holt Inas Hamster aus dem Käfig und entläßt ihn auf die Straße in die Freiheit.
Ina ist zunächst untröstlich. Aber die Mutter kauft einen neuen Hamster. Sie sprechen darüber, wie schwer so ein Junge es hat, von den anderen akzeptiert zu werden, und Ina beruhigt sich.
Nach einigen Monaten wird in der Schule eine Umgruppierung vorgenommen. Man teilt die Klassen, und Peter kommt, da er in einer anderen Straße wohnt, in eine andere Schule. Nun macht sich Inas Mutter oft Gedanken darüber, was aus dem Jungen wohl werden wird. Vielleicht geht alles gut.
Aber was geschieht mit all jenen, die aus einem ähnlichen Milieu kommen und denen es trotz Anstrengung nicht gelingt, befriedigende oder auch nur ausreichende Schulleistungen zu erbringen?

Die beliebten und bewunderten Außenseiter. Von den Außenseitern, die in der Schule *gemacht* werden, sind vielleicht diejenigen noch in einer bevorzugten Lage, die irgendwelche musischen Fähigkeiten besitzen, obwohl diese Fächer in der Schule als Nebenfächer nur einen geringen Stellenwert einnehmen.
Wer ein Instrument spielt, wer fotografiert, malt, wer Theater spielt oder gut singen kann, der kann etwas, was die anderen nicht können. Und er kann es ihnen zeigen, er kann sich mit dem, was er tut,

darstellen. Indem er sich darstellt, wird er zum bewunderten und beliebten »Außenseiter«. Das heißt, er ist gar kein Außenseiter, denn er wird ja akzeptiert. Die Kommunikation mit den anderen reißt nie ab.

Durch Schuldgefühle wird man zum Versager. Nicht alle Kinder finden einen Ausweg, der ihnen über das Versagen hinweghilft. Aber man kann ihnen helfen. Schlechte Schüler sind eigentlich immer in Gefahr. Manche werden ängstlich, duckmäuserisch und schließlich unaufrichtig. Andere lehnen sich gegen ihr Schicksal auf, das sie so benachteiligt.
Da man sie durch schlechte Zensuren unentwegt benachteiligt, lähmt man ihren Tätigkeitstrieb. Sie werden »faul«. Wer und was sie faul gemacht hat, wissen sie selbst nicht. Sie merken nur, daß sie tatsächlich faul und unlustig bei der Arbeit sind. Diese Erkenntnis erzeugt Schuldgefühle. Der Lehrer denkt vielleicht, daß diese Schuldgefühle aus dem schlechten Schüler einen besseren Schüler machen. Aber wie kann einer etwas leisten, wo ihm die Begabung fehlt? Wer als Gehbehinderter mit einem geborenen Schnelläufer auf dieselbe Rennbahn geschickt wird, der wird unterliegen. Nie wird er zu den »Guten« dieses Fachs gehören, er kann nur um einen besseren Platz unter den »schlechteren« Schülern kämpfen.

Ein System, das den schlechten Schüler schlecht macht. Schon in dem Adjektiv »schlecht« liegt eine grobe Verletzung der guten Sitten. Man sollte die Leistung eines Schülers nie als schlecht, sondern allenfalls als schwach bezeichnen. Der Schwache hat ein Anrecht auf Hilfe. Wir helfen dem schwachen Schüler nicht nur, indem wir ihm Krücken geben. Wir sollten ihn auch über seine Situation aufklären, um ihm seine einseitigen Schuldgefühle zu nehmen. Er muß wissen – und das verstehen auch Kinder schon –, daß er sein Versagen nicht zuletzt einem antiquierten Schulsystem verdankt, das vor mehr als hundert Jahren auf die Bildungsvorstellungen des Bürgertums zugeschnitten wurde, das aber den Bildungsbedürfnissen unserer modernen, demokratischen Industriegesellschaft nicht mehr gerecht wird. Indem wir unsere Kinder darüber aufklären, können wir uns gemeinsam mit Schülern und Elternverbänden für eine Änderung dieses Systems einsetzen.

Das Leistungsprinzip drückt die Schwachen glatt an die Wand. Die Eltern erweisen ihren Kindern einen schlechten Dienst, wenn sie das Versagen allein ihren Kindern anlasten. Silke H. ist eine Schülerin, die nur mit Mühe und Not »das Klassenziel erreicht.« Ihre

Mutter kommt zu mir, weil das Kind ihr Schwierigkeiten macht. Nicht wegen der schlechten Schulleistungen, so beteuert sie, »das macht uns gar nichts aus, wirklich nicht«. Aber die Mutter klagt darüber, daß Silke häufig Wutausbrüche bekommt. Dann schlägt sie wild auf ihren jüngeren Bruder ein, dann zertrümmert sie alle möglichen Gegenstände, schreit und heult. Nach so einem Anfall tut ihr dann das Geschehene schrecklich leid. Sie sagt oft: »Helft mir doch, daß ich nicht so wütend werde, ich kann einfach nicht anders.« Bei einem längeren Gespräch mit der Mutter kommt heraus, daß der jüngere Bruder in der Schule sehr »gut« ist und daß man ihn seiner Schwester oft als Vorbild hinstellt; zwar nicht beabsichtigt, jedoch unbewußt.

Silke ist ein gutmütiges Kind. Aber sie steht ihrer Situation verwirrt und hilflos gegenüber. Die Schule steht vor ihr wie ein Berg, den sie mit ihren schwachen Kräften nur mühsam erklettern kann, die andern sind immer weit vor ihr, sie bleibt atemlos zurück. Die Lehrer sehen diesem Treiben fachkundig zu: Wer nicht mitkommt, der bleibt eben zurück.

Die Eltern reden Silke zu, freundlich zwar, aber unaufhörlich: »Nun mach doch – bitte!« Sie verkleiden ihre dringenden Wünsche, ihren eisernen Willen, das Kind zum Erfolg zu bringen, in konstante Bitten.

Diesem scheinbar so gutgemeinten Doppelspiel fühlt sich das Kind nicht gewachsen. Da platzt ihm von Zeit zu Zeit der Kragen. Ohne zu wissen, warum, bekommt Silke dann diese Wutanfälle.

Wenn wir erkennen, daß das Kind nicht allein die Schuld an seinen Problemen trifft, machen wir uns selbst Vorwürfe. So berechtigt diese auch sein mögen, wenn wir es dabei belassen, verinnerlichen wir das Problem nur.

Nicht der Versager, der Konkurrenzkampf muß verurteilt werden. Schwierigkeiten sollten uns immer den Anstoß geben zu fragen: »Wird das Schulsystem, an dem das Kind scheitert, dem Kind überhaupt gerecht?« Erzieht unser Gesellschaftssystem, das die Begehrlichkeit weckt und systematisch fördert, nicht zum Neid, zum Besitzstreben? Und führt uns ein Leistungswettkampf, der durch Konkurrenzdenken aufrechterhalten wird, nicht schließlich in ein Chaos?

Unsere Außenseiter, unsere schwierigen Kinder zeigen uns, wenn wir den Gründen ihres Versagens nachgehen, die brüchigen Stellen unseres Systems. Dieses System leistet sich eine Schule, die – in einem unfairen Wettkampf – eine schmale Schicht von theoretischen Begabungen unverhältnismäßig überbewertet. Achtzig Prozent der Kinder müssen sich in diesem Wettkampf mehr oder weniger als Nieten fühlen, weil sie Begabungen besitzen, die in der Schule nicht gefragt, nicht beachtet und nicht gewertet werden. Die vielen praktisch Begabten, diejenigen, die gut organisieren können, die zahlreichen technischen und die musischen Talente und schließlich die sozial Engagierten, die das Zusammenleben besser gestalten möchten und *könnten,* bleiben links liegen. Viele Kinder und Jugendliche, die eine der eben genannten Begabungen besitzen, werden zu Außenseitern, weil man ihre Fähigkeiten nicht beachtet, nicht erkannt hat. Wer gewohnt ist, in althergebrachten Bahnen zu denken, der hat oft noch gar nicht bemerkt, daß gerade diese Fähigkeiten in der Welt von morgen die Qualität des Lebens bestimmen werden. Indem wir unser Augenmerk auf die besonderen Fähigkeiten dieser »Außenseiter« richten, geben wir nicht nur ihrem eigenen Leben einen Inhalt, wir versäumen damit nicht die Chance, unsere Welt einmal besser zu gestalten.

Was macht anfällig, was macht immun gegen Drogen

Flucht aus der Wirklichkeit. Im allgemeinen erleben wir den Außenseiter als einen Störenfried, als einen, der auf aggressive Weise unsere Spielregeln verletzt.

Aber daneben gibt es auch eine relativ kleine Anzahl von Außenseitern, die sich auf fast unhörbare Weise aus unserer Gesellschaft entfernen. Ihr Zerstörungstrieb richtet sich nicht gegen uns, sondern gegen sich selbst. Sie machen nicht mehr mit, wollen weg von uns. Psychisch und physisch entfernen sie sich von uns und fliehen entweder in ferne Länder oder ins Reich der Träume.

Herr Schulz besucht einen Kongreß in unserer schönen, neuen Stadthalle. Sie liegt in einem gepflegten Park, zwischen Grünflächen, Blumenbeeten und Wasserspielen. Die Veranstaltung ist beendet, Herr Schulz verläßt das Gebäude und schaut sich suchend nach den Parkplätzen um. Da fällt sein Blick auf einen Jungen, der in sehr vernachlässigter Kleidung auf den Steinen hockt, die einen Springbrunnen einfassen. Er kann das Gesicht des Jungen nicht sehen, weil der Kopf mit den langen Haaren fast den Boden berührt. Auch die Arme und die zerkratzten Hände hängen schlaff herunter, und der ganze Körper wiegt sich in einem unregelmäßigen Rhythmus hin und her.

Die quälende Frage nach dem »Warum«. Herr Schulz kann dieses Bild eines jungen Menschen, der eine starke Dosis Rauschgift zu sich genommen hat, nicht vergessen. Auf der Heimfahrt fällt ihm ein Kollege ein, dessen Sohn man vor einigen Wochen bereits zum zweitenmal in einem LSD-Rausch bewußtlos nach Hause gebracht hat.

Herr Schulz kennt solche Sorgen noch nicht, seine Kinder sind erst vier und acht Jahre alt. Aber weil das Bild des Jungen auf dem Brunnenrand ihn nicht losläßt, denkt er an Gerd, den Sohn seines Kollegen. Ein netter, freundlicher Junge, etwas weich vielleicht. Er kennt ihn gut, er hat ihn aufwachsen sehen. Und da er den Jungen immer gern mochte, fragt er sich, was die Eltern wohl falsch gemacht haben. Die Eltern waren weder zu streng noch zu nachgiebig, und Gerd hatte bestimmt Vertrauen zu ihnen.

Vielleicht hat sich der Vater in den letzten Jahren beim Karrieremachen etwas zu sehr strapaziert, aber das tun andere Väter auch. Vielleicht hätten sie den Jungen nicht mit aller Gewalt durchs Gymnasium zwingen sollen. Er ist zwar nur einmal sitzengeblieben, aber

jedes Jahr vor dem Versetzungstermin zitterte die ganze Familie und atmete erleichtert auf, wenn er es noch mal so eben geschafft hatte.
Nach dem Abitur konnte er sich lange nicht für eine Berufsausbildung entscheiden. Er interessierte sich für Musik, für die bildende Kunst, fürs Theater – aber ohne besondere Begabung, die auf irgendeinen Beruf in dieser Richtung hingewiesen hätte.
Weil er einfach nicht wußte, was er werden wollte, riet der Vater ihm zu einem kaufmännischen Beruf, später könnte man sich ja immer noch verändern.

Vor dem Konkurrenzkampf desertiert. Aber jetzt erwachte bei Gerd zum erstenmal Widerspruchsgeist. Das heißt, er widersprach nicht offen, aber er hatte auf einmal zu nichts mehr Lust. Er begann Haschisch zu rauchen, und nicht lange danach stieg er auf härtere Drogen um. Wenn er einen schweren Anfall hinter sich hatte, versprach er jedesmal, ein neues Leben anzufangen, und er wollte es wohl auch. Er sagte, er wolle nicht so leben wie die anderen Erwachsenen, nicht so schuften wie sein Vater. »Ich brauche nicht viel zum Leben«, sagte er, »ich werde arbeiten, aber nur so viel, daß ich genug habe zum Essen und Trinken, zum Wohnen.«
Soviel Herr Schulz auch nachdachte, er konnte weder bei Gerd selbst noch bei seinen Eltern gravierende Fehler finden. Was sie möglicherweise falsch gemacht hatten, das hatten viele ihm bekannte Eltern nicht anders gemacht, ohne daß es zu einer solchen Katastrophe gekommen wäre.
Sicherlich war der Leistungsdruck, dem sich der Junge in der Schule ausgeliefert sah, einer der Gründe, die ihn zu dieser Flucht veranlaßten. Was andere Kinder, ohne sichtbaren Schaden zu nehmen, ausgehalten hatten, trieb diesen sensiblen Jungen schließlich in die totale Leistungsverweigerung. Er sah keinen Sinn mehr in der Anstrengung und im Leben überhaupt.
Wir sind ungemein betroffen, wenn ein junger Mensch, den wir gut kennen, sich auf diese Weise aus der Gesellschaft aussondert. Wenn er einfach nicht mehr so leben will, wie wir leben.

Wie erstrebenswert ist unser Erfolgsstreben? Ein Beruf, eine schöne Wohnung, ordentliche Kleider, regelmäßiges Essen, das alles sind für diese jungen Menschen keine erstrebenswerten Dinge mehr.
Die meisten Erwachsenen reagieren darauf mit streitbarer Empörung. Sie sind zutiefst gekränkt, daß jemand diese Dinge, die ihnen so eminent wichtig erscheinen, für die sie leben und hart arbeiten, in Frage stellt oder sogar mißachtet.

Einzelne werden aber auch nachdenklich. Hier und da beginnen ernsthafte Leute, Wirtschaftswissenschaftler und Soziologen, unseren Lebensstil kritisch zu untersuchen. Ein Leistungswettkampf, der uns dazu zwingt, immer mehr zu produzieren und immer mehr zu konsumieren, führt in eine Sackgasse, in der sich die materiellen und geistigen Abfallstoffe so anhäufen, daß wir verzweifelt nach Auswegen suchen müssen.

Was macht das Leben lebenswert? Vor dieser Erkenntnis stehen die jungen »Leistungsverweigerer« und geben uns Hinweise auf die Frage, ob der Fortschritt, hinter dem wir heute noch etwas atemlos herrennen, wirklich Fortschritt bedeutet. Das alte Sprichwort »Man lebt nicht, um zu arbeiten, sondern man arbeitet, um zu leben« erinnert uns daran, daß wir wohl doch nicht auf dem richtigen Weg sind, wenn wir nur arbeiten, um zu konsumieren.
In diese Denkrichtung lenken die Leistungsverweigerer unsere Aufmerksamkeit. Sie können sich nur nicht so artikulieren, daß wir sie verstehen, weil sie sich schon zu weit von uns entfernt haben.
Der Fortschritt, den uns das Maschinenzeitalter beschert hat, fasziniert uns mächtig. Wenn wir uns anstrengen, dann können wir uns Dinge leisten, von denen unsere Großeltern nicht einmal zu träumen wagten. Von diesem Standort aus verstehen wir die Kinder nicht, die sich nicht mehr zur Leistung zwingen lassen wollen, die unser Leistungs- und Besitzstreben in Frage stellen.
Darüber gerät auch oft die Tatsache in Vergessenheit, daß es seit eh und je Leistungsverweigerer gegeben hat. Man reagierte nur früher anders darauf.

Ein Kind, das nicht lernen will. Die Schriftstellerin Bettina von Brentano weigerte sich als Kind standhaft gegen jede Art von schulmäßigem Lernen. Da die Kinder gehobener Stände damals von der allgemeinen Schulpflicht befreit waren, versuchten verschiedene Hauslehrer vergeblich, ihr den Lernstoff der Schulfächer beizubringen. Wenn man sie mit diesem Lernstoff füttern wollte, reagierte sie darauf »mit starkem Erbrechen« und einem »galligen Nervenfieber.« So erreichte sie, daß man sie mit dem ihr verhaßten Schulwissen verschonte.
Sie war 16 Jahre alt, als sie durch ihre Phantasie und ihr eigenständiges Denken auffiel. Da sie unbelastet von Respekt, aber auch unbelastet von Schulwissen argumentierte und dabei oft unbequeme Wahrheiten aussprach, versuchte man ein letztes Mal, ihre Bildungslücken mit Wissensstoff zu füllen. Sie schreibt darüber:

»Der Schäfer (ihr Lehrer) sollte Geschichte mit mir treiben, da er aber sehr ernst und gründlich ist und durchaus will, daß der freie aufgeweckte Mensch voll Interesse dabei sei, so konnte er es nicht mit mir aushalten, es ging gegen sein Gewissen, er hat dem Christian bedeutet, mich auf andere Weise zu beschäftigen; da ich eine nervenangreifende Empfindung habe, wenn ich Zahlen wahrnehmen soll, wenn ich das frühere vom späteren unterscheiden soll, wenn ich Namen behalten soll, so sei es nicht möglich, bei gutem Gewissen mir Zeit und Geld zu rauben. Es tut mir leid, daß auch der mit Blindheit geschlagen ist über mich und von der närrischen Idee besessen, ich lerne, um was zu wissen, um Kenntnis zu sammeln; Gott bewahre, da könnte ich nur innerlichen Raum mit Dingen ausfüllen, die mir im Wege sind, wenn sich ein Reisender viel Besitztum anschafft, so hat er erst die Not alles unterzubringen, und hat er sich an Überflüssiges gewöhnt, so muß er einen Bagagewagen hinter sich drein fahren haben. Den Mantel umgeschwungen und damit zum Fenster hinaus und alles Gerümpel dahinten gelassen, das ist *meine* Sinnesart, lernen will ich wie Luft trinken. Geist einatmen, wo ich lebe, den ich aber auch wieder ausatme, und nicht einen Geistballast in mich schlucken, an dem ich ersticken müßte. Das will mir aber keiner zugeben –, daß solche Unvernunft naturgemäß sei. Ich würde am End freilich nichts wissen, was ich ihnen gern zugebe, aber ich würde wissend sein, wie die mir nicht zugestehen – aber durchgeistigt sein von des Wissens flüchtigem Salz, einen Hauch der Belebung durch es empfinden, einen Kuß, wenn du's erlaubst, einen flüchtigen – dem ich eine Weile noch nachfühle, der in mir sich verwirklicht, verewigt.«

Lernen ohne Lehrer. Während sich der Lehrer resigniert von ihr abwendet, weil Bettina unfähig ist, Namen und Daten zu behalten, entdeckt sie – ohne den Lehrer – die Fakten der Geschichte:
»Freilich hab ich die zwölf Kaiser mit Interesse studiert und hab gefunden, was ich vorher hätte sagen können, daß alle Tyrannen arglistige kleinliche Naturen waren, sie gaben Befehle, wo Bitten genügt hätten – überall war soviel Knechtssinn. Ich suchte nicht nach Ähnlichkeit ihrer Größe, sondern – ob irgendeiner einen freien Atemzug um sich dulden konnte? Und ob diese Sklaven nicht bloß ihr Joch duldeten, um wieder die geringeren unterdrücken zu können?«

Frei vom Joch der Schule. Da sie in der Schule nicht gelernt hat, Herrschaftsverhältnisse zu respektieren, wird sie zum Außenseiter ihrer Gesellschaftsschicht, sie fühlt sich solidarisch mit den Unterdrückten. »Meinst du«, schreibt sie ihrer Freundin, »ich könne je dem Unrechterliegenden mich lossagen und auch nur in Gedanken übergehen zu dem Unrecht, das vor der Welt Recht behält, ich fühle, es liegt größere Freiheit darin, mit dem Unterdrückten die Ketten zu tragen, als mit dem Unterdrücker sein Los zu teilen.«

Bettina wurde von der Gesellschaftsschicht, der sie angehörte, zwar als Außenseiter betrachtet, aber nie ausgestoßen. Als Mitglied einer wohlhabenden Familie konnte sie es sich leisten, ohne Schulkenntnisse zu leben. Man betrachtete sie als Sonderfall, als liebenswürdige Spinnerin, die mit ihrer blühenden Phantasie in einem Traumreich lebte.

Eine Außenseiterin mit erweitertem Gesichtskreis. Da sie nicht ausgestoßen war, sondern nur etwas abseits stand, hat sich Bettina aber nie im Reich der Träume verloren. Aus ihrer Abseitsstellung heraus erkannte sie deutlicher als ihre Zeitgenossen die Unrechtszustände ihrer Gesellschaft, die die anderen Menschen damals noch gar nicht wahrnahmen.

In einem Buch, das sie dem König (Friedrich Wilhelm III.) widmete, prangert sie schonungslos den verschwenderischen Luxus an, den der Adel damals bei seinen prunkvollen Festen, bei seiner ganzen Lebensweise und Selbstdarstellung entfaltete. Daneben stellt sie eine Reportage aus einem Berliner Vorort, aus der man genau erfährt, unter welch menschenunwürdigen Bedingungen zur gleichen Zeit die Arbeiter lebten, bei denen der Verdienst eines 14- bis 16stündigen Arbeitstages nicht ausreichte, um die armselige Wohnung, das unzureichende Essen, die dürftige Kleidung zu bezahlen.

Während alle Welt die Armut damals noch als ein unabwendbares Schicksal betrachtete, erhebt die Außenseiterin Bettina als eine der ersten ihre anklagende Stimme gegen die ungerechte Verteilung des Besitzes.

Angehörige wohlhabender Familien konnten es sich damals wie heute leisten, etwas außerhalb zu stehen. Ihnen fehlte nie die finanzielle Basis. Als Sonderlinge, eventuell als schwarze Schafe, wurden sie doch von ihren Familien mitgetragen.

Leistungsverweigerer ohne finanzielle Grundlage. Es hat auch unter den armen Leuten stets einzelne Leistungsverweigerer gegeben. Sie fielen schon in der Schule auf, weil sie sich dem Lernzwang entzogen. »Aus dir wird im Leben nichts!« hieß es. Und diese – armen – Nichtstuer hatten nichts zu lachen. Armen Leuten verzieh man ihre Armut nur, wenn sie fleißig waren, ein fauler Armer wurde gna-

denlos ausgestoßen. Er konnte als Landstreicher, als Bettler sein Leben fristen.
Gegen Ende des vorigen Jahrhunderts nahm sich zum erstenmal ein Mensch dieser armen Außenseiter an, der Pfarrer Friedrich von Bodelschwingh. Er erkannte, daß diese scheinbar durch eigene Schuld in Armut geratenen Menschen nicht faul geboren, sondern durch Umstände, die er noch nicht durchschaute, faul geworden waren, und wies seine Mitmenschen darauf hin, daß auch diese Ärmsten der Armen zur Familie Mensch gehören. Er öffnete diesen »Brüdern der Landstraße« die Türen von Bethel. Sie kamen, wenn sie nicht mehr aus noch ein wußten, und sie gingen, wenn der Wandertrieb sie wieder überfiel. Bodelschwingh machte hier den ersten bescheidenen Versuch, diesen passiven Außenseitern ein Existenzminimum zu verschaffen und sie bei Alter und Krankheit vor dem Hungertod zu bewahren.
Die Aktiven unter den Außenseitern nehmen sich, was sie brauchen. Aber die Passiven flüchten vor dem Druck eines Leistungsanspruchs, dem sie ihrer Veranlagung entsprechend nicht gewachsen sind, häufig in den Rausch durch Alkohol oder durch Drogen.
Man hat die Tragödie des Alkoholismus und der Rauschgiftsucht bis vor 50 Jahren noch weitgehend aus dem Bewußtsein verdrängt, weil es vorwiegend die armen Leute waren, die in diese Traumwelt flüchteten. Wenn heute das Problem der Rauschgiftsucht so stark in unseren Gesichtskreis tritt, dann erregt es uns nur deshalb so sehr, weil es auf einmal auch Kinder und Jugendliche unserer Gesellschaftsschicht sind, die davon befallen werden.

Rauschgift dringt in die »geordneten Verhältnisse« ein. Darum scheint es uns auch so, als hätte die Rauschgiftsucht ganz allgemein in den letzten Jahren stark zugenommen. Aber dieser Schein trügt. In den USA zum Beispiel waren im Jahre 1914 etwa 0,4 Prozent der Bevölkerung rauschgiftsüchtig. Im Jahre 1972 sind es 0,2 Prozent. Aber 1914 handelte es sich bei den Betroffenen vor allem um Neger, um die Ärmsten der Armen. Da man das Problem nicht in seinem vollen Umfang wahrnahm, es handelte sich ja »nur« um Neger, schaute man einfach darüber weg.
Wenn heute der Sohn oder die Tochter eines Freundes oder gar unser eigenes Kind zu den Betroffenen zählt, dann geraten wir meist in Panikstimmung, weil wir die Ausweglosigkeit der Situation kennen und fürchten.
Wenn das Kind in den Brunnen gefallen ist, kann man die Sache tatsächlich nur selten noch rückgängig machen. Gegen schwere Fälle

von Drogensucht gibt es immer noch kein wirksames Mittel. Es handelt sich hier um eine nahezu unheilbare Krankheit. Man versucht zum Beispiel heute Heroinsüchtige auf ein ungefährliches Narkotikum umzustellen, wie Methadon, und erreicht damit, daß der Kranke nun methadonabhängig wird. Methadon erzeugt keinen Rauschzustand, der Mensch kann wieder arbeiten, aber er benötigt jeden Tag eine Spritze.

Vorbeugen ist wichtiger als heilen. Da es sich hier also um eine unheilbare Krankheit handelt, sollte sich unsere ganze Aufmerksamkeit auf die Vorbeugung konzentrieren, und dabei kann jeder Laie mithelfen, jeder Vater, jede Mutter, jeder Lehrer.

Wenn ich mir die Fälle von Drogensüchtigen, die mir begegnet sind, einmal vor Augen führe, dann fällt mir auf, daß die Eltern und Erzieher dieser Kinder fast immer überrascht waren und fassungslos den Kopf schüttelten: »Er war doch so ein netter, freundlicher Junge.« – »Sie war doch so ein liebes, sympathisches Mädchen.«

Rabauken sind seltener unter ihnen, sie sind eher passiv, wollen es allen recht machen. Es sind meist Kinder, die in der Schule selten oder nie Erfolgserlebnisse haben. Sie träumen davon, einmal etwas Besonderes, etwas Abenteuerliches zu erleben, aber ihnen fehlt entweder die Kraft oder die Möglichkeit, es auch wirklich zu tun.

Wie behandelt man Leistungsverweigerer? Ich versuche mir vorzustellen, ein Kind wie Bettina von Brentano lebte heute als Tochter eines Beamten. Weil er selbst das Abitur gemacht hat, müssen seine Kinder ebenfalls das Gymnasium »durchmachen«. Ein Kind wie Bettina, mit einer so üppig wuchernden Phantasie, mit einer so unüberwindlichen Abneigung gegen Schulwissen, würde heute gegen Mauern anrennen und scheitern.

Wer würde ihren Widerwillen gegen die schulmäßige Aneignung von Wissen verstehen oder gar akzeptieren? Die Flucht in die Rauschgiftwelt läge bei einem Mädchen mit einer so starken Neigung zur Phantasie nahe.

Aber Bettina von Brentano ist wegen ihrer Unfähigkeit, sich Schulwissen anzueignen, nie als Versager abgestempelt worden. Sie bekam keine schlechten Zensuren, sie blieb nicht sitzen und bekam keine Minderwertigkeitskomplexe. Sie hatte nur Hauslehrer, die vor der Aufgabe, ihr etwas beizubringen, kapitulierten.

Man akzeptierte sie so, wie sie war: ein etwas schrulliges, phantasiebegabtes Mädchen, das nicht lernen will. Sie wurde nicht beschimpft, nicht getadelt, sondern mit all ihren scheinbaren Schwächen ertragen. In dieser freundlichen, zwangfreien Atmosphäre konnte sich ihre Eigenständigkeit und ihre Begabung frei entfalten.

Wer nicht in den Rahmen paßt, wird bestraft. Unser Schulsystem erlaubt keinem Kind, derart aus der Reihe zu tanzen. Es setzt voraus, daß alle Kinder ähnlich veranlagt sind, danach setzt es Maßstäbe und verteilt Zensuren. Wer anders ist, wird mit schlechten Zeugnissen bestraft.
Wir sprechen damit den Kindern das Recht ab, so zu sein, wie sie sind. Viele beugen sich diesem Zwang, sie geben sich Mühe, so zu sein, wie das System sie haben möchte. Diese Kinder, die nie sie selbst sein durften, kann man später, wenn sie erwachsen sind, beliebig manipulieren. Man spricht dann verächtlich von der breiten Masse, die jedem Führer und Verführer folgt, und erkennt nicht, daß das System sie dazu erzogen hat, unkritisch alles nachzumachen.

Einige halten den Druck nicht aus. Wenn sich heute einzelne Jugendliche dieser Erziehung entziehen, wenn sie sich aus unserer Leistungs- und Konsumgesellschaft entfernen und mit Hilfe von Rauschgift in eine Scheinwelt flüchten, dann geben sie uns einen nachdenkenswerten Hinweis darauf, daß unsere Kinder heute zu den Unterdrückten unserer Gesellschaft gehören. Sie sind diesem Druck so wehrlos ausgeliefert, wie die Neger in den USA vor 50 Jahren es waren, wie die Fabrikarbeiter des 19. Jahrhunderts, von denen immer einzelne ausbrachen, die den Druck nicht aushielten und in den Alkohol- oder Drogenrausch flüchteten.
Der uniforme Leistungszwang unseres Schulsystems ist für einzelne unerträglich, weil sie anders sind, weil sie nicht auf den Leisten passen, auf den sie da gespannt werden. Und weil der Schulerfolg darüber entscheidet, ob sie im späteren Leben große, kleine oder überhaupt keine Berufschancen haben, nimmt der Leistungszwang lebensbedrohende Formen an.

Wie hilft man Kindern, die das Soll nicht erfüllen können? Da sich unser Schulsystem so schnell nicht ändern wird, müssen wir jedem einzelnen Kind auf seine Weise zu helfen versuchen. Frau W. ist Redakteurin bei einer Zeitung, ihr Mann hat ebenfalls einen anstrengenden Beruf, und der Sohn besucht das Gymnasium. Er wird voraussichtlich bald zum zweitenmal sitzenbleiben. Die Mutter spürt, daß ihr Sohn darunter leidet.

Warum nimmt sie ihn nicht vom Gymnasium und läßt ihn einen Beruf erlernen? Er hat ein spezielles Interesse für Biologie, genauer gesagt, für Meeresbiologie. Seit seinem zehnten Lebensjahr bildet er sich auf diesem Gebiet ganz selbständig weiter. Er hat heute mit seinen 16 Jahren auf diesem Gebiet schon Universitätsreife. Aber in fast allen anderen Schulfächern muß er sich gewaltig anstrengen und kommt doch nur so eben mit.

Seine Eltern fördern sein Interesse für Meeresbiologie. Und wenn er eine »Sechs« in Latein nach Hause bringt, sagt die Mutter: »Pech gehabt, mach dir nichts draus«, und sie versucht, die Panne mit einem Scherz zu verharmlosen: »Eine Sechs, das sind für mich zwei Dreier!« Da man die Mißerfolge nicht abwenden kann, versucht man sie zu bagatellisieren.

Dieser Junge behält sein Selbstwertgefühl, weil seine Eltern seine Mißerfolge nicht hoch-, sondern herunterspielen. Ganz ernst nehmen sie aber sein Spezialinteresse. Man kauft gemeinsam Bücher, man besucht in den Ferien einen Strand, an dem man tauchen kann, und unterhält sich über den neuesten Stand der Forschung auf diesem Gebiet.

Wer Erfolg hat, steigt nicht aus. Achtzig Prozent unserer Kinder gehören nicht zu denen, die in der Schule Erfolgserlebnisse haben. Sie alle zählen zu den Unterdrückten, da sie unter einem ständigen Druck leben, der sie zur Anpassung zwingt. Wir wissen nicht im voraus, wer von ihnen diesen Druck nicht aushält, und so sind wir dann überrascht, wenn einer, den wir gut kennen, in das Traumland der Drogen flüchtet: »Dieser nette Kerl, das hätte ich nicht gedacht!«

Will man diesem Ausbruch vorbeugen, darf man sich nicht dabei aufhalten, was unsere Kinder *nicht* können; die ganze Aufmerksamkeit muß sich vielmehr darauf richten, was mein Kind *kann.* Wenn ich es über längere Zeit beobachte, merke ich doch, wo seine starken Seiten liegen. Oft sind das Dinge, die in der Schule gar nicht sonderlich beachtet werden.

In einem Jugendheim diskutieren etwa 30 dreizehn- bis sechzehnjährige Jungen und Mädchen. Es geht um einen aus ihrer Gruppe, Elmar W., der »ausgestiegen« ist. Ein Rauschgifthändler, der nicht zu fassen ist, hat ihn abhängig gemacht. Er kann nicht mehr zurück. Als Verteiler von Rauschgift befindet er sich – keiner weiß wo – auf Reisen, von einer Stadt zur anderen.

Die Eltern sind untröstlich. Auch seine Freunde mochten ihn gern, ein stiller, freundlicher Junge. Aber sie wissen, daß sie ihm nicht mehr helfen können, und sie sprechen von ihm wie von einem Verkehrstoten. Sein »Aussteigen« hat sie schockiert, aber auch nachdenklich gemacht.

Jugendliche analysieren einen »Fall«. Diese Jungen und Mädchen gehören zu einer Jugendgruppe, die durch gemeinsame politische Interessen zusammengehalten wird. Vielleicht beschäftigt sie darum der Fall ihres Freundes Elmar besonders stark. Sie fühlen sich als politisch denkende Menschen über ihren kleinen Kreis hinaus dem öffentlichen Leben verpflichtet.

Der Fall Elmar ist für sie kein Einzelfall. Was kann man tun, fragen sie sich, wie kann man verhindern, daß junge Menschen sich auf diese Weise selbst zerstören?

Zunächst versuchen sie herauszufinden, wieso gerade Elmar davon betroffen wurde. Er besaß doch eine ganze Reihe guter Eigenschaften: Hilfsbereitschaft, Rücksichtnahme, und absolut ehrlich war er. Aber ist ihm das jemals honoriert worden? Im Gegenteil. Er schrieb schlechte Zensuren, weil er die Mogelei nicht mitmachte.

Was interessierte ihn eigentlich? Nichts Besonderes. Er las gern, wie viele das tun. Aber einen »leichten Hang« zum Phantastischen, zum Abenteuer wollte man doch im nachhinein bei ihm feststellen – vielleicht nur, weil man nach einer Erklärung suchte.

Dann stellten sie die Frage: »Wem von uns könnte so etwas aller Voraussicht nach überhaupt nicht passieren und warum nicht?«

Als typisches Beispiel einer ganz stabilen Persönlichkeit kamen alle sofort auf Ulrike, die Vorsitzende der Gruppe. Sie hat im Laufe der Zeit alle Beteiligten mit ihrem sozialen und politischen Engagement infiziert, und dies ist ihr gelungen, weil sie zugleich mit einem nie versiegenden Humor begabt ist, der seine Wurzeln in der Selbstkritik hat. Das macht sie so sympathisch.

Ulrike wird anerkannt, sie weiß, wozu sie auf der Welt ist. Sie wird gebraucht.

Auf der Suche nach persönlichen Fähigkeiten. Nicht alle können so sein wie Ulrike, sagte man sich. Aber jeder hat irgendeine »starke Seite«, auf die sich sein Selbstwertgefühl aufbauen könnte. Wenn wir an unsere kleine Gruppe denken, sollten wir uns mal einzeln fragen, wo bei jedem von uns der besondere Wert steckt. Was unterscheidet ihn von den anderen, und was kann er aus sich machen, um für die ganze Gruppe ein besonderer »Wertgegenstand« zu sein?

Sie sprachen zunächst von sich selbst, von ihren besonderen Interessen, von ihren Steckenpferden. Da kam zutage, daß einige sich für den Sport, einige andere für Technik interessieren. Ein Mädchen sammelt Spiele aus aller Welt, ein Junge Briefmarken. Zwei haben eine ausgeprägte zeichnerische Begabung, einige können gut fotografieren. Von ihren persönlichen Problemen kamen sie auf die allgemeinen Interessen und auch auf den Mangel an Interessen und seine Folgen zu sprechen.

Sie stellten dabei fest, daß die Erziehung bei diesen besonderen Interessen, bei dem, was an besonderen Gaben in jedem Menschen steckt, ansetzen müßte. Damit jedes Kind weiß, was es wert ist, wo seine Stärke liegt, sollte dieses besondere Können als Ausgangspunkt dienen und im Mittelpunkt stehen. Mit diesen Fähigkeiten kann der Mensch der Gesellschaft dienen. Wenn er weiß, was er der Gesellschaft wert ist, fühlt er sich stärker dazugehörig und spürt, daß er gebraucht wird. Er gibt und empfängt, und in diesem Kreislauf fühlt er sich zu Hause. Indem schon das Kind sich mit seinen besonderen Gaben nützlich machen kann, wird ihm der Sinn des Lebens deutlich.

Um sich selbst einmal die vielseitigen Möglichkeiten, bei denen die Erziehung ansetzen könnte, klarzumachen, schrieben sie – als eine Art Gesellschaftsspiel – alle besonderen Interessen und Eignungen, aus denen man etwas machen kann, auf eine Tafel. So entstand ein noch etwas zufälliger Katalog, den jeder beliebig erweitern kann:

Praktische Begabung auf irgendeinem Gebiet
Organisationstalent
Erfindungsgabe
Besondere Geschicklichkeit im Basteln usw.
Technisches Verständnis
Experimentierfreude (Physik, Chemie usw.)
Interesse an biologischen Vorgängen
Interesse an Tieren, Verhaltensforschung
Psychologie
Völkerkunde
Historisches Interesse
Probleme der Dritten Welt
Geographie und Geologie
Umweltprobleme
Wirtschaftliche Interessen
Politische Interessen
Freude am Diskutieren

Soziale Probleme
Verkehrsprobleme
Freizeitgestaltung
Spiele arrangieren
Theaterspielen und zuschauen
Zaubern und zuschauen
Tanzen und zuschauen
Fotografie, Filmen
Künstlerische Tätigkeiten (Malen, Zeichnen, Plastik)
Kunst betrachten
Lesen, Rezitieren, Dichten, Schreiben von Reportagen
Fremdsprachen lernen
Musik ausüben
Musik anhören
Sport ausüben
Sportliches Interesse
Astronomie
Mathematische Probleme
Raumfahrt
Sammeln von besonderen Dingen

Besondere Fähigkeiten verbinden den einzelnen mit den anderen Menschen. Wer sich auf einem dieser Gebiete auf Grund seiner Neigungen und Fähigkeiten mehr übt, mehr vertraut macht und mehr informiert, als es den anderen möglich ist, der kann denen helfen, die davon nicht soviel verstehen.
An diesem »Mehr« wächst sein Selbstwertgefühl. Indem er auf vielen Gebieten als Nehmender und auf *einem*, auf *seinem* Gebiet als Gebender auftritt, fühlt er sich nicht mehr isoliert. Sein Leben hat einen Sinn. Am deutlichsten wird uns das auf dem Gebiet des künstlerischen Schaffens. Da gibt es immer Ausübende und Zuhörer oder Zuschauer. Aber – und das wird uns heute als Fernsehzuschauer bewußt – aktives Darstellen und das passive Sichinformieren erstreckt sich heute auf fast alle Lebens- und Wissensgebiete. Wir sind heute auf vielen Gebieten Nehmende und nur auf einzelnen Gebende. Das ist die neue Form der Kommunikation, die das alte Herrschaftsverhältnis zwischen Wissenden und Nichtwissenden allmählich überwindet.

Die Spielgefährten – Wort – Bild – Ton

Die Sprache, ein soziales Grundnahrungsmittel. Von Kaiser Friedrich II. wird erzählt, daß er zwei Säuglinge aufziehen ließ, die sorgfältig gefüttert, aber ebenso sorgfältig von der Außenwelt abgeschirmt wurden. Die Wärterinnen, die den Kindern zu essen und zu trinken gaben, durften kein Wort mit ihnen reden, weil der Kaiser erfahren wollte, welche Sprache die Kinder wohl von selbst sprechen würden.

Aber der Kaiser hat es nie erfahren. Der Chronist berichtet, daß die Kinder »vor der Zeit sterben mußten, weil man sie nicht mit Liedern einschläferte«.

Die Sprache ist ein wichtiges Bindeglied zum Mitmenschen; wo sie fehlt, verkümmert der Mensch. Wenn der Chronist in diesem Zusammenhang das Lied erwähnt, dann erinnert er uns daran, daß auch die Ästhetik zu den geistigen Grundnahrungsmitteln gehört, ohne die der Mensch nicht leben kann.

Singen macht Freude, und es verbindet uns miteinander, darum singt man mit Kindern, besonders mit den ganz kleinen, die unsere Sprache noch nicht verstehen.

Musik und Poesie in der Sprache des Kleinkindes. Kleine Kinder, die noch nicht zur Schule gehen, haben zur Sprache ein ungebrochenes Verhältnis. Sprache ist für sie nicht nur ein Mittel, mit dessen Hilfe sie ihre Gedanken und Wünsche an den Mann bringen. Wer einmal beobachtet, *wie* die kleinen Kinder ihre Worte wählen und Sätze bilden, der erkennt bald, daß sie mit Einfühlungsvermögen und Einfallsreichtum durch die Sprache eine ganz bestimmte Wirkung zu erzielen wissen. Eine Fähigkeit, die ihnen später teilweise wieder verlorengeht, wenn sie in der Schule das Sprechen weitgehend verlernen.

Schon bevor das Baby zu sprechen beginnt, ahmt es unsere Sprechweise in einem rhythmischen Lallen nach. Daß wir in einem bestimmten Rhythmus sprechen, ist uns meist gar nicht bewußt. Das Lallen der Kinder macht es uns deutlich.

Daß das Kind die Sprache zunächst als Rhythmus erlebt, spürt man an der Art, wie es sie benützt, sobald es die ersten Worte und ihre Bedeutung kennengelernt hat: »Ma – ma, kom – ma«, »Bal – la ha – ben«. Diese ersten kleinen Sätze leiert es in einem rhythmischen Singsang. »Mutta, gib mirn Butta«, rufen die Kinder im Ruhrgebiet.

Reime fordern auf zu gemeinsamen Spielen. Diese rhythmische Reimerei dient nicht nur der Verständigung. Taktbetonte Reimereien machen Spaß. Davon zeugen die zahlreichen Kinderreime, mit denen unsere Kinder zum Teil heute noch aufwachsen. Viele geraten schon in Vergessenheit. Aber es gibt Bücher, in denen sie aufbewahrt sind.

Wer kleine Kinder hat, der sollte eines dieser Bücher besitzen. Er wird darin viele Reime finden, die er selbst als Kind geleiert hat. Er wird aber auch beim Lesen und Sprechen dieser Reime vielleicht entdecken, daß er sich hier im Ursprungsland der Poesie befindet.

Hier spielen die Kinder mit Silben und Worten, die sie wie Bälle hin und her werfen. Dabei entstehen rhythmische Wortmelodien, die von allem erzählen, was im Leben des Kindes Bedeutung hat: Essen und Trinken, Morgen und Abend, Regen und Sonne, Frühling, Sommer, Herbst und Winter, Tiere und Pflanzen, Arbeiten und Nichtstun, Lachen und Weinen, die Wirklichkeit und die Welt der Phantasie. Davon berichten die Reime, und sie fordern gleichzeitig zum Mitmachen, zum Mitspielen auf:

Willst du mit nach Rommelskirchen,
der Weg dahin geht krumm. Wo sieben Bauern saßen
und achtzehn Schinken fraßen,
willst du mit, so komm.

Wortspielereien. Manche dieser Reime sind aus reiner Freude an der Reimerei entstanden, sie bedeuten nichts:

Ene mene ming mang,
wing wang, ting tang,
use wuse wapdich,
eie weie weck.

Hier spielt das Kind mit den Silben. So spielt es sich auch in die Sprache hinein, wenn es ja und nein sagen lernt und beides gegeneinander ausspielt.

Dabei spürt man das Bedürfnis des Kindes, eine Sache von allen Seiten zu betrachten oder auf den Kopf zu stellen.

Es gibt eine ganze Reihe von Reimen, bei denen alles verdreht wird, so daß nachher überhaupt nichts mehr stimmt:

Ein Dorf in einem Bauern saß,
der gerne Löffel mit Milch aß
samt einem großen Wecke.
Vier Häuser hat seine Ecke,
vier Wagen spannt er vor sein Pferd,
seine Küche steht mitten in dem Herd.

Ein Kind, das die Sprache nicht nur als Gebrauchsgegenstand benutzt, sondern spielerisch damit umgeht, besitzt damit eine Waffe, die es in Konfliktsituationen nötig hat.

Plänkeleien. Viele Reime sind aus dem Streit zwischen Jungen und Mädchen entstanden, der immer wieder ausbrach, weil Jungen und Mädchen nach ganz verschiedenen Leitbildern erzogen wurden.

Müller, Müller, Mahler,
Buben kosten nen Taler,
Mädchen kosten nen Taubendreck,
schafft mir nur die Mädchen weg.

So riefen die Jungen hinter den Mädchen her, und die Mädchen antworteten:

Zeisig, Zeisig,
die Mädchen sind fleißig,
Stieglitz, Stieglitz,
die Jungen sind zu gar nichts nütz.

Auflehnung gegen die Erwachsenen. Gegen die Erwachsenen konnten sich die Kinder nicht so offen zur Wehr setzen. Wenn sie sich ungerecht behandelt fühlten, flüchteten sie sich in den Trotz:

Mein Vater hat gesagt,
ich soll das Kindlein wiegen,
er will mir auf den Abend
drei Gaggeleier sieden,
siedt er mir drei,
ißt er mir zwei,
und ich mag nicht wiegen
um ein einziges Ei.

Solche Reime singen die Kinder, wenn die Erwachsenen nicht dabei sind. Jedes Jahr, wenn es am Ende des Schuljahres Zeugnisse gibt, kommen die Kinder in Grüppchen an meinem Fenster vorbei und singen:

Von den blauen Bergen kommen wir,
unser Lehrer ist genau so doof wie wir,
hat ne Brille auf der Nase,
wie ein alter Osterhase,
und das Zeugnis, das zerreißen wir.

Mit solchen Reimereien versuchen sich die Kinder seit eh und je gegen die übermächtigen Erwachsenen aufzulehnen. Wo feierliches Pathos Respekt einflößen soll, da schlüpfen sie in die Rolle der Respektsperson und machen sich über das Gehabe lustig.

Ich bin der Herr Pastor,
ich predige euch was vor ...

So fangen die Kinderpredigten an, und dann folgt eine Litanei von spaßigen, zusammenhanglosen Sätzen, die den Tonfall einer langatmigen, schwer verständlichen Predigt nachahmen.

Trostsprüche. Viele dieser Reime sind schon sehr alt, sie haben sich über Jahrhunderte hinweg von einer Generation auf die andere weitervererbt. Einige stammen offensichtlich aus der vorchristlichen Zeit, es sind alte Zaubersprüche, die wir heute noch dem Kind, das sich gestoßen hat und weint, vorsprechen:

Heile, heile Segen,
drei Tage Regen,
drei Tage Schnee,
tut es nicht mehr weh.

Als die Menschen noch nicht lesen und schreiben konnten, mußten sie alles Wissenswerte, alles, was man nicht vergessen durfte, in ihrem Gedächtnis aufbewahren. Da diente ihnen der Reim als Gedächtnisstütze. Wichtige Kenntnisse über Gartenbau, Ackerbau und Viehzucht, über Kinderpflege und Erziehung wurden in Reimform weitergegeben von Mund zu Mund.

Der Reim als freundliche Aufforderung. In der vorfeudalistischen Zeit, als man noch in genossenschaftlichen Verbänden zusammen lebte, wurden auch die Kinder als gleichberechtigte Partner respektiert. Schlagen galt als unsittlich, man erzog die Kinder mit Worten, und dabei war der Reim ein wichtiges Hilfsmittel. Für alle Situationen gab es Reime. Wenn das Kind nicht essen wollte, sagte die Mutter:

Stöffele, Pantöffele,
nimm es Löffele, und iß!

Ein Reim löst Überraschung aus und macht Spaß. In diesem freundlichen Klima kann der Erzieher notwendige Ratschläge geben:

Da war so ein kleiner Weberleinsbub,
der wollte keine Petersiliensupp.
Potz Pudelmütz und Butterbrot,
das macht ja das kleine Weberlein tot!
So laßt ihn doch am Leben,
er hat noch ein Stückchen zu weben.
Wiberle, Weberle, wupp,
Petersiliensupp.

Wenn man untereinander »nicht viel Worte macht«, verkümmert die Sprache. In den Jahrhunderten einer obrigkeitsstaatlichen Gesellschaftsordnung ist diese Erziehung in den Hintergrund getreten. Das Zusammenleben zwischen Vorgesetzten und Untergebenen, zwischen Alten und Jungen wurde nun von Befehlen und Gehorchen bestimmt.
Seitdem der Obrigkeitsstaat von der Demokratie abgelöst wurde, hat man sich wieder für die Erziehungs- und Umgangsformen der vorfeudalistischen Zeit interessiert. Man entdeckte, daß die Sprache eine ganz andere Qualität besitzt, wenn das Zusammenleben der Menschen nicht durch Befehl und Gehorsam bestimmt wird. Befehle lassen die Sprachfähigkeit verkümmern. Wer Befehlsgewalt besitzt, braucht nicht viel Worte zu machen, oft genügt ein Wort. Und der Untergebene hat den Befehl auszuführen, da gibt's keine Widerworte.

Streitgespräche und Wortgefechte. Wo aber Gleichberechtigte nebeneinander leben, da werden Konflikte mit viel mehr Worten ausgetragen, da wird die Sprache kultiviert, da kann und muß man mit Worten viel mehr ausdrücken.
Bei den Eskimos, die keine kriegerische Auseinandersetzung kennen, wird der Streit nie mit Waffengewalt, sondern erst nach einem aus-

schweifenden Wortgefecht geschlichtet. Zu einem solchen Streit kommen viele Zuschauer zusammen, wie zu einem Fest. Die beiden gegnerischen Parteien stellen sich einander gegenüber und beschimpfen sich nach Kräften. Die Zuschauer hören sich den Wortkampf sachkundig an und entscheiden durch ihren Beifall den Ausgang des Kampfes. Gewonnen hat schließlich die Partei, die die meisten Lacher auf ihre Seite bringt.

In Island gab es den Liederwettstreit, an dem sich Alte und Junge beteiligten. Ein Sänger begann den Wettkampf mit der Aufforderung:

> Ich lad zum Liederkampf dich ein,
> wenn du dich traust, mein Lieber,
> laß hören all die Lieder dein,
> währt's auch den Winter über.

Das Spiel dauerte so lange, bis einer von beiden kein Lied mehr wußte. Derartige Wort- und Liederkämpfe findet man heute noch bei vielen Naturvölkern. Sie setzen eine große Wortgewandtheit voraus.

Bis vor nicht allzulanger Zeit nahm man an, daß die Sprache der Naturvölker einfacher, primitiver sei als die der zivilisierten Völker. Der Anthropologe Lévi Strauss hat diese allgemein verbreitete Annahme widerlegt. Seine umfangreichen Sprachforschungen bei den Ureinwohnern im Inneren Brasiliens ergaben ein ganz neues Bild. Die Sprache dieser Völker, die noch keinen Befehlsgehorsam kennen, ist ungleich differenzierter, komplizierter und reicher als unsere heutigen Sprachen.

Bei autoritären Herrschern gibt es keine Widerworte. Wo sich die genossenschaftliche Wirtschaftsweise auflöste und ein einzelner die Herrschaftsgewalt über ein Volk an sich riß, war es mit den Wortgefechten vorbei. Alleinherrscher und Könige erlaubten Wortspiele nur noch in Form von Rätseln, ein Spiel, bei dem es oft um Leben und Tod ging.

In vielen Märchen tritt uns das Rätsel in dieser grausamen Form entgegen. Wer es löst, wird belohnt, wer aber die Antwort nicht weiß, verliert seinen Kopf. Meist sind es Fragen, die entweder niemand oder nur ein Neunmalkluger beantworten kann.

In manchen Gegenden hört man heute noch, wie die Kinder demjenigen, der ein Rätsel nicht lösen kann, zurufen: »Bist tot« oder »Scher dich zum Henker« und »Kommst in die Hölle«.

Despoten geben Rätsel auf. Durch Rätsellösen befreite man sich aus den Klauen eines Ungeheuers, eines Drachens oder eines grausamen Herrschers. Geschichten, die dieses Thema behandeln, gibt es in allen Feudalstaaten. Schillers »Turandot« geht auf ein persisches Märchen zurück. Da tritt eine grausame Prinzessin auf, die ihren Freiern jeweils drei Rätsel aufgibt. Wer sie nicht löst, hat sein Leben verwirkt.

Es ist sicher kein Zufall, daß in Obrigkeitsstaaten auch der Unterricht in den Schulen die Formen des Frage- und Antwortspiels annimmt, eine Form, die dem Schüler allzuoft unlösbare Rätsel aufgibt. In demokratischen Ländern bevorzugt man mehr und mehr das Unterrichtsgespräch, die Dialogform, wobei auch Wortgefechte und Wortspiele wieder zum Zuge kommen.

In der Demokratie wird wortreich diskutiert. Im alten Griechenland, wo das Wort eine große Rolle spielte, amüsierte man sich oft und gern mit vielerlei Wortspielen. Man saß in Gruppen zusammen, und jeder aus dem Kreis mußte schnell einen Vers aus dem Homer mit einem bestimmten Anfangsbuchstaben aufsagen, oder es wurde zur Aufgabe gemacht, einen Vers zu zitieren, bei dem ein bestimmter Buchstabe nicht vorkommen durfte.

Reste von solchen Wortspielen haben sich bis heute in unseren »Gesellschaftsspielen« erhalten. Da wird ein Ball von einem zum anderen geworfen, und jeder muß rasch einen Reim erfinden, einen Satz fortsetzen, ein Argument durch ein Gegenargument widerlegen.

Mit zunehmender Demokratisierung werden die Wortspiele und die Wortgefechte mehr und mehr an Bedeutung zunehmen. Wo der Befehlsgehorsam durch das Wort ersetzt wird, da übt man sich in Rede und Gegenrede. Die Wortphantasie wird angeregt, die Freude am Formulieren erleichtert, und sie bereichert die Kreuz- und Querverbindungen zu Freunden und zu Gegenspielern.

Erweiterte Kommunikation durch das gedruckte Wort. Seitdem wir lesen und schreiben können, tritt neben das gesprochene Wort das geschriebene. Es verbindet uns mit Menschen, die weit von uns entfernt wohnen. Wir empfinden heute das geschriebene und gedruckte Wort als eine unerhörte Bereicherung unseres Bewußtseins. Seitdem die Menschen lesen und schreiben können, haben sich uns ganz neue Dimensionen aufgetan. Einen ganz ähnlichen Einbruch erlebten wir vor nicht allzulanger Zeit durch die modernen Nachrichtenmittel, durch Radio und Fernsehen. Mit dem Radio können wir inzwischen umgehen, beim Fernsehen sehen wir vorläufig noch die negativen Seiten etwas schärfer als die positiven.

Dabei sollten wir uns einmal in Erinnerung rufen, daß jede neue Errungenschaft eine Bereicherung mit sich bringt, die wir bezahlen müssen. Wir bekommen etwas, dafür verlieren wir einiges.

Bei jedem Fortschritt geht etwas verloren. Vor der Erfindung der Buchdruckerkunst, als die Menschen nur wenig lesen und schreiben konnten, bewahrte man alles Wissenswerte im Gedächtnis auf. Die Märchen, diese oft recht seltsamen Geschichten, die wir heute noch unseren Kindern erzählen, dienten damals nicht nur der Unterhaltung; ähnlich wie die Reime bedeuteten sie etwas, das man nicht vergessen durfte und das man an Hand der Bilder, die Symbole darstellten, behalten konnte. Die Symbole gerieten in Vergessenheit, als man sie nicht mehr benötigte, weil es gedruckte Bücher gab. Aber die Geschichten wurden noch lange weitererzählt.
Als man begann, sie aufzuschreiben, begegnete man noch alten Leuten, die dreißig Tage lang immer neue Geschichten zu erzählen wußten, die sie wortwörtlich in ihrem Gedächtnis bewahrten.
Diese immense Gedächtniskraft ließ rapide nach, als sie nicht mehr gebraucht wurde, weil das gedruckte Wort sie ersetzte. Das hat man anfangs bedauert; heute spricht niemand mehr davon, weil man den Wert des gedruckten Wortes kennt und zu schätzen weiß.

Das Buch als Gesprächspartner. Wir sind dank der Erfindung der Buchdruckerkunst in der Lage, alles Wissenswerte in Büchern zu speichern und bei Bedarf nachzulesen. Unser Gedächtnis braucht nicht mehr so große Mengen festzuhalten wie das unserer Vorfahren. Es hat andere Aufgaben übernommen. Wir müssen aus großen Mengen von Wissensstoff das herausfinden, was wir benötigen. Wir können Zusammenhänge erkennen und Wichtiges von Unwichtigem unterscheiden. Bei dieser Lesemethode wird das Buch zum Gesprächspartner. Man befindet sich in Gesellschaft von Gedanken, die zahllose andere Menschen zu Papier gebracht haben.

Bücher, die man verschlingt. Aber das Buch dient nicht nur der Erweiterung unseres Wissens, sondern auch der Unterhaltung. Wir lesen, werden neugierig, erfahren Dinge, die wir noch nicht wußten und die wir auch anderen mitteilen möchten; so können wir das Gespräch mit unseren Freunden bereichern.
Dabei sollten wir uns als Eltern nicht an die Lehrmeinung klammern, daß nur »gute« Bücher den Horizont erweitern. »Lesen bildet«, sagte Herr F. und schenkte seinem Sohn eine Gesamtausgabe von Schiller zum Geburtstag. Aber Felix, sein Sohn, rührte die Schillerbände nicht an. Statt dessen verschlang er einen Karl-May-Band

nach dem andern. Herr F. wurde jedesmal wütend, wenn er den Karl May in der Hand seines Sohnes sah: »So ein Kitsch, lies lieber was Gescheites, woraus du etwas lernst.«

Heute ist Felix erwachsen und hat selbst Kinder. Wenn sie sich unterhalten, überrascht Felix seine Frau und seine Kinder immer wieder mit Spezialkenntnissen über ferne Länder, über die Lebensgewohnheiten anderer Völker. »Woher weißt du das nur?« fragen sie ihn oft erstaunt. Und jedesmal lautet die Antwort: »Das hab ich bei Karl May gelesen.«

Spannende Bücher üben eine Faszination aus, die den jungen Menschen manchmal so gefangennimmt, daß sie ihn isoliert. Während das gesprochene Wort Verbindung zum Mitmenschen herstellt, kann man sich mit dem Buch absondern.

Wir finden unter den Mädchen häufiger als unter Jungen »Leseratten«, die sich in die Welt der Bücher flüchten und dabei den Kontakt zum Mitmenschen zu verlieren drohen. Die Menschen sind ihnen auf einmal nicht mehr so wichtig. Es macht ihnen nichts aus, alleine zu sein, sie greifen zum Buch und unterhalten sich mit den imaginären Freunden. Wir sind geneigt, diese »Leseratten« eher wohlwollend zu kritisieren. Man denkt: Lesen kann nicht schaden – im Gegenteil. Man weiß ja, daß Kinder, die viel lesen, mit der Rechtschreibung weniger Schwierigkeiten haben.

Im Banne des Fernsehens. Ganz anders reagieren wir, wenn unsere Kinder sich vom Fernsehen faszinieren lassen. Es gibt immer noch Eltern, die aus Furcht vor dieser Faszination keinen Fernsehapparat im Haus haben wollen.

Ich erinnere mich noch deutlich, daß aus eben diesem Grund unsere Familie mit Rücksicht auf unsere Kinder, die zur Schule gingen, jahrelang keinen Fernsehapparat besaß. Dann warfen wir anläßlich einer Olympiade unsere Grundsätze über den Haufen und wurden zu Fernsehern.

Die Folgen waren erschreckend. Unser Ältester, der schon das Gymnasium besuchte und der bisher jeden Nachmittag – oft bis zum Abend – mit Begleitung von Radiomusik und -vorträgen Schularbeiten machte, war plötzlich im Handumdrehen mit seinen Hausaufgaben fertig. Danach lag er vor dem Fernseher, anfangs bäuchlings, später auf dem Rücken mit einer Nackenrolle als Kopfstütze.

Wir fühlten uns in unserem Vorurteil bestätigt – bis nach einem halben Jahr das Zeugnis kam und die Zensuren unseres fernsehsüchtigen Sohnes in drei Hauptfächern besser geworden waren. Da wir eigentlich das Gegenteil erwartet hatten, wurden wir nachdenklich.

Als wir die Television noch nicht im Hause hatten, mußte ich unseren Sohn oft mahnen: »Nun mach doch voran, du wirst ja überhaupt nicht fertig mit deinen Hausaufgaben.« Ich sah deutlich, daß er bummelte, weil er so lustlos arbeitete. Ich versuchte, ihm durch kleine Tricks zu helfen. »Hier hast du 'nen Apfel, den ißt du nach den Matheaufgaben«, sagte ich, »und hier, das Tellerchen mit Gebäck, das nimmst du dir, wenn du mit Latein fertig bist.« Aber der Erfolg war nur mäßig.
Seitdem der Fernseher im Wohnraum stand, arbeitete unser Sohn rasch und konzentriert. Er hatte ja nun ein Ziel: möglichst schnell ins Wohnzimmer zum Fernsehapparat zu kommen.
Er sah alles, was es gab, Krimis, politische Diskussionen, Tiefseeforschung, Reklame.

Ein neues Kommunikationsmittel. Und die Wirkung war verblüffend. Mein Sohn ging jetzt viel mehr aus sich heraus. Es fehlte ihm nicht mehr an Gesprächsstoff mit seinen Schulfreunden und mit anderen Leuten. Alle hatten ja dasselbe gesehen und sprachen darüber. Eine Zeitlang war Sport Thema Nummer eins, aber dabei blieb es nicht, es kamen andere Themen dazu: Politik, soziale Probleme und die Art, wie man sie darstellt. Diese mit dem Fernsehen aufgewachsenen Kinder unterscheiden sich auf eine oft frappierende Weise von den Kindern und Jugendlichen früherer Zeiten. Einen wesentlichen Teil ihrer Bildung und Information beziehen sie aus Radio und Fernsehen, Büchern und Zeitschriften. Dabei hat sich ihr Wortschatz bedeutend erweitert. Sie können mitreden, weil sie erfahren, was im öffentlichen Leben vorgeht.
Sie können aber auch bereits selbständig mit den Medien umgehen. Während sie sich in der Schule oft noch mit antiquierten Aufsatzthemen abquälen, die ihnen nichts mehr sagen, hantieren sie – neben der Schule – mit Foto- und Filmapparaten, mit Tonbandgeräten und Plattenspielern. Selbsttätig stellen sie Programme zusammen und erwerben sich dabei Spezialkenntnisse auf diesen Gebieten, von denen die Erwachsenen meist noch keine Ahnung haben. Dabei üben sie sich nicht nur in der Aufnahme, sondern auch in der Weitergabe von Informationen, die uns die Massenmedien in Ton, Bild und Wort so reichlich liefern.

Was man beim Umgang mit den Medien lernt. Unser jüngster Sohn, der in der »schönen neuen Welt« von Radio, Fernsehen, Zeitschriften und Versandhauskatalogen aufgewachsen ist, erwarb sich schon früh und ganz selbständig eine kritische Einstellung zu diesen Medien. Nicht, daß er sie abgelehnt hätte, im Gegenteil, er hörte zum Beispiel mit Begeisterung Radio. Eines Abends, er war etwa neun Jahre alt, rief er uns aufgeregt in sein Zimmer. Wir sahen ihn im Bett sitzen, sein Transistorgerät auf dem Bauch. Er hörte ein Bachkonzert und sagte ganz außer sich: »Nun hört euch das an, da kriegt man ja so 'ne richtige saubere gute Laune, das ist ja wie Weihnachten und Geburtstag und alles zusammen. So wie die singen, so müßte man leben!«

Aber der Umgang mit den modernen Medien hatte ihn auch hellhörig gemacht, er glaubte nicht alles, was er da sah und hörte. Schon einige Monate bevor er zur Schule kam, las ihm sein älterer Bruder aus der Zeitung vor, daß die Kinder seines Alters in der Schule angemeldet werden müßten. Er schaute daraufhin seinen Bruder kritisch an: »Stimmt das auch? Schau noch mal nach, vielleicht ist das nur Reklame.«

Reklame, kritisch betrachtet. Der Werbung begegnete er mit großer Skepsis. Als ich ihn einmal zum Einkaufen schickte und ihm auftrug: »Bring mir ein Paket von dem Waschpulver X«, da brachte er nicht das von mir genannte, sondern eine andere Marke mit der Begründung: »Das Waschpulver X mußt du nicht kaufen, die geben soviel an, die schreiben auf ihren Plakaten, ihr Waschpulver wäre so unheimlich gut, das sagt man doch nicht.«

Ein beliebtes Bilderbuch war für ihn der Versandhauskatalog. Während er darin blätterte, musterte er die Gesichter der Damen und Herren, die darin als Kleiderständer fungierten, und sagte: »Bei denen gibt's keine Omas und Opas. Hier«, er zeigte auf eine Frau von etwa vierzig Jahren, »das sind bei denen die alten Leute. Ältere haben se nich. Die wollen nich wissen, daß se auch mal alt werden.«

Während wir die Reklameseiten in den Zeitschriften meist unbeachtet ließen, schaute er sie aufmerksam an. »Diesen Wagen kaufen wir uns nie«, sagte er beim Betrachten einer aufwendigen, ganzseitigen Reklame, »die wollen ja nur, daß die Leute neidisch werden.« Er zeigte auf ein Fahrzeug, unter dem zu lesen war: »Wenn Sie diesen Wagen vor der Tür stehen haben, sagen Ihre Nachbarn: ›Muß der Mann Geld haben, daß er sich so einen großen Wagen leisten kann.‹«

Die Medien Wort, Bild, Ton erweitern unseren Gesichtskreis. Die Flut von Bildern, die uns tagtäglich umgibt, stumpft uns einerseits ab. Wir lernen, vieles zu übersehen. Gleichzeitig üben sich aber schon die Kinder in einer differenzierteren Art zu sehen. Sie wissen zu unterscheiden, was gleichgültig, was wichtig ist, sie erkennen wirksame und unwirksame Bilder und Texte.

Beim Blättern in einer Zeitschrift fiel meinem Sohn ein Holzschnitt aus der Zeit des Expressionismus auf. Er betrachtete lange das zerfurchte und ausdrucksstarke Gesicht und sagte: »Das gefällt mir, ich hab so gern die Gesichter, denen man ansieht, daß se denken.«
Zeitschriften und Bücher, Radio und Fernsehen nennt man heute mit Recht Kommunikationsmittel. Sie bilden Brücken zu anderen Menschen. Unsere Kinder wissen heute nicht nur, was in ihrer Nähe, in ihrer Stadt passiert, sie sehen, wie man in nahen und in fernsten Ländern lebt.
Dabei entsteht ein ganz neues Verhältnis zum Mitmenschen in anderen Ländern. Er rückt näher. Er wird einbezogen in unser Tun und Denken. Wir lernen, gemeinsam mit unseren Kindern, daß wir aufeinander angewiesen sind.

Der Fremde wird zum Bekannten

Die Angst vor dem Unbekannten. »Nun gib doch der Tante die Hand«, ermuntert die Mutter ihren zweijährigen Sohn. Aber der Junge will nicht. Er versteckt die Hand auf dem Rücken und dreht den Kopf zur Seite. Er »fremdelt«, sagt man dazu. Viele Kinder dieses Alters wollen nichts von Leuten wissen, die sie nicht kennen.
In diesem Zustand befinden sich nicht nur kleine Kinder. Auch Völker, die noch wenig Berührung mit anderen Völkern gehabt haben, begegnen dem Fremden mit großem Mißtrauen, mit Angst und Aggression.
In der Sprache vieler Völker bedeutet das Wort »wir« zugleich »gut«, und für »schlecht« und »fremd« benutzt man ebenfalls dasselbe Wort.
Im alten Griechenland waren die Barbaren die Fremden, die die griechische Sprache nicht verstanden. Gleichzeitig nannte und nennt man bis heute rohe und grausame Menschen Barbaren. Auch in unserem christlichen Abendland hatte man dem Fremden gegenüber jahrhundertelang ein ähnliches Verhältnis.

Der Fremde wird zum Scheusal erklärt. Im Jahre 1786 erschien ein wissenschaftliches Werk, ein »Grundriß der Geschichte der Menschheit«; darin wurden die Menschen kurzerhand in zwei Klassen eingeteilt, in die weiße Rasse, die man als »die schöne« bezeichnete, und in »die häßliche«, das waren alle anderen.
Daß sich diese Diskriminierung aller nichtweißen Rassen so lange behaupten konnte, hatte handfeste finanzielle Gründe. Indem man die Farbigen zu einer niederen Menschenart degradierte, konnte man sie ungehindert von humanitären Skrupeln wirtschaftlich ausbeuten. Wo diese Rassendiskriminierung heute noch existiert, versucht sie sich hinter fadenscheinigen Vorwänden zu kaschieren.
Diese Überheblichkeit der »schönen Weißen« genießt heute aber keinen guten Ruf mehr. Seit über hundert Jahren ändert sich die Einstellung zum Fremden. Die anfängliche Furcht oder gar Abscheu vor den Angehörigen eines fremden, unbekannten Volkes wich zunächst einer gewissen Neugier.

Der Fremde wird interessant. Die Völkerkundler, die auszogen, das Leben der fremden Völker zu studieren, berichteten erstaunliche Dinge. Sie beobachteten bei diesen sogenannten Wilden friedlichere

und freiheitlichere Formen des Zusammenlebens, als man sie bis dahin in Europa kannte.
Sitten und Gebräuche fremder Länder übten ihren Reiz aus, und so wurde aus dem einst so furchterregenden »bösen« Fremden ein zwar immer noch exotischer, aber doch interessanter Mensch, nach dem man sich neugierig umdreht.
Mehr und mehr erkennt man heute in der Verschiedenartigkeit der Völker einen Reichtum. Die Vorurteile weichen der Erkenntnis, daß wir einiges voneinander lernen können.

Die Sprache als Barriere. Ein Haupthindernis, das die Verständigung zwischen den Völkern erschwert, ist die Sprache. Die Sprache kann man lernen. Aber wer bestimmt, ob man eine Sprache lernen darf? Lange Zeit war das Sprachenlernen Vorrecht einer privilegierten Klasse. Ja, diese bevorzugte Klasse benützte die Sprache sogar, um sich bewußt über diejenigen, die nur ihre Muttersprache kannten, zu erheben und sie zu beherrschen.
Im Mittelalter war die Sprache der Kirche und die Sprache der Gelehrten das Latein, das die Laien nicht verstanden. Später benützten die »gehobenen« Schichten das Französisch, um sich von den »niederen« zu distanzieren, zu entfremden. In einem Anstandsbuch des 18. Jahrhunderts lese ich: »Es sollen die jungen Cavallier allzeit fremde Sprachen miteinander reden, damit sie es üben, und sonderlich, wann sie etwas geheims reden wollen, damit es die Diener und Mägd nicht verstehen können.«
Das zwanzigste Jahrhundert hat die Welt verändert. Der technische Fortschritt, vereint mit einem neuerwachten sozialen Gewissen und unterstützt durch die modernen Nachrichtenmittel, hat die Menschen einander nähergebracht.
Man lernt heute in der Schule Fremdsprachen, nicht um sich zu distanzieren, sondern um sich in der Welt mit jedermann verständigen zu können.

Die Vorurteile werden abgebaut. Bereits in den zwanziger Jahren nach dem Ersten Weltkrieg wurde eine Organisation gegründet, die sich für einen Schüleraustausch zwischen Ländern verschiedener Sprache einsetzte. Selbst zwischen Ländern wie Frankreich und Deutschland herrschten damals noch viele Vorurteile. Man sprach dem anderen alle Tugenden ab, die man selbst zu besitzen vorgab.
Ich habe meine Großmutter nie davon überzeugen können, daß ich die Französinnen als ungemein häusliche und fleißige Frauen erlebte, mit nimmermüden Händen, die jede Pause noch mit einem

Strickzeug ausfüllten. Vergebliche Mühe – meine Großmutter wußte es besser. Alle Französinnen waren für sie Schlampen, faul, auf Männerfang aus, nach aufdringlichem Parfüm stinkend.

Beim Schüleraustausch lernt man sich kennen. Solche Vorurteile kann man nur überwinden, wenn man die anderen Länder kennenlernt. Die Schüler, die damals schon Gelegenheit hatten, durch einen Austausch französische oder englische Familien kennenzulernen, bekamen ein anderes Bild von diesen Ländern.

Durch solche Bekanntschaften und Freundschaften mit Ausländern wuchs eine Generation heran, die die Scheuklappen ihrer Vorfahren ablegte. Man besuchte sich gegenseitig, man erkannte überrascht, wieviel Gemeinsames man besaß, aber man sah auch, daß vieles anders war als zu Hause.

Reisen und Wandern in fremde Länder. In den zwanziger Jahren zogen Jugendgruppen aus allen Ländern aus, um andere Länder kennenzulernen. In den Jugendherbergen trafen sich Polen und Franzosen, Engländer, Deutsche, Tschechen, Skandinavier ... Sie sangen sich gegenseitig die Lieder ihrer Heimat vor und lernten die Lieder der anderen Länder. Sie schlossen Freundschaften, Briefe und Besuche wurden ausgetauscht.

Diese Jugendlichen, die in vielen Ländern Freundschaften angeknüpft hatten, erlebten den Rassenwahn der Hitlerdiktatur als eine schwere Enttäuschung, als Rückfall in einen Barbarismus, den sie überwunden glaubten.

Nach dem Hitlerkrieg begann wieder ein Schüleraustausch, auf viel breiterer Basis als zuvor. Deutsche Kinder besuchten für ein Jahr die Schule in Amerika, sie lernten amerikanische Familien, den amerikanischen Alltag kennen und schlossen Freundschaften; und englische und französische Schüler kamen nach Deutschland.

Inzwischen kommt schon die erste Generation dieser Austauschschüler mit ihren jungen Familien hinüber und herüber. Auf Campingplätzen begegnen sich Familien aus aller Welt.

Camping mit Kindern aus aller Welt. Auf einem Campingplatz in Bukarest gingen unsere Kinder auf Entdeckungsreise. Wenn sie nach dem Abendessen über den Platz liefen, sahen sie Familien aus allen europäischen Ländern, aus den USA und dem Orient. Eines Abends brachten sie zwei Jungen mit, sie gehörten zu der einzigen deutschen Familie, die auf diesem internationalen Platz Camping machte.

Kurz darauf kam auch die Mutter der Jungen und setzte sich zu uns.

Sie erzählte von den vielen Reisen, die sie schon gemacht hatten, nach Jugoslawien, nach Bulgarien, Ungarn und Rumänien. Überall trafen sie – wie sie sagte – freundliche, aufgeschlossene Menschen. »Für mich wird ein Land erst interessant, wenn ich auch die Menschen kennenlerne«, sagte sie. »Damit ich sie kennenlerne, spreche ich sie einfach an. Ich frage nach dem Weg, nach der Uhrzeit, nach einer Sehenswürdigkeit, ein Grund zum Fragen findet sich immer. Damit beginnt dann das Gespräch. Die Leute erzählen uns dann, wie sie leben, was sie bewegt, was sie interessiert und was sie von uns wissen möchten. In Budapest lernten wir eine Lehrerfamilie mit zwei Kindern kennen, so alt wie unsere beiden, die werden uns im nächsten Jahr besuchen.«
Während sie spricht, taucht auch ihr Mann auf, und sie sagt lachend und ungeniert: »Mein Mann wollte anfangs nichts von diesen ganzen Ostblockstaaten wissen. Er war früher ein Nazi und hatte alle möglichen Vorurteile gegen diese Balkanvölker. Aber jetzt, nachdem wir sie kennen, hat er seine Meinung geändert.«

Was einer nicht kennt, ist schlecht. Während wir uns über die Besonderheiten und die sympathischen Züge der einzelnen Länder unterhalten, lobt sie die Gastfreundschaft der Jugoslawen, sie bewundert den Fleiß der Bulgaren, die Folklore der Rumänen – nur von den Tschechen will sie nichts wissen: »Die sind irgendwie falsch, schmutzig, unangenehm.« Dabei stellt sich heraus, daß sie die Tschechoslowakei noch nicht kennt. Wir raten ihnen: »Fahren Sie doch auch mal in die Tschechoslowakei, danach werden Sie Ihr Urteil vermutlich revidieren. Wir haben auch in diesem Land sympathische Menschen kennengelernt.«

Zeitgeschichte aus erster Hand. Anfang der sechziger Jahre reisten wir mit unseren Kindern in die Bretagne. Dort sah man in den Städten an der Küste noch viele Trümmer, die an den Krieg erinnerten. Unsere Kinder waren damals noch klein, sie standen dabei, wenn wir mit den Leuten ins Gespräch kamen. Eine über achtzig Jahre alte Frau erzählte: »Im Ersten Weltkrieg sind meine Brüder gefallen, und im Zweiten habe ich meinen Sohn verloren. Ich hatte einen deutschen Soldaten in meinem Haus, während des letzten Krieges, so alt wie mein Sohn. Ich mochte ihn gern und hab ihn betreut wie meinen Sohn. Ich hasse die Deutschen nicht. Bei euch gibt es gute und böse Menschen, genau wie bei uns. Ich hasse nur die Menschen, die die Kriege anzetteln.« – »Was hat sie gesagt?« fragten die Kinder, wir mußten es ihnen übersetzen, und sie wollten wissen, wie es

zu diesen schrecklichen Kriegen gekommen sei. Wir sprachen oft darüber, immer wieder gab es Anlässe dazu.
Zehn Jahre später machten sich die Kinder selbständig. Sie reisten mit Freunden nach Prag und machten dort neue Bekanntschaften. Sie diskutierten nächtelang mit den tschechischen Freunden über deren Probleme. Und sie lernten die Licht- und Schattenseiten der Systeme in Ost und West kennen.

Vor 100 Jahren liebte man nur das eigene Vaterland. Die Schüler der siebziger Jahre des vorigen Jahrhunderts lebten noch in einer engen Welt. Sie kannten nur ein maßgeschneidertes Vaterland, das »glühend« geliebt werden wollte, umgeben von Feinden, die ebenso hitzig gehaßt werden sollten.
Wir wissen heute, daß Vaterlandsliebe blind macht. Darum fördern wir den Wunsch unserer Kinder, sich über die Grenzen hinweg in anderen Ländern umzusehen. Immer bringen sie von dort neue Erkenntnisse mit, sie erleben Dinge, die ihren Gesichtskreis erweitern. Und auch durch die Freunde, die Ausländer, die uns besuchen, erfahren wir vieles, was wir vorher nicht wußten.

Tugenden, die uns fremd sind. Seit einigen Jahren besuchen uns jedes Jahr junge Amerikaner, Schüler und Studenten, Freunde unserer Kinder. Beim ersten sagten wir uns: »Da haben wir aber Glück gehabt, das ist ein besonders angenehmer Gast.« Beim nächsten, beim vierten und fünften ging es uns aber nicht anders. Jedesmal überraschten uns die »guten Manieren« dieser Jungen und Mädchen. Sie benahmen sich so rücksichtsvoll, sie waren so aufmerksam und hilfsbereit, daß wir nicht mehr an den Zufall glauben konnten.
Nachdem unsere eigenen Kinder von den Gegenbesuchen in die USA zurückkamen, sprachen wir oft darüber, warum diese jungen Amerikaner so »wohlerzogen« seien. »Vielleicht ist es die Freiheit, die Freundlichkeit, mit der man dort den kleinen Kindern begegnet«, sagte einer unserer Heimkehrer aus den USA. »Schon auf den Straßen fiel mir auf, daß innerhalb des Stadtgebietes überall Schilder stehen, die den Autofahrer mahnen, nur fünfzehn Meilen zu fahren, wenn Kinder in der Nähe sind. Jeder Amerikaner tritt automatisch auf die Bremse, wenn er Kinder sieht. Kinder werden eigentlich nie angeschrien, sondern freundlich ermahnt oder mit einem humorvollen Unterton zurechtgewiesen. Mit diesem allgemeinen Wohlwollen, das ihnen die Erwachsenen entgegenbringen, wachsen die Kinder auf. Und wenn sie dann zu Halberwachsenen werden, übernehmen sie diesen freundlichen Ton, dieses rücksichtsvolle Benehmen, wie sie es von den Erwachsenen gewöhnt sind.«

Der Fremde wird zum Angehörigen der Familie Mensch. Nach jeder Reise ins Ausland werden wir um einige Erfahrungen reicher. Wir spüren an uns selbst und an den Menschen, die wir kennenlernten, daß der Nationalismus mehr und mehr die drohende Gebärde verliert. Da sich die Menschen verschiedener Nationen anfreundeten, tritt diese Vaterlandsliebe, die blind macht, zurück und macht einem Zusammengehörigkeitsgefühl Platz, bei dem die ganze Menschheit sich als eine Familie versteht.

Natürlich gibt's da – wie in jeder großen Familie – sympathische und weniger sympathische Leute, und auch einzelne unausstehliche. Dennoch gehören sie alle dazu.

Das Reizvolle an dieser großen Familie ist, daß sie alle so verschieden sind. Diese Verschiedenartigkeit, die Nationaleigentümlichkeit, hält noch viele Überraschungen für uns bereit. Jeder besitzt etwas, was der andere nicht hat. Um das zu entdecken, packen wir jedes Jahr von neuem unsere Koffer und gehen auf die Reise.

Die sprachlosen Nachbarn

Interesse am Mitmenschen. Mein fünfjähriger Sohn und ich saßen in einem Schnellzug. Für ihn war es das erste Mal, daß er mit der Eisenbahn eine weite Strecke fuhr.
Obwohl er einen Fensterplatz hatte, interessierte ihn die Landschaft, an der wir vorbeisausten, überhaupt nicht. Seine Neugier richtete sich auf die vier Personen, die mit uns im Abteil saßen. Er musterte sie aufmerksam. Einer der Herren muß das wohl gemerkt haben, er nickte ihm freundlich zu.
Nach einiger Zeit flüsterte mir mein Sohn zu: »Fang doch bitte mit dem Herrn, der da in der Ecke sitzt, mal ein Gespräch an. Ich glaube, wenn wir den ansprechen, redet er mit uns.«
Heute frage ich mich, warum ich den Herrn nicht angesprochen habe, sondern nur versuchte, meinen Sohn abzulenken. Als ich so alt war wie mein Sohn, muß ich auch sehr zutraulich gewesen sein. Ich interessierte mich genau wie mein Sohn für Menschen. Aber dann sah ich immer die verblüfften Augen der Erwachsenen, das mißbilligende Kopfschütteln meiner Eltern. So gewöhnte ich es mir schließlich ab, fremde Menschen anzusprechen.

Schweigen macht einsam. Meinem Sohn war die schweigsame Gesellschaft in dem Eisenbahnabteil vermutlich unheimlich geworden. Er wollte die Stille durchbrechen. In anderen Ländern, zum Beispiel in den USA, ist es selbstverständlich, daß die Reisenden auf einer längeren Bahnfahrt ein Gespräch anknüpfen. Auf die Deutschen wirkt die Stille anscheinend nicht bedrückend, sie können einander sechs Stunden lang von Köln bis Basel gegenübersitzen, stumm wie die Fische. Unseren Kindern kommt dieses lange Schweigen unnatürlich vor. Aber irgendwann lernen sie es auch, wenn wir es ihnen lange genug vorgemacht haben. Sie verlieren damit die Fähigkeit, ein zwangloses Gespräch zu beginnen und auch wieder zu beenden. Wenn diese Schweiger nämlich endlich einen Anlauf nehmen, über ihren Schatten springen und zu reden anfangen, dann hören sie nicht wieder auf, weil sie kein Ende finden können.

Wenn der Kontakt verlorengeht. Aus diesen kontaktschwachen Menschen werden dann später die »einsamen alten Leute«. Wir bedauern sie, aber helfen können wir ihnen häufig nicht mehr, weil die Wurzeln zu dieser Einsamkeit bis in die Kindheit reichen, in der

man ihnen beigebracht hat, daß man sich »für sich hält«, und so ist ihre Kontaktfähigkeit langsam verkümmert.
»Das tut man nicht«, ließ man sie wissen, wenn die Kinder vertrauensvoll und neugierig auf jemanden zugingen. »Keine Antwort geben, weglaufen, wenn dich jemand anspricht!« so warnt man sie.
Die Wahrscheinlichkeit, daß unsere Kinder einem Kidnapper begegnen, ist extrem gering. Um dieses Zufalls willen aber machen wir unsere Kinder mißtrauisch und verschlossen.

Man bleibt für sich. Auch im Verhältnis zu unseren Nachbarn geben wir ihnen ein schlechtes Beispiel. Wir schließen uns gegeneinander ab. Wir sagen von uns sogar mit einem gewissen Stolz: »Also, meine Nachbarn, die kenne ich überhaupt nicht, obwohl ich hier schon 15 Jahre wohne, ich weiß nicht, wie sie heißen und wie sie aussehen.«
Und dann sprechen wir von diesen anonymen Wohnblocks in unseren Vorstädten, wo die Menschen Neurosen bekommen, weil sie so einsam sind. Wieso sind sie eigentlich so einsam, wo doch neben ihnen, über ihnen und unter ihnen Menschen wohnen?
Weil man ihnen, schon als sie noch Kinder waren, eingeredet hat: Von den Nachbarn hält man sich am besten etwas zurück, sonst gibt es doch nur Streit. Wenn man aber den Nachbarn einmal nötig hat? – Besser man sorgt dafür, daß man niemanden nötig hat, besser man bleibt für sich, so heißt es. So lernten sie es von ihren Eltern, so gaben sie es ihren Kindern weiter.

Das Verhältnis zum Nachbarn. Irgendwann, vor 30 oder 50 Jahren, waren die Familien ihrer Eltern oder Großeltern vom Dorf in die Stadt gezogen. Auf dem Dorf kannte jeder jeden. Man sprach miteinander, wenn man jemandem begegnete. Man hatte gemeinsame Interessen und Spielregeln, die zwar manchmal als Fesseln empfunden wurden, die aber auch ein Gefühl der Zusammengehörigkeit erzeugten.
In der Stadt war man fremd. Da gab es ganz andere Spielregeln. Wenn man sie nicht kannte, stolperte man in Konflikte, darum hielt man sich lieber ängstlich zurück. Die Proletarier, die in den großen Städten wohnten, kannten sich, darum konnten sie sich solidarisieren. Sie hatten ja auch nichts zu verlieren.
Aber wer etwas mehr sein wollte, der sonderte sich ab. Die Kleinbürger bauten unsichtbare Burgen um ihren mageren Besitz. Jeder blieb für sich, mißtrauisch, einer gegen den anderen.

Und die Herrschenden sahen das gar nicht ungern, sie förderten diese Moral, dieses »sich nicht mit dem andern einlassen«. Wenn jeder sich vom anderen absonderte, konnte man diese »anonyme Masse« leichter beherrschen.

Die geselligen Amerikaner. Wir haben uns so daran gewöhnt, daß jeder für sich lebt, wir können uns etwas anderes kaum noch vorstellen. Als in den fünfziger Jahren die ersten Journalisten aus der Bundesrepublik nach Amerika reisten, da bemerkten sie rasch, daß die Amerikaner nicht so isoliert leben, wie wir es gewöhnt sind, daß sie sich den Nachbarn gegenüber viel offener verhalten. Und wir bekamen ironisch gefärbte Berichte über diese »geselligen« Amerikaner. Man sah sie in Scharen zu jeder Tages- und Nachtzeit ins nachbarliche Haus eindringen, Jubel, Trubel, Heiterkeit verbreitend.
Wer Amerika etwas länger und objektiver betrachtet, der erlebt, daß in diesem Land »neigborhood« und »togetherness« Qualitätsbegriffe sind, die uns fehlen. Jedes Kind weiß dort, daß der Mensch den Mitmenschen nötig hat, darum möchte niemand ein »aloner« sein.

Wer Kontakte pflegt, weiß, wie man Konflikte vermeidet. Die amerikanische Familie ist eine offene Familie. Man läßt den Kontakt zu Verwandten, Freunden und Bekannten nicht abreißen, weil man seinen Wert kennt. Daß man die Nachbarn kennt und von Zeit zu Zeit mit ihnen spricht, gehört zum guten Ton. Man besucht die Nachbarn auch gelegentlich, aber jedermann weiß, daß diese Besuche 10 bis 15 Minuten nicht überschreiten dürfen. Man pflegt diese Kontakte, ohne dabei dem anderen zur Last zu fallen.
Man macht auch häufig und unangemeldet bei Freunden und Verwandten Besuche. Man schaut mal eben herein: »Wie geht's?« – »Seid ihr noch alle gesund?« – »Ist etwas Besonderes?« Aber auch bei diesen Besuchen hält man sich an die ungeschriebene Spielregel: 10 Minuten und nicht länger.
In diese zwanglose Ordnung wachsen die Kinder hinein. Auf unbefangene Weise knüpfen sie Gespräche, Freundschaften an, aber sie lernen auch schon – die Eltern machen es ihnen ja vor –, wie man aufeinander Rücksicht nimmt, wie man Konflikte vermeidet oder überwindet.
In den USA, so könnte man hier einwenden, ist das »Kontakten« leichter, die meisten Menschen wohnen in einem Einfamilienhaus, wo das Gespräch über den Gartenzaun einfacher ist. Außerdem hat jedermann ein Auto, und man kann sich mal kurz besuchen kommen.

Die Wohnblocks am Stadtrand. Daß man auch in einem mehrstöckigen Wohnblock nachbarliche Beziehungen pflegen kann, das lernte ich in Jugoslawien. Meine Freundin ist Witwe und hat ein Kind. Sie arbeitet beim Fernsehen und wohnt in einem dieser »anonymen« Wohnblocks, wie wir sie nennen, am Rand einer Millionenstadt. Den Hauseingang benutzen gemeinsam mit meiner Freundin 12 Familien. Sie kennen sich alle, und drei oder vier Familien kennen sich sogar sehr gut. Manchmal, wenn meine Freundin mit ihrer Tochter Jasenka morgens beim Frühstückstisch sitzt, klopft es an die Tür: »Darf ich hereinkommen?« Es ist die Nachbarin, sie fragt: »Ich bin heute morgen allein, kann ich bei euch frühstücken?« Dann holt sie ihren Frühstückskorb und setzt sich eine Viertelstunde zu Kata und Jasenka an den Tisch.
Als ich mit Kata und Jasenka einen ganztägigen Ausflug unternehmen wollte, merkte ich, daß sie vergessen hatte, ihre Etagentür abzuschließen. »Nein«, sagte Kata, »das hab ich nicht vergessen, wir schließen nie ab.«
Abends kamen wir müde nach Hause. Ich wunderte mich, wir hatten doch morgens das schmutzige Geschirr stehenlassen, nun war alles verschwunden und die Küche aufgeräumt. Kata wunderte sich nicht: »Das war sicher eine von meinen Nachbarinnen. Sie wissen ja, daß ich Besuch habe, dann schauen sie mal bei mir herein, räumen auf, spülen, damit ich mich ungestört dem Besuch widmen kann. Ich mache das genauso bei den anderen. Wir reden gar nicht mehr darüber, das hat sich im Laufe der Zeit so eingespielt.«

Meinungsverschiedenheiten sind etwas Natürliches. Natürlich gibt es gelegentlich Konflikte, erzählte Kata mir. Da die Familien zufällig zusammengewürfelt sind, gibt es mehr oder weniger große familiäre und berufliche Unterschiede. Meine Freundin kommt aus einer muselmanischen Adelsfamilie, ihr Nachbar zur linken ist Dreher, hinter der rechten Wohnungstür lebt die Familie eines Theaterschreiners. Über ihr wohnt ein Textilvertreter, unter ihr ein Musikprofessor, links neben ihm wohnt ein Diplomingenieur, rechts ein Polizeibeamter, er kommt mit seiner Familie vom Land, und seine Frau glaubt noch an Hexen. Sie hat uns erzählt, daß die Frau im Parterre eine Hexe ist, aber »das macht nichts«, sagte sie, »ich weiß ein Mittel, das gegen Hexen schützt«. Wenn eine so kunterbunte Gesellschaft in einem großen Mietshaus zusammenwohnt, hinter Türen, die nicht verschlossen sind, dann gibt es natürlich hin und wieder Meinungsverschiedenheiten. Das bleibt dann auch den Kindern nicht verborgen. Sie erleben, wie Konflikte entstehen und ausgetragen werden. Die Erwachsenen sprechen dann manchmal einige Tage oder Wochen nicht miteinander. Bis alle Beteiligten einsehen, wie unsinnig und nachteilig es ist, miteinander zu streiten. Und oft sind es die Kinder, die in ihrer Unbefangenheit die Beziehungen wieder anknüpfen.

»Bei den älteren Leuten gibt es übrigens öfter Streit als bei den jüngeren«, berichtet meine Freundin. »Wir Jüngeren haben uns an die Verschiedenartigkeit der Menschen gewöhnt, wir sind toleranter. Wir wissen auch genau, daß wir einander brauchen. Die meisten Frauen sind, wenn nicht den ganzen Tag, so doch halbtags berufstätig, da hilft man sich gegenseitig, wo es nötig ist.«

Wie man das Reden lernt oder verlernt. Nötig erscheint es diesen Menschen auch, daß man miteinander spricht, daß man etwas voneinander weiß. Meine jugoslawischen Freunde und meine amerikanischen Verwandten können nicht verstehen, daß man bei uns in einem Mietshaus oder in einer Straße leben kann, wenn man die Menschen, die um einen herum wohnen, nicht kennt und nicht mit ihnen redet.

In diese guten nachbarlichen Beziehungen wachsen die Kinder hinein. Hier reden die Kinder mit den erwachsenen Nachbarn ebenso unbefangen wie mit den Kindern. In Deutschland betrachtet man es als ein bekanntes und darum natürliches Phänomen, daß unsere Jugendlichen in Gegenwart von fremden Erwachsenen auf einmal nicht mehr so frei und ungehemmt sprechen können, wie sie es mit ihren Freunden tun. Wenn die Erwachsenen reden, sitzen sie meist schweigend dabei, sie wissen nicht, was sie mit ihnen sprechen sollen.

Als Kinder untereinander reden alle munter drauflos. Wenn sie aber in die Schule kommen, wo vorwiegend der Lehrer redet, lernen sie, wie man viele Stunden am Tage still sein muß. Sprechen können sie während der Schulzeit nur in den Pausen und nur mit ihren Altersgenossen. Nachmittags werden Hausaufgaben gemacht, stumm sitzen sie am Tisch und schreiben.

Vielleicht haben die Eltern am Abend hin und wieder Besuch, aber dann schlafen die Kinder. Mit den Nachbarn spricht man kaum, so verlernen die Kinder das freie Sprechen mit Erwachsenen. Wenn sie älter werden, müssen sie es erst mühsam wiedererlernen.

Die Kinder sind immer dabei. In Ländern, in denen Kommunikation mit den Nachbarn noch gepflegt wird, ist dieses Phänomen, daß die Jugendlichen im Gespräch mit Erwachsenen gehemmt sind, un-

bekannt. Wenn Nachbarn und Freunde »auf einen Sprung« hereinschauen, dann sind die Kinder in das Gespräch einbezogen. Man möchte ja nur wissen, wie es dem anderen geht. Man erkundigt sich auch bei den Kindern, was sie tun und treiben, und die Kinder berichten darüber. Wenn etwas Besonderes passiert ist, laufen sie zum Nachbarn und informieren ihn.
Sie wissen ja auch, wofür sich der Nachbar interessiert. Der eine sammelt Briefmarken, der andere interessiert sich für Sport, jener für Autos. Außerdem braucht man sich ja gegenseitig. Hier wird eine Mutter krank, da muß man für die Kinder sorgen, dort ist eine Familie verreist, da nimmt man die Post und die Pakete entgegen. So findet zwischen den Nachbarn eine ständige Kommunikation statt.

Kontaktpflege als Schulfach. In den Vereinigten Staaten hat dieses gutnachbarliche Verhältnis eine lange Tradition. Die Einwanderer waren alle in der gleichen Situation. Sie kamen als Fremde in ein neues, unbekanntes Land. Und nachdem sich die amerikanische Demokratie stabilisiert hatte, begann ein bewußter demokratischer Erziehungsprozeß. Man pflegte den Gemeinsinn und die Gegenseitigkeit. Schon in der Schule lernen die Kinder die Spielregeln demokratischen Zusammenlebens. Man übt sich im Diskutieren, damit jeder sich eine Meinung bilden kann.
In der Familie und in der Nachbarschaft werden Kinder als gleichberechtigte Partner respektiert. Die Kinder sind immer dabei. Selbst dort, wo wir Kinder als störend empfinden würden, wie in der Kirche, bringt man sogar Babys mit. Daß kleine Kinder nicht so lange ruhig sein können, versteht sich von selbst. Während der Predigt fängt dann auch ein Baby zu schreien an, manchmal mehrere gleichzeitig, aber daran nimmt niemand Anstoß.

Die Erwachsenen respektieren den Freiheitsraum der Kinder. »Die Kinder«, sagte mir eine Deutsche, die in den USA lebt, »sind in Amerika heilige Kühe. Sie werden nicht überall weggeschickt, sondern von allen Erwachsenen mit so viel Nachsicht und Freundlichkeit behandelt, wie wir das in Deutschland nicht gewöhnt sind. Aber sie danken es den Erwachsenen auch. Wenn sie klein sind, dürfen sie sich austoben. Laßt sie doch, sagen die Erwachsenen, es sind doch Kinder! Irgendwann, wenn sie aus dem unruhigen Alter heraus sind, verwandelt sich jeder kleine amerikanische Wildfang in einen freundlichen, rücksichtsvollen Menschen, höflich, hilfsbereit – sie benehmen sich dann genauso rücksichtsvoll, wie sie selbst als Kinder behandelt wurden.«

Auch in Jugoslawien fällt einem auf, mit wieviel Nachsicht und Geduld die lebhaften Kleinen von den Erwachsenen behandelt werden und wie gutartig und freundlich die heranwachsenden Kinder sich den Erwachsenen gegenüber benehmen.

Wenn die Mauern der Standesunterschiede abgebaut werden. In Jugoslawien sind viele Stadtbewohner aus der bäuerlichen Großfamilie, die auf Gemeinsinn aufgebaut war, direkt in die – kommunistische – Großstadt übergesiedelt. Hier ist man bemüht, Standesunterschiede zu beseitigen. Auch zwischen Kindern und Erwachsenen gibt es keine »Standesunterschiede«. Sie werden respektiert als Menschen, die, weil sie noch klein sind, nicht immer ganz genau wissen, was sie tun. Man macht es ihnen vor, freundlich, geduldig, ohne sie zu verletzen.

Das Verhältnis zwischen Kindern und Erwachsenen, aber auch das Verhältnis von Erwachsenen untereinander hat historische Wurzeln. Als in Deutschland die Umsiedlung vom Dorf in die Stadt begann, war die Demokratie noch fern. Der damalige Obrigkeitsstaat regelte die Formen des Zusammenlebens von oben nach unten durch Befehle und Gehorsam. Jede Familie war ein Obrigkeitsstaat im kleinen. Als die vielen Familien in die Städte zogen, betrachtete man sich mit Mißtrauen, als wäre einer des anderen Feind. Dieses Mißtrauen, diese Fremdheit baut sich jetzt langsam ab. Aber immer noch gibt es viele Familien, die sich ängstlich absondern, die ganz für sich bleiben wollen.

In den Ferien taut man auf. Einmal im Jahr treten viele Familien aus ihrer Isolation heraus. Auf den zahlreichen Campingplätzen in ganz Europa trifft man sich. Hier entsteht eine neue, offene Form der Wohngemeinschaft. In der gelockerten Atmosphäre auf dem Campingplatz kommt man miteinander ins Gespräch. Man hilft sich gegenseitig mit Rat und Tat und sitzt des Abends noch zusammen und redet miteinander. Einige nehmen etwas von dieser Freiheit mit nach Hause, andere gönnen sich die offenen Türen nur im Urlaub. Sobald sie zu Hause sind, verschließen sie sich wieder gegen ihre Nachbarn.

Zu Hause kapselt man sich ab. Frau B. wohnte in einer westdeutschen Großstadt. In dem Vorort, in dem sie mit ihrem Mann lebte, gab es für sie zunächst keine Möglichkeit, ihren Beruf als Kindergärtnerin weiter auszuüben. Dann kam ihr die Idee, daß vielleicht einige Frauen wieder halbtags arbeiten möchten, und sie doch eine

Gruppe von Kindern, die noch nicht zur Schule gingen, jeden Morgen bei sich in der Wohnung betreuen könnte.
Also ging sie von einer Wohnungstür zur anderen, stellte sich vor, fragte, ob die Familie Kinder hätte, und trug ihr Angebot vor. Aber keine der Familien ging darauf ein. Das Angebot schien ihnen ungewöhnlich, sie waren gewöhnt, sich gegeneinander abzukapseln. »Danke, nein«, sagten sie, »wir möchten nicht.«
Inzwischen hatte Frau B. selbst zwei Töchter, die auch schon zur Schule gingen. Die Familie war umgezogen. Frau B. überlegte wieder, ob sie nicht ihren Beruf aufnehmen sollte. Da meldete sich – unbestellt – wiederum Nachwuchs an. Der Berufsplan mußte zurückgestellt werden.

Einer muß den Anfang wagen. Als der Junge zwei Jahre alt ist, denkt Frau B. noch einmal an ihr vergebliches Angebot, Kinder aus der Nachbarschaft zu betreuen. Im Untergeschoß ihres Hauses befindet sich ein großer Raum, den man entsprechend ausstatten und dazu benutzen könnte. Sie besucht wieder ihre Nachbarn und trägt ihnen ihre Absicht vor. Diesmal hat sie mehr Glück. Die Familien, die in ihrer Umgebung wohnen, sind ansprechbar und unterstützen ihren Plan.
Zwei Mütter, so stellt sich heraus, können nun eine Halbtagsbeschäftigung annehmen. Vier andere Frauen bieten sich an, ebenfalls die Kinder zu betreuen, so daß jede Frau an einem Tag in der Woche an die Reihe kommt.

Aus gemeinsamen Gesprächen entsteht eine gemeinsame Aktion. Die Familien treffen sich an einem Abend. Man schaut den Raum an. Ein Vater besorgt einen Teppichboden, Spielzeug und Beschäftigungsmaterial wird gemeinsam gekauft. Man rechnet die Unkosten zusammen und dividiert sie durch die Teilnehmer.
Inzwischen läuft der »Kinderladen«. Etwa 10 Kinder aus der Nachbarschaft kommen jeden Morgen in dem Raum zusammen. Ab und zu treffen sich auch die Eltern und tauschen pädagogische Erfahrungen aus.
Durch diese Aktion ist es Frau B. gelungen, das Eis zu brechen. Die Kinder in ihrer Nachbarschaft wachsen nicht isoliert auf. Sie kennen sich untereinander, sie kennen auch die Väter und die Mütter ihrer Spielgefährten, und sie reden mit ihnen genauso unbefangen wie mit ihren Altersgenossen.

Der Lehrer – Freund oder Gegner

Der Lehrer sitzt am längeren Hebel. Bei der Suche nach einem Lehrer, von dem man sagen könnte, er ist der Freund seiner Schüler, haben wir viele Gespräche geführt, viele Lehrer und Schüler befragt. Aber die Antwort war stets mehr oder weniger negativ.

»Versuchen Sie das mal mit einer Klasse von vierzig oder noch mehr Kindern«, sagte Herr G., »da erreicht man mit Freundschaft nichts, da muß man sich einfach durchsetzen. Manchmal mit nicht ganz feinen Mitteln. Schlagen darf man nicht, Strafarbeiten gibt's offiziell auch nicht mehr. Da nehme ich mir jede Stunde den einen oder anderen von denen vor, die mir irgendwelche Schwierigkeiten machen. Ich stelle ihm Fragen, und wenn er sie nicht beantworten kann, bekommt er eine schlechte Note angeschrieben. ›Sollen wir ihn noch weiter triezen, oder wollen wir ihn jetzt in Ruhe lassen und einen anderen vornehmen?‹ frage ich dann die Klasse. Wenn Sie wollen, entsteht dann so eine gewisse Kameradschaft, aber Freundschaft, nein.«

Andere äußerten sich nicht so unverblümt wie Herr G. Eine Lehrerin beteuerte mit leicht pathetischer Eindringlichkeit, daß sie ihren Schülerinnen wirklich freundschaftlich verbunden sei. Aber ihre Schülerinnen machten, als wir mit ihnen ins Gespräch kamen, ein sauersüßes Gesicht und sagten: »Die macht es so auf die sanfte Tour.« – »Ja, sicher, man kann sich bei ihr sogar beschweren, aber ändern tut sich nichts.« – »Der Lehrer sitzt eben doch immer am längeren Hebel.«

Obwohl die erdrückende Mehrheit der Antworten negativ war, bin ich nicht so pessimistisch. Ich glaube trotzdem, daß ein freundschaftliches Verhältnis zwischen Lehrern und Schülern möglich ist. Wenn ich das sage, denke ich an einen ganz bestimmten Lehrer, der mir ein ermutigendes Beispiel davon gegeben hat.

Wenn ein schlechter Schüler Lehrer wird. Dieser Lehrer, er heißt Ben und ist Amerikaner. Als ich ihn und seine Frau Bette in einer Stadt am Michigansee kennenlernte, unterhielten wir uns über seine und seiner Frau Ausbildung. Dabei erwähnte er nebenbei: »Bette ist ein Jahr jünger als ich, aber sie hat drei Jahre vor mir ihren High-School-Abschluß gemacht. Ich war ein schlechter Schüler, ein sehr schlechter.«

Vielleicht befähigt ihn gerade diese Tatsache dazu, daß er seinen

Schülern heute ein so guter Lehrer ist. Als ich zum erstenmal in seine Klasse kam, unterrichtete er die amerikanischen Kinder gerade in Deutsch.
Die Schüler hatten ihre fahrbaren Pulte zu einem Kreis zusammengerollt. In der Mitte saß ein Mädchen an einem Tisch, vor sich einen Teller und in den Händen ein überdimensional großes Eßbesteck aus Holz. Mit diesem Riesenbesteck versuchte sie – zum Gaudi der ganzen Klasse – ein zwerghaft kleines Würstchen zu essen.
Ben hatte sich vorgenommen, so erzählte er mir, den Kindern in dieser Stunde die deutschen Vokabeln nahezubringen, die zu dem Sammelbegriff Essen und Trinken gehören. »Man behält so etwas besser, wenn man sich dabei an irgendeine aus dem Rahmen fallende Sache erinnert«, sagte er, »als ich darüber nachdachte, fiel mir dieses große Besteck ein, das ich in meiner Schulzeit geschnitzt habe. Dazu kaufte ich dann eine Dose von diesen winzigen Partywürstchen. Ich glaube, das hat den Kindern Spaß gemacht, und so fällt es ihnen leichter, die Wörter zu behalten.«

Zwischen Lehrer und Schüler stehen die Zensuren. Über die Frage, inwieweit Lehrer und Schüler Freunde sein können, entspann sich mit Ben ein längeres Gespräch. »Das ist schwer«, sagte Ben, »ich bemühe mich sehr. Aber dann stehen zwischen uns doch immer diese ekelhaften Zensuren und Tests und Prüfungen. Die Lehrer, die die Zensuren verteidigen, behaupten zwar, durch die Zensuren würden die Kinder besser lernen. Aber das stimmt nicht; sie lernen nur unter dem Druck des Zwangs. Dabei entwickelt sich beim Schüler eine verhängnisvolle Eigenschaft: die Angst vor dem Fehler. Angst ist immer schlecht, sie erzeugt Mißtrauen, Unaufrichtigkeit, Aggressionen. Fehler sollte man nicht als etwas Negatives sehen. Aus Fehlern kann man doch lernen. Ich plädiere, wo immer ich kann, für die Abschaffung der Zensuren und der Tests. Intelligenz kann man doch nicht messen, am wenigsten durch Tests. Intelligenz ist nicht ein bestimmtes Maß an Wissen. Was ist überhaupt Intelligenz? Es ist das, was wir tun, wenn wir in einer schwierigen Situation nicht wissen, was wir tun sollen.«
Auf den Einwand, ob es nicht einen Unterschied zwischen begabteren und unbegabteren Kindern gibt, meint Ben:

Die Klugen und die Dummen. »Natürlich gibt es einen Unterschied. Kluge Kinder wagen sich gern an Aufgaben und an Fragen heran, auf die es verschiedene Antworten und Lösungsmöglichkeiten gibt. Ernst Bloch hat mal gesagt: ›Der Dumme merkt nie, daß alles zwei

Seiten hat.‹ Die sogenannten dummen Kinder mögen am liebsten Fragen, auf die es nur eine Antwort gibt. Aber genau diese Dummheit wird den Kindern in der Schule systematisch anerzogen. Der Lehrer trägt seinen Stoff vor, und dann stellt er Fragen, um zu sehen, ob die Kinder zugehört haben. Bei diesem Frage- und Antwortspiel lernt man nicht das Denken. Die Kinder trainieren dabei nur eine gewisse Kondition im Gedankenlesen. Sie lernen herauszufinden, was der Lehrer hören will. Einige sind da sehr tüchtig. Der Lehrer hat die Frage noch nicht ganz ausgesprochen, da gehen ihre Finger schon hoch. Manche können sogar den Satz vollenden, den der Lehrer anfängt. So was erinnert mich immer in erschreckender Weise an die Pawlowschen Hunde.
Ich glaube nicht, was viele meiner Kollegen behaupten, daß diese sogenannten unbegabten Kinder dumm geboren sind. Nehmen wir nur die elementaren Kulturtechniken, Lesen und Schreiben. Weil man die Kinder dazu zwingt, zu lesen und zu schreiben, rühren viele ihr Leben lang kein Buch mehr an und verlernen es wieder, sich schriftlich mitzuteilen, sobald sie der Schule den Rücken gekehrt haben.«

Lernen kann Spaß machen. »Ich möchte meinen Schülern diesen Spaß am Lesen und am Schreiben nicht verderben. Darum verzichte ich darauf, gutes oder schlechtes Lesen und Schreiben zu zensieren. Ich mache einen Sport daraus. Wir verteilen Zettel, und auf Achtung, fertig, los! schreibt jeder auf das Papier, was er will, aneinandergereihte Sätze, eine kleine Geschichte, wer will, kann auch immer dasselbe Wort schreiben. Auf Stop! hören wir auf und zählen – wer die meisten Wörter geschrieben hat, ist Sieger. Dabei werden die Kinder frei und sicher. Wir machen das öfter, und nach und nach schreiben die Kinder nicht nur Wörter, sondern Sätze und zusammenhängende Ereignisse. Aber das geschieht ohne Zwang, und Rechtschreibung spielt dabei keine Rolle.
Wenn wir Rechtschreibung üben, diktiere ich den Kindern einen Text. Wenn sie nicht wissen, wie dieses oder jenes Wort geschrieben wird, fragen sie mich, und ich schreibe das Wort an die Tafel. Wenn ein Kind fragt, schauen auch die anderen kurz auf die Tafel, und dann sehen alle das Wort, das ich aufschreibe, das prägt sich allen ein. Am Ende ist die ganze Tafel voller schwieriger Wörter, alle sehen sie. Wenn man das öfter macht, gewöhnen sich die Kinder – ohne Zensuren – an die richtige Schreibweise der Wörter.
Manchmal stelle ich auch ein gemeinsames Thema. Aber das muß dann etwas sein, was die Kinder zum Schreiben reizt. Sagen wir so

ein Thema wie: ›Der Tag, an dem unsere Schule abbrannte.‹ Sie kichern, während sie schreiben. Wenn ich Stop! rufe, lesen alle nacheinander vor. Das gibt dann einen Mordsspaß. Diese ›Los-Stop-Schreibwettspiele‹ machen die Schüler gern. Meist schreiben sie, was sie wollen. Unlängst haben sie vorgeschlagen: ›Laßt uns mal alle Schimpfwörter aufschreiben, die wir kennen: Los – Stop!‹«
Weil ich mich dafür interessiere, zählt mir mein amerikanischer Freund noch eine ganze Reihe solcher Beispiele auf, mit denen er die Eigeninitiative der Schüler ermuntert. »Die meisten dieser Einfälle stammen übrigens nicht von mir«, fügt Ben hinzu, »wenn du mehr darüber wissen möchtest, dann lies mal die Bücher unseres bekannten Pädagogen John Holt. Von ihm habe ich viel gelernt. Er setzt sich ebenfalls für die Abschaffung der Zensuren ein und möchte den theoretischen Unterricht stark reduzieren, um den Schülern die Möglichkeit zu geben, das praktische Leben kennenzulernen.«

Selbsterkenntnis und Selbstkritik. Während Ben über seine Schüler spricht, berichtet er auch von den Schwierigkeiten. Bei einzelnen Kindern ist es ihm trotz aller Bemühungen nicht recht gelungen, sie zur Mitarbeit zu animieren. Wenn er von ihnen spricht, sagt er nicht: »Nell und Ethel haben versagt«, sondern er sagt: »Bei Nell und Ethel habe ich versagt.«
Wenn Leute wie Ben und John Holt über Schulreform reden, dann meinen sie nicht »mehr Lehrer, mehr Schulen«. Sie wollen die Schule von innen her verändern. Sie möchten die Abhängigkeit der Schüler beseitigen und den Lernzwang, denn sie sind der Meinung, daß der Tätigkeitsdrang, Neugier und Wissensdurst den Kindern angeboren sind.
Diese Eigenschaften dürfen – wie das bis heute leider geschieht – in der Schule nicht unterdrückt werden.

Warum erlahmt die Lernfreude? Um diese Eigenschaften – wir wollen sie einmal zusammenfassend Kreativität nennen – ging es in einer Podiumsdiskussion einer Volkshochschule. Der Gesprächsleiter stellte der Öffentlichkeit das neue Programm vor und erwähnte dabei: »Wir möchten die Freude am Lernen bei den Erwachsenen wieder wecken!«
Darauf meldete sich eine Frau zu Wort, eine Mutter von zwei schulpflichtigen Kindern. Sie sagte: »Sie haben ganz recht, wenn Sie sagen, daß man die Freude am Lernen wieder wecken sollte. Damit geben Sie aber auch zu, daß diese Lernfreude einmal vorhanden

war. Der Meinung bin ich auch. Alle Kinder werden mit einem natürlichen Wissensdrang geboren. Fast alle freuen sie sich auf die Schule, und sie sind anfangs auch mit Eifer dabei. Warum läßt dieser Lerneifer dann nach einigen Jahren nach, warum schläft er bei einigen in der Schule ganz ein, so daß man ihn später wieder wekken muß? Diese Frage möchte ich an den Herrn Schulrat richten, der auf dem Podium sitzt und der sich, wie ich höre, für eine Schulreform einsetzt.«
»Aber, gnädige Frau«, antwortete der angesprochene Schulrat launig, »Sie müssen ja schlimme Lehrer gehabt haben, die kamen sicher noch aus der wilhelminischen Zeit.« – »Lassen wir meine eigene Schulzeit aus dem Spiel«, erwiderte die Frau, »ich denke an meine eigenen Kinder, die heute in der Schule sind. Ich sehe es jetzt schon, wie ihre Kreativität langsam lahmgelegt wird. Wie kann man das vermeiden?«
Darauf der Schulrat: »Meine Damen und Herren, hier handelt es sich um ein in Fachkreisen wohlbekanntes Phänomen. Bis etwa zum achten oder zehnten Lebensjahr ist diese Kreativität tatsächlich bei fast allen Kindern vorhanden. Danach tritt eine Phase der Trägheit ein, eine gewisse Desinteressiertheit . . .«
In vielen Fachkreisen glaubt man in aller Unschuld, daß es sich hier um eine Art Naturereignis handelt. Das ist so, sagt man sich, und da kann man nichts machen. Basta! »Im übrigen«, fügte der Schulrat schmunzelnd hinzu, »was wollen Sie, es gibt eben kluge und es gibt dumme Kinder.«

Ein Lehrer legt die Scheuklappen ab. John Holt, der amerikanische Pädagoge, dessen Bücher ich mir über meinen Freund Ben inzwischen besorgte, ist da anderer Meinung. Er schreibt: »Ich gehörte anfangs zu den Leuten, die glaubten, daß einige Kinder klug geboren sind und andere nicht.«
Aber dann arbeitete er an einem Internat und beobachtete, wie dieselben Kinder, die im Schulunterricht als faul oder dumm galten, sich beim Spiel und im täglichen Leben intelligent, geschickt, redegewandt und aufgeschlossen zeigten. Dieser Widerspruch ließ ihn fortan nicht mehr los.

Wie kann der Lehrer die Kinder kennenlernen? Über viele Jahre hinweg beobachtete er die Kinder. Wenn ich selbst unterrichte – das merkte er bald –, kann ich die Kinder nicht kennenlernen. »Du erfährst nicht viel über ein Kind, wenn es dir im Unterricht antwortet, denn es antwortet doch nur, was du wissen willst.« Außerdem

sind es ja immer dieselben, die die Antworten geben. Und was ist mit den anderen?
Um sie besser beobachten zu können, bat John Holt einen Freund, den Unterricht zu halten. Er selbst setzte sich in eine Ecke des Klassenraums und tat so, als sei er beschäftigt, während er die Kinder beobachtete.
Er stellte fest, daß es nur wenige gab, die zuhörten, die anderen taten dasselbe, was auch John Holt tat: Sie beobachteten, was in der Klasse vor sich ging. Sie drehten sich um, wenn einer lachte oder wenn irgendwo Unruhe entstand. Wenn der Lehrer etwas tat, das sie interessierte, hörten sie wohl auch einen Augenblick zu. Aber ansonsten flüsterten sie, verständigten sich durch Zeichensprache, malten, kritzelten, machten Puppen aus Kaugummi, schnitzten Löcher in ihr Pult oder träumten in die Luft hinein.
Wenn der Lehrer einen von ihnen aufrief: Paß auf!, dann hatte er damit nur einen Kurzzeiterfolg. Sobald er seine Aufmerksamkeit von dem Betroffenen abwandte, träumte, malte oder flüsterte dieser weiter.

Manche Lehrer stellen sich blind. Warum bemerken die Lehrer das nicht, fragte sich Holt, und wenn sie es merken, welche Schlüsse ziehen sie daraus? Wollen wir Lehrer nützliche Glieder der menschlichen Gesellschaft erziehen oder aufmerksame Zuhörer? Wenn wir das erstere wollen, dann müssen wir jeden Schüler genau kennenlernen: Wo liegen seine Interessen, seine Fähigkeiten, wo ist er ansprechbar?
Das gelingt uns aber mit Sicherheit *nicht*, wenn wir sie mit Zensuren und Prüfungen quälen. Sie verlieren dann nicht selten sogar ihre Arbeitsfreude dort, wo ihre stärksten Fähigkeiten liegen.
Freude hin, Freude her, sagen viele Lehrer – früher haben sie die Schüler mit der Rute gezwungen, heute halten sie das kinderfeindliche Lernsystem mit der Zuchtrute der Zensuren aufrecht.

Schüler benehmen sich wie Häftlinge. Und was tun die Kinder? Sie arrangieren sich, so gut sie können. Um uns die Art und Weise, *wie* sie sich arrangieren, deutlich zu machen, bringt John Holt einen Vergleich, der mich seitdem nicht mehr ruhig schlafen läßt: Ein ehemaliger KZ-Häftling, der heute in den USA lebt, erzählt, wie er und seine Leidensgenossen, um zu überleben, folgende Verhaltensstrategie entwickelten:
Man stellte sich dumm, man tat nur das Nötigste, nicht zuviel, aber auch nicht zuwenig, um nicht aufzufallen. Man entwickelte eine ge-

wisse Schläue, um durchzukommen, eine scharfe Beobachtungsgabe, um die Bewacher jederzeit richtig einschätzen zu können.
Diesem ehemaligen KZ-Häftling fiel auf, als er in die USA kam, daß die Neger den weißen Amerikanern gegenüber ganz ähnliche Verhaltensweisen zeigten.

Wer Angst hat, stellt sich dumm. Und John Holt, der sich zum Anwalt der Kinder macht, berichtet darüber, weil er dieselbe Mentalität bei den Schülern beobachtete. »Schüler«, so sagt er, »sind abhängige und unterdrückte Menschen, darum verhalten sie sich ganz ähnlich wie die farbigen Amerikaner und die KZ-Häftlinge: Sie stellen sich dümmer, als sie sind, sind faul, desinteressiert und resistent.«
Alle kamen sie einmal am ersten Tag voller Erwartung in die Schule, voller Tatendrang, neugierig, wißbegierig, lerneifrig. Aber nach drei bis fünf Jahren sind alle diese Kräfte lahmgelegt. Sie scheinen uninteressiert und faul. Sie fragen nicht mehr, warum, wozu, wieso? – Sie fragen höchstens noch: »Was sollen wir tun?«
Jedes Abhängigkeitsverhältnis korrumpiert beide, die Unterdrückten und die Unterdrücker. Das Mittel der Unterdrückung ist das Zensurensystem. Es gibt dem Lehrer ein Machtmittel in die Hand, das darüber entscheidet, ob aus dem Schüler später ein Arbeiter oder ein Akademiker wird.

Die Türe zu den »höheren« Berufen. Den Unterschied zwischen einem Arbeiter und einem Akademiker kennt das Kind zunächst noch nicht. Ich erinnere mich, daß ich als Kind davon träumte, Straßenfeger zu werden. Ich hantierte gern mit dem Besen und sah mit großem Vergnügen zu, wenn die Straßenfeger mit großen Besen oder Kehrmaschinen die Straße säuberten.
Irgendwann muß man mir dann beigebracht haben, daß es »höhere« und »niedere« Berufe gibt, und es blieb mir nicht verborgen, daß Eltern und Lehrer die Absicht hatten, mich in eine »gehobene« Laufbahn hineinzuzwängen.
Heute erfüllt es mich aber immer noch mit einer gewissen Genugtuung, wenn ich sehe, daß die Straßenreinigung – auf dem Umweg über den Umweltschutz – ein wachsendes Ansehen genießt.
Gäbe es keine »höheren« und »niederen« Berufe – und in einer Demokratie sollte es diesen Unterschied eigentlich nicht geben –, könnten wir unsere Kinder von der angsteinflößenden Peitsche des Zensurenzwangs befreien.
Aber solange wir einige Berufe als »gehobene« bezeichnen, steht

der Lehrer vor dem Eingangstor zu diesen Berufen. Er verteilt Zensuren, die darüber entscheiden, ob unsere Kinder eine »gehobene« Laufbahn einschlagen oder nicht. Da verständlicherweise viele nach »oben« möchten, nehmen die Fehler, die der Schüler macht, für ihn bedrohliche Formen an. Er versucht darum, sich in ein gutes Licht zu setzen, seine Fehler zu vertuschen. Und der Lehrer, der über falsch und richtig entscheidet, versucht die Autorität zu wahren.

Aus Fehlern kann man lernen. Susanne B. ist im vierten Schuljahr. Sie muß eine Nacherzählung schreiben. Der Lehrer hat am Vortag die Geschichte eines kleinen Jungen erzählt, der seiner Großmutter einen Brief schreibt.
Der kleine Junge hat soeben erst schreiben gelernt, und Susanne, die diese Geschichte nacherzählt, will zum Ausdruck bringen, daß der Junge noch viele Fehler macht. Susanne beschreibt in ihrem Aufsatz, wie der kleine Oliver mit seinen Eltern eine Reise macht und dann der Oma berichtet:
»Wier sint mit unserm Auto an den Rein gefachen un auf den Trachenfälz rauf schpaziert.« – »Der Satz«, schreibt Susanne weiter, »war so voller Fehler, daß man ihn kaum entziffern konnte.«
Der Lehrer, der die Aufsätze korrigiert, streicht routinemäßig die vielen Fehler in dem Satz des kleinen Oliver mit roter Tinte an. Erst als er weiterliest, wo Susanne schreibt: »Der Satz war so voller Fehler . . .«, merkt der Lehrer seinen Irrtum und streicht seine Korrektur wieder durch.

Die Angst vor dem Fehler treibt seltsame Blüten. Als normaler Mensch hätte der Lehrer beim Zurückgeben der Hefte zu Susanne sagen müssen: »Entschuldige bitte, ich hab mich geirrt«, oder »Na, da hast du mich aber schön reingelegt!« – Was Susanne ja gar nicht wollte. Aber der Lehrer ist kein normaler Mensch. Er hat – wie er sich einbildet – eine Autorität zu wahren, und er schimpft mit Susanne: »Das darfst du aber nicht noch einmal machen!« Das versteht nun Susanne überhaupt nicht. Sie fragt die Mutter. Was soll die Mutter sagen? Soll sie dem Kind sagen, was sie von diesem Lehrer denkt? Sie versucht, dem Kind zu erklären, daß manche Lehrer – beileibe nicht alle – nur genau das wiederhören möchten, was sie den Kindern vorgetragen haben.

Wenn man ständig korrigiert wird. Ich weiß nicht, ob es uns gelingt, uns in die Lage der Kinder zu versetzen, die Jahr für Jahr, vormittags in der Schule und nachmittags bei den Hausaufgaben, nicht das tun dürfen, was sie können und auch leisten wollen, sondern nur zuhören und ausführen, was der Lehrer ihnen aufgibt.

Was das bedeutet, verstehen wir vielleicht besser, wenn wir uns einmal die Situation einer jungen Frau vergegenwärtigen, die – aus was für Gründen immer – im Haushalt ihrer Schwiegermutter lebt und in Küche, Haus und Garten nur tun darf, was die Schwiegermutter anordnet. Jede Arbeit hat sie vorzuzeigen, damit die Schwiegermutter sie beurteilen kann. Wenn sie etwas falsch macht, sagt die Schwiegermutter: »Falsch, mach das noch einmal.« Und wenn sie etwas tut, was der Schwiegermutter mißfällt, dann würde es heißen: »Setz dich hin und schreib zwanzigmal in dein Heft: Ich darf keine Speisereste in den Abfalleimer werfen.«
Was soll die junge Frau tun, wenn ihr Mann abends nach Hause kommt und sie tröstet: »Schwiegermütter müssen sein, füg dich, sie will doch nur dein Bestes!« Wenn man so etwas hören würde, würde man der jungen Frau raten: »Laß dir das nicht gefallen, und wenn Schwiegermutter und Ehemann sich nicht ändern wollen, dann trenn dich von ihnen und stell dich auf deine eigenen Füße!«

Wenn man immer den untersten Weg gehen muß. Und was soll der Schüler tun, der sich in der gleichen Lage befindet? Vor einigen Tagen berichtete ein Junge: »Heute hat der Lehrer uns in der Klasse mündliche Rechenaufgaben gegeben. Er rief einen Schüler auf, stellte die Aufgabe und wartete. Dabei sah er auf die Uhr. War die uns gegebene Frist vorbei, mußte die Aufgabe gelöst sein. Wenn einer sie dann noch nicht gelöst hatte, zählte der Lehrer: Eins – zwei – drei . . ., so weit er zählte, so viele Male mußte der Schüler die Aufgabe zu Hause abschreiben.« Als der Junge seinen Eltern diesen Vorfall erzählte, gaben sie zwar zu verstehen, daß ihnen diese Methode mißfiel, aber sie sagten: »Schule muß sein, füg dich, die Zeit geht vorüber, Schule muß eben sein!«

Die Zerstörungswut der Wehrlosen. Was sollen die Kinder tun? Sie spüren, daß da etwas nicht stimmt, aber sie können ihr Unbehagen nicht artikulieren, da sie die Zusammenhänge noch nicht durchschauen. Einige werden schließlich gleichgültig, andere aggressiv. Da sie dem Lehrer gegenüber wehrlos sind, schlägt ihre unterdrückte Aktivität in Zerstörungslust um. Mutwillig zertrümmerte Fensterscheiben, demolierte Pulte, zerrissene Bücher sollten uns nachdenklich machen.

Wo man sich frei fühlt, übt man Disziplin. An einem Ort, wo Kinder gerne sind, wird mutwillig kaum etwas zerstört. Im Kindergarten, wo noch keine Zensuren erteilt werden, herrscht eine freund-

liche Atmosphäre. Die Kindergärtnerin kennt keine »Disziplinschwierigkeiten«, weil sich die Kinder hier ihren Neigungen und Fähigkeiten entsprechend beschäftigen und sich dabei freiwillig bilden. Die Kindergärtnerin sagt nicht die Unwahrheit, wenn sie von Freundschaft zwischen ihr und den Kindern spricht.
Kinder brauchen dieses freundschaftliche Vertrauensverhältnis. So wie man beim Mutter-Kind-Verhältnis von einem Urvertrauen spricht, so stellt auch der Lehrende, der den Schüler als wachsenden Menschen *respektiert* – oder nicht respektiert –, die Weichen für dessen späteres Leben.
Lernt der Schüler den Lehrer als gefürchtete Instanz kennen, die Zensuren verteilt und mit Prüfungen über Schicksale entscheidet, dann wird er sich im späteren Leben vor jeder übergeordneten Instanz kleinmütig verhalten und sich wehrlos vorkommen.

Wenn der Lehrer den Schüler respektiert. Bisweilen gelingt es in der Schule gerade den ungelernten Lehrern, ein freundschaftliches Vertrauensverhältnis aufzubauen. Thomas H. ist Grafiker. Man hat ihn, weil es an Lehrern mangelte, als Kunsterzieher an einem Gymnasium angestellt. Als er diesen Job übernahm, warnten ihn viele Freunde: »Das ist keine Aufgabe für dich, du bist zu weich, zu unsicher, du wirst dir keine Disziplin verschaffen können.«
Aber Thomas brachte eine menschenfreundliche Grundhaltung mit, die die sogenannte Disziplin erübrigte. Er respektierte jeden Schüler als eigenständige Persönlichkeit.
»In jeder Klasse«, so berichtet Thomas, »gibt es eigentlich nur drei, höchstens fünf, die, wie man früher sagte, gut zeichnen können; ich würde heute sagen: die bildnerische Fähigkeiten besitzen. Einige, die Talente zum Beispiel auf dem Gebiet der Plastik haben, wissen das meist selbst gar nicht, die habe ich regelrecht entdeckt. Diesen wenigen macht die Arbeit Vergnügen. Die anderen versuche ich – im Rahmen ihrer Möglichkeiten – zu beschäftigen. Und wer gar keine Lust hat – auch das gibt es –, der mag lesen oder Schulaufgaben für andere Fächer machen.
Übrigens hab ich gemerkt, daß gerade die sogenannten ›schlechten‹ Schüler oft ausgeprägte künstlerische Fähigkeiten haben. Bei diesen Schülern gebe ich hemmungslos gute und sehr gute Zensuren, obwohl ich sonst nicht viel von den Zensuren halte, damit diese Schüler einen Ausgleich für ihre schlechten Noten in anderen Fächern bekommen. Wenn das Fach Kunst auch nicht sehr zu Buche schlägt, so gibt es doch diesen Kindern etwas von dem Selbstbewußtsein wieder, das oft schon schwer angeschlagen ist.«

Freundschaft durch Gegenseitigkeit. Thomas hat, allen Voraussagen zum Trotz, keine Disziplinschwierigkeiten. Wenn man mit seinen Schülern spricht, spürt man, daß er eine Sonderstellung einnimmt. Er wird nicht als Lehrer empfunden, sondern als hilfsbereiter Freund geschätzt.

Einem solchen Freund gegenüber benimmt man sich ebenfalls rücksichtsvoll. Da in seinem Unterricht Unterhaltungen nicht verboten sind, führt man sie so, daß man sich gegenseitig nicht stört. Wer in der Stunde seinen Transistor anstellen möchte, erkundigt sich vorher, ob alle damit einverstanden sind oder nicht.

Wenn man diesen Unterricht sieht, wird man an die Atmosphäre in einem Kindergarten oder in einem Café erinnert. Da wird auch ständig geredet, ohne daß einer Anstoß daran nähme.

Konflikte im Lehrerzimmer. Anstoß nehmen gelegentlich einige Kollegen von Thomas. Sie finden es falsch, daß die Schüler im Unterricht so viel Freiheit haben, daß sie reden, ohne gefragt zu sein.

An dieser Schule unterrichten – wie überall – Lehrer mit konservativen Ansichten, einige geben sich etwas liberaler, stellen aber dabei das System durchaus nicht in Frage, und es gibt auch einzelne Lehrer, die die Meinung vertreten, daß man ohne Zensuren mehr und Besseres leisten würde, abgesehen davon, daß das ganze Klima in der Schule menschlicher würde.

Hilfsbereitschaft, wie unter Freunden. Rudolf P. ist einer von diesen Lehrern. Er gibt Englischunterricht und bemerkt, daß einer seiner Schüler, Holger M., Sorgen hat. Der Junge verrät ihm, als er sich danach erkundigt, daß er in Mathe eine Fünf bekommen wird. Wie kann man dem Jungen helfen? Nachhilfestunden sind den Eltern zu teuer. Er besorgt darum für Holger das Mathematikbuch für die Hand des Lehrers, in dem nicht nur die Aufgaben, sondern auch die Lösungen zu finden sind. »Lies mal darin, vielleicht hilft dir das!«

Es hilft wirklich. Als Holger nicht nur die Aufgaben, sondern auch den Lösungsweg vor sich sieht, versteht er auf einmal die Sache. Den mündlichen Erklärungen des Lehrers hatte er nicht folgen können.

Auch Rudolf P. gehört zu den Lehrern, die sich nicht als Prüfer von Prüflingen sehen, er möchte den Schülern ein freundschaftlicher Helfer sein. Zu Beginn eines jeden Halbjahres bespricht er mit seinen Schülern den Stoff, der in dieser Zeit zu bewältigen ist, dann teilen Schüler und Lehrer gemeinsam die anstehenden Aufgaben ein.

Übergangsschwierigkeiten belasten Lehrer, Schüler und Eltern. Für die Schüler ist es oft nicht leicht, mit der Tatsache fertig zu werden, daß sie an einem Tag von Lehrern unterrichtet werden, die ganz unterschiedliche Standpunkte vertreten. Wir leben in einer Übergangszeit, und es wird noch einige Zeit dauern, bis die konservativen Dinge demokratische Umgangsformen akzeptieren.
Noch schwerer fällt es oft den Eltern zu begreifen, daß eine zwangfreie Schule ihren Kindern zu qualitativ höheren Leistungen verhelfen würde. Da die Eltern in ihrer Kindheit selbst unter dem Druck der Zeugnisse und Zensuren gestanden haben, können sie sich nichts anderes vorstellen. Sie wissen meist gar nicht, daß es heute schon in der ganzen Welt erfolgreiche Schulversuche gibt, bei denen die Kinder ohne Zwang viel mehr und viel besser lernen, weil dabei ihre Eigeninitiative ungebrochen erhalten bleibt. Vermutlich wäre die Zahl solcher Versuche viel größer, wenn die Eltern die offensichtlichen Mängel unseres Schulsystems zu kritisieren wagten.
Aber der Respekt vor der Schule sitzt bei vielen Eltern so tief, daß sie dem Lehrer glauben, wenn er ihren Kindern Dummheit oder Faulheit bescheinigt. Sie verdrängen glatt die Erinnerung an die Zeit, als ihr Kind im ersten Schuljahr noch aufgeweckt, wißbegierig und lerneifrig bei der Sache war.
Die Schule und die Lehrer stehen aber durchaus nicht unter Denkmalschutz. Wir können sie in Frage stellen, indem wir Fragen stellen. Das zeigt der folgende Briefwechsel einer Mutter und einer Lehrerin.

Man muß seine Sorgen aussprechen. »Liebe Frau F.«, schreibt die Mutter, »vor dem letzten Elternabend hatte ich mir fest vorgenommen, Ihnen meine Sorgen vorzutragen, aber dann wurde nur über allgemeine Dinge gesprochen, da traute ich mich nicht, ein Problem vorzubringen, das nur mein Kind betrifft. Ich könnte es ja mündlich machen und Sie um einen Termin bitten. Aber wenn ich die Schule betrete, habe ich Hemmungen, dann komme ich mir immer noch vor wie ein Schulmädchen, und das ist wohl nicht die richtige Basis. Ich möchte Sie nämlich kritisieren, besser gesagt, ich möchte diese Schule anklagen, in der sich mein Junge so verändert hat.
Christof war, als er noch nicht zur Schule ging, ein munteres selbstsicheres Kind, mit einer lebhaften Phantasie und einem starken Wissens- und Tätigkeitstrieb. In der Schule, die er nun seit zwei Jahren besucht, hat sich herausgestellt, daß er, um Lesen, Schreiben und Rechnen zu lernen, etwas mehr Zeit braucht als die meisten anderen

Kinder. Er war von Anfang an bei allem, was er tat, sehr gründlich. Er betrachtet eine Sache von allen Seiten, und dazu braucht er natürlich Zeit. Wenn man ihm die läßt, macht er alles, was er anfaßt, sogar sehr gut. Aber diese Zeit hat er in der Schule nicht.
Als Sie ihm in das erste Zeugnis schrieben: ›Christof ist bei allem sehr langsam‹, sagte er noch ganz unbefangen: ›Ja, das stimmt ganz genau, ich bin beim Schreiben immer der letzte!‹ Inzwischen konnte ihm nicht verborgen bleiben, daß mit dieser Feststellung eine Wertung verbunden ist. Das hat ihn schwer getroffen. Vor einiger Zeit sagte er zu mir: ›Ich hab immer solche Angst, daß aus mir später nichts wird. Überleg doch mal, gibt es unter unseren Bekannten oder Verwandten irgend jemand, der so schlecht in der Schule war wie ich, und aus dem trotzdem noch was geworden ist?‹ Etwa seit dieser Zeit hat er angefangen zu stottern. Er bringt kaum noch einen Satz richtig heraus. Darum kann er sich am mündlichen Unterricht auch nicht mehr beteiligen. Das macht mir Sorgen. Christof ist praktisch und musisch begabt und ausgesprochen fleißig, es wird sicher ›später was aus ihm werden‹, aber daß er in der Schule das Sprechen verlernt und Minderwertigkeitsgefühle bekommt, dagegen möchte ich mich wehren. Ich weiß nur nicht wie.«

Wer fragt, bekommt Auskunft. Und hier ist die Antwort der Lehrerin:
»Liebe Frau W.! Es ist gut, daß Sie mir geschrieben haben. Und was Sie über Christof schreiben, das ist nicht nur Ihr Problem. Nicht nur in meiner, in jeder Klasse sind einige Kinder, die, seitdem sie zur Schule gehen, zu stottern anfangen. Einige hören ganz auf zu reden. Ich habe mir darüber auch schon oft Gedanken gemacht. Und Sie haben recht, wenn Sie die Schule anklagen. Ganz allgemein kommen die Kinder im Unterricht zu wenig zu Wort. Seit einigen Tagen habe ich damit angefangen, die Kinder, wenn sie morgens in die Schule kommen, zunächst einmal erzählen zu lassen. Dabei kann nicht jeden Morgen jeder Schüler an die Reihe kommen, dazu ist die Klasse zu groß. Aber ich richte es so ein, daß doch jeder zwei- bis dreimal in der Woche etwas erzählt, das er erlebt hat und das er mitteilen möchte. Vielleicht hilft das den Kindern im Laufe der Zeit. Aber wir können noch etwas versuchen. Kaufen Sie Christof doch mal eine Blockflöte. Vielleicht überwindet er dann das Stottern. Und was die Bewertung durch Zensuren betrifft, darüber bin ich offen gestanden auch nicht sehr glücklich. Ich will einmal darüber nachdenken, und beim nächsten Elternabend unterhalten wir uns dann darüber.«

Eine Lehrerin bittet um kritische Beurteilung. Am Ende des Schuljahres gab es Zeugnisse. Christof kam nach Hause, warf sein Zeugnis achtlos auf den Tisch und sagte: »Mu-Mu-Mutter, hö-hör mal zu, i-i-ich muß dir was erzählen.« Frau W. war schon in Versuchung, nicht zuzuhören, sondern ihrer Neugier nachzugeben und erst einmal in das Zeugnis zu schauen. Aber dann beherrschte sie sich und hörte Christof zu. Die Lehrerin war an diesem Morgen, bevor sie die Zeugnisse austeilte, in die Klasse gekommen und hatte gesagt: »Wißt ihr, ich finde es nicht ganz richtig, daß *ich* euch immer nur Zeugnisse gebe. Ich mache doch sicher auch Fehler und mache einiges ganz gut. Ich denke, ihr solltet mir auch mal ein Zeugnis schreiben.« Sie gab jedem ein Blatt Papier und sagte: »Ich gehe jetzt eine halbe Stunde raus, und in der Zeit schreibt ihr auf, was ihr meint, das ich falsch oder richtig gemacht habe. Ich glaube, daraus könnte ich viel lernen. Ihr könnt euch darüber unterhalten. Aber euren Namen braucht ihr nicht darunter zu schreiben, das ist nicht so wichtig.«
Als Frau F. nach einer halben Stunde wieder in die Klasse kam, waren die meisten noch nicht fertig, weil sie soviel geredet hatten, und Frau F. meinte: »So ein Zeugnis in einer halben Stunde zu schreiben, das ist sicher ein bißchen viel verlangt. Ihr habt es ja auch noch nie gemacht. Nächstes Mal bereiten wir die Sache besser vor, da überlegt ihr euch schon während des Jahres, was ich falsch und richtig gemacht habe. Das könnt ihr euch aufschreiben, könnt auch darüber sprechen. Und wenn es Zeugnisse gibt, dann schreibt ihr alles auf, entweder jeder für sich, oder ihr macht eine Klassenkonferenz und schreibt ein Zeugnis, an dem ihr alle mitgearbeitet habt.«

Man kann und muß heute Fragen stellen. Die meisten Eltern machten große Augen, als sie das hörten. »So etwas hat es zu unserer Zeit nicht gegeben«, sagten sie. Viele Schwierigkeiten lassen sich heute lösen, wenn man den Mut hat, darüber zu sprechen. Die hier angesprochene Lehrerin war durchaus bereit, die alten Unterrichtsformen in Frage zu stellen und zu ändern. Die Frage der Mutter hatte einen wichtigen Anstoß gegeben.
Der kleine Christof hat diesen Lernprozeß der Erwachsenen nur indirekt miterlebt. Aber je älter er wird, desto mehr wird er in direkter Form spüren, daß seine Eltern nicht immer und nicht um jeden Preis Anpassung von ihm verlangen. Er wird sich auch selbst daran gewöhnen, Fragen zu stellen.

Anregungen zur Diskussion. Mit etwas älteren Kindern kann man aber solche Konflikte durchaus schon diskutieren. Viele Eltern klagen heute darüber, daß ihre Kinder nachmittags viel zu viele Stunden mit ihren Schulaufgaben beschäftigt sind oder daß sie diese Aufgabe nicht ohne fremde Hilfe ausführen können. Herr S. rechnete die Stunden, die seine Tochter jeden Nachmittag über ihren Hausaufgaben saß, einmal zusammen. Dann setzte er sich mit dem Elternsprecher der Klasse in Verbindung, und beide veranlaßten alle Eltern, die Stundenzahl, die ihre Kinder mit den Hausaufgaben beschäftigt waren, aufzuschreiben. Danach wurde eine Klassenkonferenz einberufen. Herr S. hatte sich gründlich darauf vorbereitet. Er brachte Aufsätze aus Zeitschriften mit, um die Eltern davon zu überzeugen, daß man mit den täglichen Hausaufgaben, die sich über viele Stunden ausdehnen, die Lernfreude und die Eigeninitiative der Kinder eher bremst oder sogar ganz lahmlegt.

In der Diskussion über dieses Thema, an der sich auch die Kinder beteiligten, erkannten die meisten Eltern schließlich, daß sie ihre Kinder schon durch die ständigen Ermahnungen: »Nun mach doch endlich – bist du denn immer noch nicht fertig – du mußt dich konzentrieren . . .« eher hemmten als förderten.

Nach dieser Konferenz traf man sich zu einem Elternabend mit allen Lehrern, die in der Klasse unterrichteten. An diesem Abend waren auch die Schüler dabei.

Herr S. legte zu Beginn seines Vortrags die Ergebnisse der Umfrage auf den Tisch. Dabei stellte sich heraus, daß die meisten Schüler in einer Woche zwischen 60 und 80 Stunden mit Schulstunden und Hausaufgaben belastet waren. Bei einigen addierte sich noch ein Schulweg von ein bis zwei Stunden dazu. Nach der darauffolgenden Diskussion erklärten sich einige Lehrer bereit, ganz auf Hausaufgaben zu verzichten. Die anderen wollten versuchen, sie auf das Notwendigste zu beschränken.

Auf dem Weg zur Selbständigkeit. Die Schüler, die an der Diskussion teilgenommen hatten, machten anschließend den Vorschlag, daß man sie fortan zu allen Elternabenden einladen solle, denn um ihre Interessen ginge es ja schließlich.

Die Schuljahre, das sind die Jahre, in denen das Kind seine Identität findet. Es braucht Freizeit, um zu erkennen, wo seine Neigungen und seine Fähigkeiten liegen. Es sucht und findet in dieser Zeit seine persönliche Einstellung zur Welt. Dabei lernt es unterscheiden: Was ist für mich mehr oder weniger wichtig, wie möchte ich sein, wie möchte ich nicht sein.

Versteht sich der Lehrer als Antreiber oder als Freund und Helfer? Wenn es in dieser Zeit Lehrer findet, die ihm als freundschaftliche

Helfer zur Seite stehen, die seine speziellen Fähigkeiten erkennen und fördern, dann hat es Chancen, ein zufriedener und glücklicher Mensch zu werden, weil es seinen Fähigkeiten entsprechend etwas Nützliches leisten kann. Bei Kindern, die ohne Rücksicht auf ihre besonderen Fähigkeiten und Schwächen auf die Leistungsrennbahn der Schule geschickt werden und die dann resignieren, weil man an sie die falschen Anforderungen stellt, die sie nur mangelhaft erfüllen können, bei diesen »Versagern« gerät oft in Vergessenheit, daß Leistung nur dann Spaß macht, wenn man dazu die Fähigkeiten besitzt.

Wer käme wohl auf die unmenschliche Idee, einem contergangeschädigten Kind im Leistungsvergleich mit normalen Kindern schlechte Zensuren – etwa für zu langsames Laufen – zu erteilen. Man sucht bei dem behinderten Kind sorgfältig nach besonderen Fähigkeiten – *die* man dann fördert. Bei allem, was es nicht kann, versucht man, ihm zu helfen, nicht indem man es mit den normalen Kindern um die Wette rennen läßt, sondern um das Nötigste und Mögliche zu erreichen.

Wieviel mehr würden unsere normalen Kinder leisten, wenn wir ihnen dieselbe faire Behandlung zuteil werden ließen. Letztlich gibt es gar keine »normalen« Kinder. Menschen sind keine Maschinen, jeder ist anders, darum ist es unmenschlich, alle nach denselben Maßen zu messen und dann zu loben oder zu tadeln.

Man muß die besonderen Fähigkeiten eines jeden einzelnen Kindes herausfinden, damit es die Chance bekommt, etwas zu leisten. Indem es etwas leistet, findet es seine Identität und seinen ihm gebührenden Platz in der menschlichen Gesellschaft.

Freunde aus dem Tierreich

Warum Kinder Tiere lieben. Zu den sympathischsten Kinderbüchern, die mir begegnet sind, gehört Hugh Loftings »Doktor Doolittle«. Ich kenne das Buch erst, seitdem ich selber Kinder habe. Mein Sohn, er war im dritten Schuljahr, bestand darauf. Nach jedem Kapitel, das er selbst gelesen hatte, knallte er mir das Buch des Abends auf den Nachttisch: »Das *mußt* du lesen!«
Ich habe selbst als Kind Tiere gern gehabt und einige so geliebt, daß ich echte Tränen vergoß, als ein Rabe, der sprechen konnte, uns verließ und das Weite suchte, und als ein Kälbchen geschlachtet wurde. Später, als erwachsener Mensch in einer Stadtwohnung, verschwanden die Tiere aus meinem Gesichtskreis.
Nach der Lektüre des »Doktor Doolittle« und den sich daran anschließenden Gesprächen mit meinem Sohn wurde mir klar, warum Kinder Tiere so gern haben. Im Tierreich des Doktor Doolittle geht es fast genauso zu wie bei uns Menschen. Daß alle Tiere, die darin vorkommen, sprechen können, wundert einen nach zwei Seiten nicht mehr. Es verblüfft aber doch etwas, wenn diese sprechenden Tiere uns erzählen, wie sie über uns Menschen denken, über diese komischen Geschöpfe, die so dumme Sachen machen.
Abgesehen davon, daß die Tiere in dem Buch viel klüger sind als die Menschen, haben sie doch auch viele Schwächen, die denen der Menschen sehr ähneln. Da gibt es Klatschbasen und große Schweiger, Lauscher an der Wand und Ignoranten, Gefräßige, die den Hals nicht vollkriegen können, und Sparsame, die jeden Krümel einsammeln.

Die Freude am Staunen. Was meinen Sohn an dem Buch so faszinierte, war die Mischung von Wirklichem und Unwirklichem, die ihn von einer Seite zur anderen so fesselte, daß er aus dem Staunen nicht herauskam. Hatte er sich auf der einen Seite noch über die Menschenähnlichkeit einer Ente gewundert, so merkte er auf der nächsten, daß der Doktor Doolittle ein Spaßvogel ist, der den Tieren menschliche Eigenschaften andichtet, um seinen Mitmenschen einen Spiegel vorzuhalten. In Afrika, so berichtet er mit ernster Miene, gibt es ein Tier, das es gar nicht gibt, mit zwei Köpfen, einer hinten und einer vorn, und das, wie der Doktor bemerkt, ohne unhöflich zu sein, gleichzeitig essen und sprechen kann.
Die Welt des Kindes ist – genau wie dieses Buch – voller Wunder.

Täglich sieht und erlebt das Kind Dinge, die es vorher noch nicht kannte. Zu diesen staunenswerten Dingen gehören auch die Tiere. Sie essen und trinken und bekommen Junge, einige kann man in den Arm nehmen und streicheln. Sie sind wie die Menschen und doch nicht wie Menschen – wieso und warum, um das herauszufinden, werden die Kinder nicht müde, die Tiere zu beobachten, sich mit ihnen zu beschäftigen.

Das Bedürfnis nach Zärtlichkeit. Für manche Kinder ist der Umgang mit Tieren eine Brücke zum Umgang mit Menschen. Ein heute sechzehnjähriges Mädchen erzählte mir:
»Ich bin in der Stadt groß geworden. Wir hatten eine Wohnung mit einem Garten. Aber Tiere gab es da zunächst nicht. Mit Tieren kam ich nur in Berührung, wenn ich jedes Jahr in den Ferien zu meiner Großmutter aufs Land fuhr. Einmal im Frühjahr wurde im Ziegenstall ein niedliches, weißes Lämmchen geboren. Dieses Ziegenlämmchen nahm ich immer auf den Arm und schleppte es mit mir herum. Nach kurzer Zeit hatte es sich so an mich gewöhnt, daß es immer hinter mir herlief. Wir lagen auf der Wiese nebeneinander, und ich versuchte, mich mit ihm zu verständigen, indem ich auch meckerte. Zu Ostern wurde das Lämmchen geschlachtet. Das war schlimm. Ich heulte schrecklich.

Zusehen, wie Leben entsteht. Mein Großvater versuchte mich abzulenken und ging mit mir in den Hühnerstall, da saß eine Glucke auf zirka dreiundzwanzig Eiern. Ich konnte in den nächsten Tagen beobachten, wie die Küken aus den Eiern schlüpften. Wieder hing ich mein Herz an eines der Küken. Es wuchs und war bald so groß, daß man sagen konnte: Daraus wird einmal ein Hahn. Auch mit diesem Hähnchen schloß ich so gute Freundschaft, daß es immer hinter mir herlief.
Eines Tages mußte ich wieder nach Hause. Ein Bruder meiner Mutter sollte mich zurück in die Stadt zu meinen Eltern bringen. Weil ich mich nicht von dem Hähnchen trennen wollte, bastelte mein Onkel ein Holzkistchen mit einem durchlöcherten Deckel, so daß mein Hähnchen darin Platz fand, befestigte ein Lederriemchen daran zum Tragen, und so ging es auf die Heimreise.
Ich glaube, meine Eltern waren nicht sehr begeistert, als ich mit meinem Holzkistchen an der Hand in unserer Etagenwohnung ankam. Aber mein Vater wußte einen Ausweg. Er baute in unserem Garten einen Hühnerstall und gab ein Inserat auf: ›Wer verkauft einige Hühner?‹

Freundschaftliche Gefühle beim Umgang mit Tieren. So bekam mein Hähnchen Gesellschaft. Als es ausgewachsen und ziemlich frech wurde, interessierte es mich nicht mehr. Statt dessen freundete ich mich jetzt mit einem der Hühner an, es war dick und kanariengelb. Ich hatte ja schon einige Übung im Umgang mit Tieren und brachte auch das Huhn dazu, mit mir spazierenzugehen und sich mit mir auf die Bank zu setzen.

Eines Tages wanderte es, ich weiß nicht, warum man mich nicht darauf vorbereitete, plötzlich in unseren Suppentopf. Ich habe danach nächtelang geweint. Auch am Tag kamen mir manchmal die Tränen, wenn ich daran dachte. Noch Wochen danach konnte ich auf Abruf weinen, wenn ich nur an mein gelbes Huhn dachte. Und ich tat es auch, manchmal sogar mit Erfolg.

Als ich in der Schule einmal meine französischen Vokabeln nicht gelernt hatte und aufgerufen wurde, dachte ich lebhaft an das Sterben meiner Hühnerfreundin, und schon rollten meine Tränen. Ich wußte, daß unser Französischlehrer kein Mädchen weinen sehen konnte. ›Setz dich‹, sagte er rasch und rief eine andere auf.

Tierquälerei. Ich erinnere mich auch, daß ich Katzen gern hatte. Besonders die kleinen, die sich so schön streicheln lassen. In der Nachbarschaft gab es eine junge graue Katze, mit der ich oft spielte. Einmal hatte ich sie auf dem Schoß, und ich merkte, wenn ich sie fest in den Schwanz kniff, schrie sie laut ›miau‹. Ich wiederholte das Spiel und ließ die kleine Katze wieder und wieder ›miau‹ schreien. Danach lief ich wochenlang mit einem schlechten Gewissen herum. Ich wußte genau, daß Tierquälerei eine schäbige Sache ist, um so mehr, als ich die kleine Katze doch so gern hatte.

Schließlich konnte ich es nicht mehr aushalten und sprach mit meiner Mutter darüber: ›Ich kann mich selbst nicht mehr leiden‹, sagte ich, ›ich hab ein Tier gequält.‹ Meine Mutter nahm die Sache nicht so tragisch. Sie sagte: ›Wahrscheinlich hat dich das Experiment gelockt. Du hast mit der Katze gespielt, so wie man mit dem Wecker spielt: Man zieht ihn auf, dann klingelt es. Das hast du auch bei der Katze ausprobiert. Du kneifst in den Schwanz, dann macht die Katze miau. Jetzt weißt du ja, wie das geht, und nun tust du's nicht mehr, nehme ich an.‹

Wie man Tiere vergißt. Später wünschte ich mir einen Vogel. Ich bekam ihn zu Weihnachten in einem schönen, blanken Käfig. Ich fütterte ihn und machte gewissenhaft seinen Käfig sauber. Das ging so etwa ein Jahr lang gut, dann lag eines Morgens mein Vogel tot in seinem Käfig. Ich hatte vergessen, ihn zu füttern.

Das war mein letztes Erlebnis mit Tieren. Ich hatte jetzt in der Schule Freundinnen und später auch einen Freund. Wir hatten viele gemeinsame Interessen. Heute mache ich mir nichts mehr aus Tieren.«
Das Interesse des Mädchens an Tieren hat sich verlagert. Tiere bedeuten ihr heute nichts mehr, weil sie Freundschaften mit gleichaltrigen Mädchen und Jungen geschlossen hat. Das ist eine neue Welt, damit können die Tiere nicht konkurrieren.

Freundschaftliche Beziehungen zu Tieren und Menschen. Für viele Kinder sind Tiere ein Vorspiel auf das spätere Zusammenleben mit Menschen. Ich erinnere mich an eine alte Dame, die im Alter sehr unter ihrer Einsamkeit litt. Sie erzählte mir einmal beiläufig, daß sie, obwohl sie auf dem Lande aufgewachsen war, schon als Kind eine ausgesprochene Abneigung gegen Tiere hatte. Sie zeigte sich in ihrem späteren Leben den Menschen gegenüber nicht gerade feindlich, aber sehr reserviert. Außerhalb ihrer Familie besaß sie keinerlei Kontakte, sie hatte sie weder gesucht noch gefunden. Und da sie die Altersgenossen in ihrer Familie alle überlebte, litt sie im Alter sehr unter der Einsamkeit.
Man kann solch einen Fall sicher nicht verallgemeinern. Er ist nur eines von vielen Beispielen, die uns darauf hinweisen, daß der Grundstein für ein glückliches oder unglückliches Altern schon in der Kindheit gelegt wird. Häufiger als dem Beispiel dieser tierfeindlichen Dame begegnen wir dem umgekehrten Fall, wo das Tier als Ersatz für die fehlende menschliche Freundschaft herhalten muß.

Wenn das Tier die Menschen ersetzen soll. Lore K. zum Beispiel war schon als Kind etwas ungeschickt im Umgang mit ihren Mitschülern. Als gute bis sehr gute Schülerin entwickelte sie ein etwas übertrieben starkes Selbstbewußtsein, das sie vor ihren Mitmenschen nicht immer verbergen konnte. So kam es oft zu Konflikten, und ihre Mitschülerinnen mochten sie nicht besonders gern.
Schon während der Schulzeit wandte sie ihre ganze Sympathie einem Dackel zu, der sie auch in den Jahren ihres Studiums von einer Stadt zur anderen begleitete. Er war immer ihr bester Freund, wenn die Menschen sie enttäuschten.
Während der Schulzeit hatte sich in ihr der Glaube an ihre überragende Intelligenz festgesetzt. Da ihre theoretische Begabung vor praktischen Aufgaben oft versagte, erlebte sie gelegentlich Mißerfolge, die sie aber stets anderen in die Schuhe schob. Daraus entstanden Konfliktsituationen, aus denen sie sich in eine – nur mühsam kaschierte – Menschenverachtung rettete. Nur der Hund blieb

ihr schließlich als einziges Wesen, das sie nie enttäuschte. Hier fand ihr Überlegenheitsgefühl keinen Widerstand. Hier verschwendete sie Liebe und Zärtlichkeit. Der Hund widersprach ihr auch nicht, wenn sie ihm erzählte, wie böse und dumm ihr die Menschen vorkamen.

Vielleicht sind die Hundeliebhaber unter den Kindern am meisten gefährdet, aus Tierfreunden eines Tages zu Tiernarren zu werden. Hunde haben so viele menschenähnliche Züge, daß sie sich bei kontaktschwachen Kindern gelegentlich zu einem fast vollwertigen Ersatz entwickeln.

Etwas Lebendiges in der menschlichen Wohnung. Barbara ist das einzige Kind ihrer Mutter. Der Vater starb kurz nach ihrer Geburt. Barbara war als Kind viel allein, weil ihre Mutter einem Beruf nachgehen mußte, und so war es naheliegend, daß sie sich Tiere wünschte.

Mittags, wenn sie aus der Schule kommt, ist die Mutter noch nicht zu Hause. Aber der Hamster und der Vogel warten schon darauf, daß Barbara ihren Käfig öffnet. Der Vogel fliegt dann sofort auf die Gardinenstange, und der Hamster kuschelt sich in Barbaras Hand und läßt sich streicheln. Von diesen Tieren wird sich Barbara vermutlich eines Tages trennen, wenn sie etwas älter ist und andere Interessen die Tierliebe verdrängen. Vögel, Hamster sind typische Gefährten auf Zeit, während Hunde und Katzen für einzelne Menschen unter Umständen zu einer Marotte werden können.

Tiere sind Freunde auf Zeit. Ein echter Gesprächspartner kann das Tier dem Menschen nicht sein. Der Mensch reflektiert und will die Welt verändern. Das Tier lebt zeitlos, es denkt nicht wie der Mensch an gestern und morgen. Darum wirkt die allzu enge und ausschließliche Freundschaft mit Tieren auf den Menschen auf die Dauer verengend.

Man kann zwar die Tiere, zum Beispiel einen Hund, dressieren, man kann ihn dazu bringen, daß er vieles tut, was wir ihm beibringen. Aber damit unterwerfen wir uns das Tier nur. Unser Verhältnis zum Tier ist immer ein Herrschaftsverhältnis. Der Hund führt die Befehle seines Herrn aus. Dieses Befehlen-Gehorchen-Spiel übt häufig gerade auf die Kinder große Anziehungskraft aus, die dank einer autoritären Erziehung zu Hause vorwiegend im Imperativ angeredet werden.

Freundschaft entsteht unter solchen Vorzeichen nicht. Freundschaft ist immer ein Dialog, und den kann man eben nur mit Menschen führen.

Die Erwachsenen machen sich zu breit

Die raumgreifende Verwaltung. Stefan ist im zweiten Schuljahr. Seitdem er lesen kann, stürzt er sich jeden Nachmittag auf die Lokalzeitung. Er breitet sie auf dem Fußboden aus, legt sich auf den Bauch und liest laut die dicken Überschriften.
Oft versteht er etwas nicht, dann fragt er seine Mutter. Aber eines Tages taucht eine Überschrift auf, die versteht er sofort – er glaubt es wenigstens. »Hör dir das an«, sagt er zu seiner Mutter, »hier steht: ›Der Verwaltung sollte etwas mehr Raum gegeben werden!‹«
Die Mutter schaut ihn einen Augenblick fragend an. Stefan ist verwundert, daß die Mutter ihn nicht sofort versteht: »Noch mehr Raum für die Verwaltung, dann dürfen wir sicher gar nicht mehr Fußball spielen auf dem Spielplatz.« Jetzt geht der Mutter ein Licht auf. Die Verwaltung, das ist für Stefan die Verwaltung der Siedlung, in der sie wohnen. Und diese Verwaltung nimmt für die Kinder eine drohende Gestalt an in der Person des Verwalters, dessen Büro an dem einzigen Spielplatz der Siedlung liegt.
Die Siedlung ist schon etwas älter. Klettergerüste und Schaukeln baute man damals noch nicht, statt dessen hat man einige Bäume gepflanzt. Sie sind schon hoch und reizen mehr zum Klettern als Eisenstangen. Der Platz ist so geräumig, daß man alle möglichen Ballspiele, Verstecken und Fangen spielen kann.

Erwachsene wollen ihre Ruhe haben. Der schöne große Platz ist meist leer. Nur hin und wieder tauchen hier einige Kinder auf. Sie fangen mit irgendeinem Spiel an, und dann finden sich nach und nach immer mehr Kinder ein. Alle halbe Jahre kommen neue Spiele in Mode, mit und ohne Ball. Aber bei diesen Spielen gibt es natürlich Lärm, und gelegentlich knallt auch ein Ball an die Türe des Verwaltungsbüros. Den Verwalter stört das alles. Wenn die Kinder eine Weile gespielt haben, kommt er aus seinem Büro und schreit sie an: »Wollt ihr wohl ruhig sein! – Dieser Lärm ist ja nicht zum Aushalten!« Manchmal nimmt er ihnen auch den Ball einfach weg, oder er jagt sie alle fort.
Das ist der Grund, warum Stefan »die Verwaltung« mit großem Mißtrauen betrachtet. Die Mutter erklärt ihm, daß in der Zeitung nicht die Verwaltung der Siedlung, sondern die Stadtverwaltung gemeint ist, und sie lesen gemeinsam nach, wo und warum die Verwaltung mehr Raum benötigt.

Und was die Verwaltung der Siedlung betrifft – da überlegen Mutter und Sohn ebenfalls gemeinsam, wie man auf diesen Mann, der keinen Kinderlärm vertragen kann, reagieren soll. »Ich werde mit ihm reden«, beschließt die Mutter, »und wenn das nichts nützt, spreche ich einmal mit den Eltern der anderen Kinder, dann sammeln wir Unterschriften und wenden uns an die Siedlungsgesellschaft.«

Kinder, ein Volk ohne Raum. In den letzten Jahren gingen durch die Presse vieler Großstädte von Zeit zu Zeit Berichte über Streitfälle, die sich an dem Recht der Kinder auf Spielraum und Bewegungsfreiheit entzündet hatten. Hier durften die Kinder nicht den Rasen betreten, dort klagten die Erwachsenen über Lärmbelästigung.
Man fragt sich oft: »Warum reagieren viele Erwachsene so empfindlich auf Kinderlärm, warum werden sie so rasch nervös, wenn ein Kind nicht stillsitzen kann?« Manchmal sind es dieselben Erwachsenen, die sich über herumtollende Hunde oder Katzen köstlich amüsieren können, die ein Fohlen, das übermütig auf der Wiese herumspringt, niedlich finden. Die oft rührende Tierliebe und die gleichzeitige Kinderfeindlichkeit breiter Bevölkerungsschichten ist ein Phänomen, das uns nachdenklich machen sollte.

Über den Tierschutz zum Kinderschutz. »Im Jahre 1874«, so heißt es in einem Bericht, »wurde zu New York eine Missionarin von einem Sterbenden, den sie pflegte, auf die an einem Kinde der Wohnungsnachbarn verübten Mißhandlungen aufmerksam gemacht. Vergebens versuchte die Missionarin, durch die Polizei oder durch Wohltätigkeitsvereine Hilfe zu erlangen, da schritt sie schließlich zur Selbsthilfe und trug das arme kleine Opfer in eine alte Pferdedecke eingewickelt zum Präsidenten des Tierschutzvereins, Elbridge T. Gerry, der erschüttert erkannte, daß ein Kind ebensoviel Schutz gegen Roheit genießen müsse wie ein Tier.«
Dieser Vorfall, der damals durch alle Zeitungen ging, war der Anlaß zur Gründung einer Kinderschutzorganisation. Aber bis heute ist der Tierschutzverein eine mitgliederstarke Organisation, während der Kinderschutzbund mit einer kümmerlichen Mitgliederzahl bei der Bevölkerung kaum Beachtung findet.

Hunde und ihre Herren. Vermutlich ist es nicht nur die Schutzbedürftigkeit, die so viele Menschen zu Tierfreunden werden läßt. Tiere kann man dressieren. Pudel zum Beispiel sind, wie uns die

Tierfreunde versichern, ungemein »kluge« Tiere. Man kann ihnen die possierlichsten Sprünge und Schritte beibringen. Da entwickelt sich so mancher Hundehalter zum regelrechten Dompteur.
Von Katzen hören wir, daß sie sehr reinlich sind. Man kann sie dazu bringen, ihre Exkremente ausschließlich auf einem Katzenklosett zu deponieren. Das wiederum lernen Hunde nie. Mit nimmermüder Geduld führen die Hundefreunde ihre Tiere Abend für Abend spazieren, damit sie ihren Kot und Urin auf unsere Gehwege verstreuen. Diese Pflicht nimmt der Hundebesitzer gern auf sich, er versichert uns sogar, daß er es nicht nur des Hundes wegen gern tue; dieser regelmäßige Abendspaziergang sei ja auch gut für seine Gesundheit.

Tiere gehorchen aufs Wort. Der Hundefreund weiß die Vorzüge seines Tieres zu schätzen. Der Hund macht seinen Besitzer zum »Herrn«; zwar nicht zu so einem richtigen, großen Herrn, aber zu einem kleinen. Herrchen spielt mit dem Hund »Befehlen und Gehorchen«: »Setz dich!« – »Kusch!« – »Hinlegen!« Auf die kurzen, energisch ausgesprochenen Worte führt das Tier den Willen seines Herrn aus.
Obwohl Kinder sehr viel gelehriger sind als Tiere, kann man sie nur in begrenztem Maße dressieren, außerdem hat es sich inzwischen herumgesprochen, daß man sie nicht dressieren soll!
Das bedeutet: Kinder sind unbequemer als Tiere. Sie gehorchen nicht auf »ein Wort«. Man muß mit ihnen reden, muß ihnen erklären, daß sie dies und das tun oder nicht tun sollen. Manchmal verstehen sie es, manchmal nicht, dann muß man es noch einleuchtender erklären. Manchmal sind sie auch anderer Meinung, und hin und wieder haben sie sogar recht mit ihrer anderen Meinung.

Kinder in der Zwangsjacke der Elternwünsche. Kathrina ist das einzige Kind und der ganze Stolz ihrer Eltern. Da Vater und Mutter studiert haben, möchten sie, daß auch Kathrina eine höhere Schule besucht. Die Eltern setzen voraus, daß ihr Kind in den gleichen Rahmen paßt, in den sie hineingewachsen sind und den sie als den einzig möglichen ansehen.
Daß Kathrina Schwierigkeiten in der Schule bekommt, ist für die Eltern ein Trauma. Sie wollen es einfach nicht wahrhaben, um so mehr, als der Psychologe, der Kathrina getestet hat, ihr einen hohen Intelligenzquotienten bescheinigt. Es liegt also nur an ihr, sagen sich die Eltern, Kathrina muß sich nur etwas mehr anstrengen.

Wie der Vogel im Käfig. Nun sitzt das Kind den ganzen Nachmittag in ihrem winzigen Kinderzimmer und macht, teils mit Hilfe der Mutter, teils allein, ihre Hausaufgaben. Sobald die Mutter aus dem Zimmer geht, beginnt Kathrina zu spielen. Sie zerreißt Papier in kleine Stückchen und setzt sie dann wieder zu Ornamenten zusammen, die, wenn ein Luftzug entsteht, alle im Zimmer herumwirbeln. »Nun mach doch nicht immer solch dummes Zeug«, sagen die Eltern, »konzentrier dich doch!« Aber Kathrina antwortet verzweifelt: »Ich kann nicht anders, meine Hände fangen ganz von selbst an zu schnippeln und zu zerreißen!« Kathrina hat recht. Sie ist ein intelligentes Kind mit einem starken Tätigkeits- und Bewegungsdrang. Beides wird bei ihr durch einseitige, theoretische Anforderungen unterdrückt. So macht sich der Tätigkeitsdrang selbständig.

An das Statusstreben der Erwachsenen gefesselt. Man müßte für Kathrina die Schule abschaffen und ihr konkrete, sinnvolle Aufgaben stellen, bei denen ihre praktische Intelligenz gefordert würde. Neben oder nach einer sinnvollen Tätigkeit wäre das Kind auch fähig, sich einige Stunden des Tages mit theoretischen Aufgaben zu befassen. Gerade intelligenten Kindern fällt es schwer, sich jahrelang, von früh bis spät, am Schreibtisch sitzend zu beschäftigen, ohne den Sinn dieser Beschäftigung voll zu erkennen. Aber die Eltern kennen den Sinn der Schule. Sie sehen in ihr eine Institution, die ihrem Kind das Tor zu den gehobenen Berufen öffnet. Darum möchten sie, koste es, was es wolle, den Schulerfolg ihres Kindes erzwingen. Selbst wenn das physische und das psychische Rückgrat ihres Kindes bereits bedenkliche Verkrümmungen aufweist.

Sie wollen das Beste und erziehen seelische Krüppel. Warum kommen sie nicht auf den Gedanken, daß die Schule sich ändern muß? Weil sie sich selbst durch diese Institution gezwängt haben. Daß sie selbst dabei Schaden genommen haben, fällt ihnen nicht auf, weil fast alle Erwachsenen – je länger sie die Schulbank gedrückt haben, desto mehr – unter Rückgratverbiegungen leiden.
Diese Erwachsenen wollen sich unter allen Umständen gegen die Schwächeren, gegen die Kinder, durchsetzen. Es fällt ihnen schwer, einzusehen, daß die Kinder anders sind als sie selbst. Sie wollen entgegen den Neigungen und Fähigkeiten ihrer Kinder oft mit dem Kopf durch die Wand.
Man sagt nicht zu Unrecht: Wer mit dem Kopf durch die Wand will, muß ein Brett vor dem Kopf haben! Dieses Brett versperrt den Eltern die Sicht auf die wirklichen Bedürfnisse ihrer Kinder.

Spielende Kinder erregen öffentliches Ärgernis. Kinder brauchen Raum! Ihr im Wachstum begriffener Körper und ihr Geist brauchen Bewegung und Freiheit. Sie möchten sich im Spiel, in der Begegnung mit anderen Kindern körperlich und geistig bewegen.
Daß dabei Lärm, Unruhe und Unordnung entsteht, hat die uneinsichtigen Erwachsenen seit eh und je gestört und empört. Bereits vor mehr als hundert Jahren, als es noch keinen Autoverkehr gab, erregten die spielenden »Straßenkinder« öffentliches Ärgernis. Im Jahre 1824 schrieb der damalige Bürgermeister von Krefeld: »Die Kinder, welche auf den Fabriken arbeiten, gehören zur geringsten Volksklasse, sie leben in ihrer ersten Kindheit meistens in Armut und Elend, sie laufen gewöhnlich über die Gassen und sind ausgelassen. Wenn sie nun etwas herangewachsen sind, gewöhnlich wenn sie sieben Jahre alt sind, so werden sie, sobald sich Gelegenheit dazu bietet, in einer Seiden- und Wollenfabrik an die Arbeit gesetzt und sind dann teils sitzend, teils stehend in verschiedentlichen Lokalen beschäftigt. Diejenigen Kinder des gleichen Standes, welche nicht auf Fabriken arbeiten, fahren fort, herumzulaufen, man bemerkt in körperlicher Beziehung keinen Unterschied, ihre Ungezogenheit wird aber immer größer.«

Wie man vor 100 Jahren für Ruhe und Ordnung sorgte. Solche und ähnliche Aufrufe hatten Erfolg. Die Fabrikanten sorgten dafür, daß die Kinder von der Straße kamen. Kinderarbeit brachte zudem großen Gewinn, da man den Kindern nur knapp die Hälfte des Lohnes zahlen mußte, den ein Erwachsener für dieselbe Arbeit bekommen hätte. Um die Mitte des vorigen Jahrhunderts gingen in Wuppertal nur die Hälfte aller Kinder zur Schule, die anderen arbeiteten bis zu 14 Stunden täglich in den Fabriken.
Diese kleinen Fabrikarbeiter waren die Kinder der Ärmsten, die man wegen ihrer ärmlichen Kleidung als »Gassenjungen« beschimpfte, sobald sie auf der Straße spielten. Dieses ganze »Gesindel«, wie man sie auch nannte, war dank der Kinderarbeit von der Straße verschwunden. Die Kinder der Bessergestellten spielten hinterm Haus, im eigenen Garten. Da störten sie nicht so sehr.

Hat der soziale Fortschritt die Kinder befreit? Die technische Zivilisation hat, vereint mit dem sozialen Fortschritt, das Elend der Kinderarbeit beseitigt. In allen Industriestaaten ist heute die Kinderarbeit verboten. Trotzdem sieht man auf den Straßen kaum noch Kinder spielen. Kein Wunder, so sagt man sich, bei dem wachsenden Autoverkehr.

Aber auch die wenigen Spielplätze liegen meistens unbenutzt da. Nur an Wochenenden sieht man bei schönem Wetter Väter mit ihren vorschulpflichtigen Kindern hier die Schaukeln und Wippen in Betrieb nehmen.

Spielplätze ohne Kinder. Der Einwand, daß die üblichen Spielplätze, die mit Klettergerüsten und Schaukeln verstellt sind, zu wenig Anregung zu schöpferischem Spiel bieten, ist sicher berechtigt. Schaukeln, Wippen und dergleichen sind eine billige Imitation der schwindelerregenden Apparate, die der Rummelplatz, ein- oder zweimal im Jahr, in viel phantasievollerem Rahmen anbietet. Aber wer will sich schon das ganze Jahr lang schaukeln! Einmal im Jahr Karussellfahren – dieser Spaß behält seinen Reiz.
In den skandinavischen Ländern gibt es seit langem »Gerümpelspielplätze« mit vielerlei Baumaterial ausgestattet. Auch in anderen Ländern macht man inzwischen vereinzelt Versuche mit solchen *Abenteuerspielplätzen*, auf denen man Buden bauen kann.
Daneben gibt es in der Nähe der Siedlungen Spielwiesen und Spielplätze, viel zuwenig für die vielen Kinder, die in den Siedlungen wohnen. Wenn diese Spielplätze trotzdem die meiste Zeit unbenutzt bleiben, dann liegt das nicht nur daran, daß sie so langweilig sind und wenig Anreiz zum Spielen bieten. Die Kinder, die dort spielen könnten, haben gar keine Zeit zum Spielen.

Das Kinderelend der modernen Gesellschaft. Von Jahr zu Jahr wird der Leistungsdruck in unseren Schulen größer. Wer etwas auf sich hält – und das tun die meisten –, der wünscht, daß sein Kind eine »gute« Schulbildung erhält. Das heißt, man möchte, daß das Kind nach dem vierten Schuljahr in das Gymnasium oder die Realschule überwechselt. Dieser Wechsel setzt entsprechend gute Zeugnisse voraus. So sieht man heute schon die Mütter der Erstkläßler Nachmittag für Nachmittag, Stunden um Stunden mit den Kindern Lesen, Schreiben und Mengenlehre üben. Mit zunehmenden Schuljahren wächst die Zahl der nachmittäglichen Schularbeitsstunden.
Schritt für Schritt hat sich hier im zwanzigsten Jahrhundert ein neues Kinderelend eingenistet. Mit gebeugtem Rücken sitzen die Kinder vormittags in der Schule und nachmittags über den Hausaufgaben. Wen wundert es, daß die Gesundheitsbehörden beklagen, in welchem besorgniserregenden Maß die Haltungsschäden zunehmen.

Der Kampf um die bessere Bildung ist ein Lebenskampf. Was sind das für Erwachsene, die ungerührt zusehen, wie ihre Kinder ein Arbeitspensum bewältigen, das dem aus den schlimmsten Zeiten der Kinderarbeit kaum nachsteht?

Sie wollen für ihre Kinder nur das Beste, so sagen sie. Wenn die Kinder eine weiterführende Schule besuchen, haben sie später bessere Berufschancen. Da die weiterführenden Schulen aber nur eine begrenzte Zahl von Schülern aufnehmen, wird gesiebt. Durch Prüfungen, Zensuren, Zeugnisse und erhöhte Leistungsanforderungen kann man die Zahl der Privilegierten beschränken, die die Chance einer weiterführenden Bildung erhalten.

»Streng dich an«, sagen die Eltern ihrem Kind, »damit du das Ziel erreichst!« Sie wissen oft gar nicht, daß nur wenige das Ziel erreichen können, daß die meisten bei dem Konkurrenzkampf um bessere Zensuren und Zeugnisse auf der Strecke bleiben.

Warum wehren die Eltern sich nicht gegen ein System, das ihre Kinder viel zu viele Stunden des Tages am Schreibtisch beschäftigt?

Bis an den Rand der Leistungsgrenze. Claudia W. kennt diese Sorgen nicht. Sie hat Bewegung. Drei bis vier Stunden am Tag trainiert sie in ihrem Sportverein. Claudia ist erst 12 Jahre alt, aber ihre sportlichen Leistungen sind so hervorragend, daß der Trainer hofft, sie in zwei bis drei Jahren auf Olympiareife zu bringen.

Wenn Claudia am Spätnachmittag nach Hause kommt, muß sie noch Schulaufgaben machen. Rasch schlingt sie das Abendessen hinunter, und danach sitzt sie noch Stunden über ihren Heften. Wenn man sie fragt, ob ihr das alles nicht zuviel wird, wehrt sie ab. Der Sport macht ihr Spaß, weil sie da etwas leistet und anerkannt wird. Nur im Hinblick auf die Schulaufgaben zieht sie ein saures Gesicht. Aber – »Schule muß ja sein«, seufzt sie und zuckt mit den Achseln.

Wir sehen diese Überbelastung vieler Kinder mit an und schauen einfach weg. Wenn wir dagegen heute Berichte über die Kinderarbeit im 19. Jahrhundert lesen, tun uns die armen Kinder leid. Wir können nicht verstehen, daß die Eltern und Erzieher jener Zeit es zulassen konnten, wenn Kinder bis zu 14 Stunden am Tag in der Fabrik arbeiteten.

Kinder können sich nicht wehren. Als Charles Dickens damals mit seinen Büchern über das Kinderelend die öffentliche Meinung wachrüttelte, schickte das englische Parlament eine Kommission in die Fabriken. Sie fragten die Kinder: »Wird euch die Arbeit nicht

zuviel?« Die Kinder schüttelten verständnislos den Kopf. Sie kannten ja nichts anderes als Arbeit. »Werdet ihr manchmal geschlagen?« so fragten sie. »Ja«, antworteten die Kinder, »der Meister schlägt uns, wenn wir nicht schnell genug arbeiten oder wenn wir etwas falsch machen. Aber das haben wir dann ja auch verdient, und nach zwei, drei Tagen tut es nicht mehr weh.«
Na, seht ihr, sagten damals die konservativen Politiker, die Sache ist gar nicht so unmenschlich, wie ihr sie darstellt, die Kinder empfinden ihre Lage gar nicht so.

Unsere Kinder haben es doch so gut ... Wenn heute viele Kinder ebenso viele Stunden am Tage arbeiten wie zu den Zeiten der Kinderarbeit, reagieren auch heute wieder die meisten Erwachsenen darauf mit einer verblüffenden Blindheit. Sie erkennen nicht die Schäden, die diese Arbeitsüberlastung anrichtet.
Kinderelend in fernen Ländern oder in der Vergangenheit sehen wir mit viel schärferem Blick als das, was sich in unseren eigenen Kinderzimmern und Schulen abspielt.
In einer Milieuschilderung einer Arbeiterfamilie aus dem vorigen Jahrhundert heißt es: »Brot konnten die armen Leute kaum essen, das war zu teuer. Da gab es immer nur Kartoffeln. Manchmal kauften wir einen Hering dazu, da nahm mein Vater die Hälfte davon, die andere Hälfte mußte meine Mutter mit uns fünf Kindern teilen.« So war das damals. Der Vater bekam immer das größte Stück. Wir wissen heute, daß Kinder, die im Wachstum begriffen sind, nicht weniger, sondern mehr Nahrungsmittel brauchen als Erwachsene. Ja – gutes Essen, daran soll es unseren Kindern heute nicht fehlen.

Kinder brauchen Raum. Aber wenn ich mir unsere Wohnungen ansehe, muß ich unwillkürlich an den eben erwähnten Vater mit dem Hering denken. Wir Erwachsenen machen uns zu breit. Wir verstellen das größte und schönste Zimmer der Wohnung mit raumgreifenden Sitzmöbeln, und in dem kleinsten Raum – manchmal nur 8 qm groß – müssen sich die Kinder einrichten.
Kinder, die im Wachsen begriffen sind, haben einen starken Bewegungsdrang. Mein kleiner Neffe, er ist sechs Jahre alt, kommt mit dem Gummiball in das Wohnzimmer. Wir Erwachsenen sitzen in einer Ecke und unterhalten uns. Der Junge spielt auf der langen Bahn von der Tür bis zum Fenster mit dem Ball. Der kleine Gummiball kann nicht viel Schaden anrichten, aber seine Mutter wird ärgerlich. »Geh raus mit dem Ball!« – »Aber ich kann doch hier am

besten spielen, das ist doch das größte Zimmer hier.« Die Mutter schüttelt unwillig den Kopf: »Geh auf den Flur.« – »Aber da ist es doch dunkel.« – »Dann geh in dein Zimmer und spiel etwas anderes, du störst uns.«

Wir verlangen Ruhe und den größten Raum. Wir Erwachsenen haben Sitzfleisch. Wir können stundenlang auf einem Sessel sitzen. Wir haben nicht mehr dieses starke Bedürfnis, uns zu bewegen, wie die Kinder, die noch nicht so lange stillsitzen können, die ihre Glieder bewegen müssen. Aber dennoch beanspruchen wir den größten Raum für uns und wollen unsere Ruhe haben.
Vielleicht wäre mir dieses Mißverhältnis nie so aufgefallen, wenn ich nicht andere Länder kennengelernt hätte, in denen man den Kindern etwas mehr Spielraum gönnt.
Die Kinder meiner englischen Freunde haben es darin besser als die deutschen. Selbst wenn Besuch im Hause ist, nimmt man mehr Rücksicht auf die Kinder.

Kinder brauchen Bewegung. Nachmittags gegen vier Uhr, wenn Vater und Mutter von der Arbeit kommen, trudeln auch die Kinder von der Schule zu Hause ein. Alle treffen sich im großen Wohnraum, auch wenn Besuch angekommen ist, der mit dem Vater etwas besprechen möchte. Johnny, der Jüngste, ist im ersten Schuljahr. Er kann das lange Sitzen noch nicht vertragen. Er stürmt ins Wohnzimmer, wirft sich auf den Fußboden, und als der Vater ein Gespräch mit ihm anfängt, wirft er sich auf den Vater, um ihn zu einem Box- und Ringkampf herauszufordern. Der Vater geht darauf ein. Die beiden wälzen sich auf dem Boden herum, machen eine kurze Pause, dann geht die Rangelei weiter. Der Besucher findet das ganz natürlich. Schließlich werden die beiden müde und stehen auf. »Na, Johnny«, sagt der Vater, »da hast du mich aber ganz schön zum Schwitzen gebracht! Und jetzt muß ich mich wohl mal mit Mister Porter unterhalten, du erlaubst, Johnny?«
Johnny begrüßt den Gast, der Vater bekommt noch einen letzten Klaps, und dann läuft Johnny in den Garten. Wenn wir Rücksicht auf die Bedürfnisse der Kinder nehmen, dürfen wir damit rechnen, daß die Kinder auch Rücksicht auf uns nehmen. Johnny muß sich, nachdem er so lange in der Schulstube eingesperrt war, zu Hause erst einmal austoben. Vielleicht braucht er auch die Tuchfühlung mit seinem Daddy. Da man das respektiert, erlaubt er auch den Erwachsenen, sich ungestört zu unterhalten.
Kinder brauchen nicht weniger, sondern mehr Bewegungsraum als

die Erwachsenen. Sie brauchen nicht weniger, sondern mehr Freizeit als die Erwachsenen, damit sie ihre Eigeninitiative entfalten können.

Wer setzt sich für das Recht des Kindes ein? Die Kinder können sich aber den notwendigen Bewegungsraum, die notwendige Freizeit nicht selbst verschaffen, diese Aufgabe müssen die Erwachsenen für die Kinder übernehmen.
Im 19. Jahrhundert haben Männer und Frauen sich beharrlich und energisch für ein Verbot der Kinderarbeit eingesetzt. Ob sich im 20. Jahrhundert auch Erwachsene finden, die den Kindern mehr Bewegungsraum und mehr Freizeit verschaffen?
Wenn wir ihnen beides vorenthalten, erziehen wir Duckmäuser oder Egoisten, die sich rücksichtslos nehmen, was man ihnen vorenthält. Eigenschaften, die auf die Dauer ein friedliches Zusammenleben ermöglichen, wie Gegenseitigkeit, Hilfsbereitschaft, Gemeinsinn, können sich nicht entfalten, wenn wir den Lebensraum der Kinder auf so unverantwortliche Weise einengen.

Das Recht auf Entfaltung der persönlichen Fähigkeiten. Unsere Kinder brauchen nicht nur Spielplätze, sie brauchen auch Räume mit Spiel- und Beschäftigungsmöglichkeiten.
Wenn wir den Kindern Bewegungsraum und Material geben, dann benötigen sie keine Erwachsenen, die anordnen, was sie tun sollen. Bei freigewählten Beschäftigungen entwickelt sich die vorhandene Selbständigkeit, die Eigeninitiative. Befreit vom Konkurrenzdruck der Zensuren, bekommen sie Spaß an der Leistung, und sie finden Freunde und Spielgefährten, die sich gegenseitig helfen.
Der Erwachsene tritt hierbei als Berater und freundschaftlicher Helfer auf. Nicht der Erwachsene, die Kinder stellen hier die Fragen.

Kinder brauchen Zeit. Aber für diese freigewählte Beschäftigung brauchen die Kinder nicht nur Räume, sondern auch Zeit. Wie können die Eltern ihren Kindern helfen, Zeit zu gewinnen?
In einigen Ländern bemüht man sich bereits um eine kritische Durchforstung des gesamten Lehrstoffs. Sobald man vorurteilsfrei auf den Stoff und auf die Übungen verzichtet, die wir heute und morgen nicht mehr benötigen, kann man die Zeit, die unsere Kinder heute noch für Schule und Hausaufgaben aufwenden, drastisch verkürzen.

Freunde und Feinde des Kinderspiels

Am Anfang war das Spiel. Im Geschichtsbewußtsein vieler Völker lebt noch die dunkle Erinnerung an eine längst vergangene, paradiesische Zeit, in der es noch keine Unterschiede zwischen arm und reich, zwischen Freien und Unfreien gab.
Im alten Rom feierte man einmal im Jahr ein ausgelassenes Fest zum Andenken an diese glückliche Zeit, als noch Friede und Freude, Freiheit und Gleichheit das Zusammenleben der Menschen bestimmte. An diesen Festtagen, den Saturnalien, wurden den Gefangenen die Ketten abgenommen, die Sklaven durften am Familientisch sitzen und wurden von ihren Herren bedient.
Seitdem Ethnologen und Anthropologen die Lebensgewohnheiten fremder Völker erforschen, wissen wir, daß es diese glücklichen Zeiten tatsächlich gegeben hat. Völker, die noch in genossenschaftlicher Form zusammen leben, kennen keine Unterschiede zwischen arm und reich, und alle haben die gleichen Rechte.

Die Stellung des Kindes in der genossenschaftlichen Wirtschaftsweise. Übereinstimmend berichten uns die Völkerkundler, daß bei dieser Form des Zusammenlebens die Kinder von ihren Eltern und allen Erwachsenen mit auffallender Freundlichkeit und Nachsicht behandelt werden.
Den europäischen Forschern, die daran gewöhnt waren, daß man Kinder für Unarten und Ungehorsam mit harten Worten und Schlägen bestraft, fiel der ganz andersartige, liebevolle Umgangston auf, der hier zwischen Erwachsenen und Kindern allgemein üblich war.
Ein Forscher beobachtete bei den Omaha-Indianern, daß die Erwachsenen, selbst wenn die Kinder Unfug anstellten, keinerlei Strafmaßnahmen ergriffen, sondern gelassen und gutmütig darauf reagierten.
Alle diese Völker, die noch in einer Gemeinschaftskultur leben, sind fröhliche Völker. Sie lachen gern, und wenn ihre Kinder übermütig sind, amüsieren sie sich mit ihnen. Sie necken sich gegenseitig, und darum hört man sie so oft lachen.

Das Kind spielt und lernt. Daß Kinder »Dummheiten« – gewollte und ungewollte – machen, sollte eigentlich jedermann als eine natürliche Wachstumserscheinung betrachten. Ungewollte Dummheiten,

das sind Fehler, aus denen man als Kind wichtige Erfahrungen sammelt. Man lernt dabei etwa, daß rohe Eier zerbrechlich sind, daß man sich an heißen Gegenständen oder Flüssigkeiten verbrennt. Die vielen Arten der Geschicklichkeit erwirbt man durch Übung, denn es ist noch kein Meister vom Himmel gefallen.
Aber auch die gewollten Dummheiten sollten wir in Kauf nehmen. Das Kind lernt, indem es spielt. Spiel ist Bewegung, ein Hin und Her zwischen links und rechts, oben und unten, hinten und vorn. Spielend lernt das Kind seine Umwelt, seine Mitmenschen kennen. Spielend bewegt es sich dabei zwischen ja und nein, zwischen richtig und falsch, zwischen lieb und bös hin und her.

Der Eiertanz um die Spielregeln. Das Kind erfährt dabei, wie wir reagieren, wenn es etwas richtig, wenn es etwas falsch macht. Es spielt und tastet sich damit an die Grenzen heran, die die Spielregeln unseres Zusammenlebens uns setzen. Dabei lernt es diese Grenzen respektieren. Es probiert aus, wie weit darf ich gehen.
Das Klima der zwischenmenschlichen Beziehungen wird davon bestimmt, wie die Erwachsenen auf diese Spiele reagieren, ob sie den Kindern bei jedem Fehler mit Schlägen und bösen Beschimpfungen entgegentreten, oder ob sie freundlich und gutmütig zurechtweisen.

Die hierarchische Gesellschaftsordnung. Bei Gruppen und Völkern, die bereits Besitzunterschiede kennen, entstehen auch Standesunterschiede. Wer mehr hat, wird mehr geachtet, darf sich mehr herausnehmen. Hier haben auch die Alten mehr Rechte und Privilegien als die Jungen, und die Kinder werden härter angefaßt. Je größer die Besitz- und die Standesunterschiede, desto härter die Strafen für den, der gegen die Spielregeln verstößt.
Zu Beginn der Feudalherrschaft lebten in Mitteleuropa noch viele Bauern in Marktgenossenschaften. Sie waren daran gewöhnt, daß alles allen gehörte. Ein durchreisender Fremder durfte zum Beispiel von Feldern, Bäumen und Sträuchern der Genossenschaft so viel nehmen, wie er brauchte, um seinen Hunger zu stillen.
Mit zunehmender Ausbreitung der Feudalherren suchte man diese »Mißachtung des Privatbesitzes« mit Stumpf und Stiel auszurotten. Fortan hatte jeder strenge, ja grausame Strafen zu erwarten, wer vom grundherrlichen Besitz eine Handvoll Früchte entwendete oder wer sich einen Hasen fing. Mit Händeabhacken, Ohrenabschneiden und ähnlichen »Abschreckungsmaßnahmen« ging man gegen den vor, der den Besitz der Feudalherren antastete.

Auf der Leiter der Standesunterschiede steht das Kind ganz unten. Mit diesen brutalen Strafmaßnahmen änderte sich auch nach und nach die Kindererziehung. So wie die Erwachsenen von ihrer Herrschaft zur Arbeit, zu Abgaben und zum Gehorsam gezwungen wurden, so verlangte man jetzt auch von den Kindern strikten Gehorsam. Die alten Zeiten, in denen »Friede und Freude, Freiheit und Gleichheit« herrschte, waren vorbei. Jetzt gab es Herren und Knechte; die einen konsumierten, was die anderen produzierten.

Spiel wird zum Vorrecht des Adels. Zu Beginn des 13. Jahrhunderts verfaßte Jakob von Vitry eine bittere Anklage gegen die adligen Herren. Darin heißt es: »Diese Seigneurs können trotz ihrer pomphaften Titel nicht davon lassen, auf Raub auszugehen und das Brigantenhandwerk zu treiben. Aus geringfügigen Ursachen machen sie den Armen den Prozeß, um ihre Habe sequestieren zu können, und die Unschuldigen unterwerfen sie grausamen Torturen, um ihnen Geld auszupressen. Und das alles, um ihren Wucherer bezahlen zu können, um Mimen, Jongleure, Histrionen und Schmeichler zu unterhalten.«

Der arbeitende Mensch darf nicht spielen. Zur gleichen Zeit zog der Volksprediger Berthold von Regensburg durchs Land und erklärte den Bauern mit eindringlichen Worten, daß sie zur Arbeit geschaffen seien und nicht zu Spiel und Müßiggang.

»Unser Herr hat einen jeglichen Menschen ein Amt verliehen, ich habe auch ein Amt: Predigen ist mein Amt. Da unser Herr mit Weisheit alle Dinge geordnet hat, so hat er auch das Leben der Menschen geordnet, wie er will, und nicht wie wir wollen. Und wollte auch mancher gerne ein Graf sein, so muß er doch ein Schuster sein. Und wolltest du gerne ein Ritter sein, so mußt du ein Bauer sein und mußt uns Korn und Wein anbauen. Wer sollte uns den Acker bebauen, wenn wir alle Herren wären? Oder wer sollte uns die Schuhe machen, wenn du wärest, was du wolltest? Du mußt sein, was Gott will. – Das ist also gesprochen: Wenn du ein niederes Amt hast, so sollst du nicht murren in deinem Herzen noch in deinem Munde: O weh, Herrgott, warum hast du mir so ein arbeitsames Leben gegeben und manchem anderen so große Ehre und Gut? Das sollst du nicht tun. Denn hätte dir der Herr ein höheres Amt geben wollen, so hätte er's getan. Weil er dir nun ein niederes gegeben hat, so sollst du dich um Gottes willen mit deinem Amte erniedrigen und demütigen, so will er dir oben im Himmel ein sehr hohes Amt geben.«

Spiel wird zur Sünde erklärt. Freude und Spiel waren ein Vorrecht des Adels, der Bauer hatte zu arbeiten. Um ihn bei der Arbeit zu halten, stellte man ihm das Spiel als eine Sünde, als etwas Nichtsnutziges und Kindisches dar. Spielen durften bestenfalls die Kleinkinder, die Zwei- bis Dreijährigen. Sobald sie fähig waren, im Haus, im Garten, auf dem Feld zu helfen, gab man ihnen zu verstehen, daß Spielen Zeitvergeudung und darum nicht mehr erlaubt sei.

Der Spieltrieb ließ sich aber nicht völlig unterdrücken. Immer wieder versuchten die Kinder, dem Arbeitszwang zu entfliehen und sich im Spiel einen kleinen Freiheitsraum zu schaffen. Die Erwachsenen, die im Laufe der Jahrhunderte unter der Herrschaft einer Obrigkeit schließlich gelernt hatten, Spiel als etwas Unnützes, Verbotenes anzusehen, trieben auch den Kindern die Spielfreude gewaltsam aus.

Spielen bei Strafe verboten. In den mittelalterlichen Stadtchroniken tauchen immer wieder Spielverbote auf. Im Jahre 1530 wurden in Zürich die Kinder, die man beim Kluckern – eine Art Murmelspiel – antraf, dadurch bestraft, daß man sie »gätterte«. Man spannte sie in ein Gatter, in dem man sie bis zum Erbrechen herumwirbelte. Fast zur gleichen Zeit verteidigte Luther in einem Sendschreiben »An die Bürgermeister und Ratsherren aller Städte« das Recht der Kinder, »Käulchen zu schießen, zu laufen, zu rammeln und Ball zu spielen«.

Aber solche Stimmen blieben vereinzelt. Sie drangen gegen die weitverbreitete Spielfeindlichkeit kaum durch. Selbst der sonst so wohlmeinende Pädagoge August Hermann Francke sah im Spiel nur eine »Eingebung des Teufels«.

Zaghafte Versuche zur Verteidigung des Kinderspiels. Trotz alledem ließ sich die Freude am Spiel nie ganz verdrängen. Von Leibniz wird berichtet, daß er sich mit wahrer Leidenschaft in das Schachspiel vertiefte. Er stellte aber auch lange Untersuchungen über die Regeln verschiedener Kinderspiele an und schrieb darüber voller Bewunderung: »Die Menschen haben niemals größeren Scharfsinn gezeigt als bei der Erfindung der Spiele.« – »Ich empfehle sehr«, schrieb er ein anderes Mal, »daß sich der Mensch in Vervollkommnungsspielen übe, nicht um zu spielen, sondern weil sie zur Vervollkommnung in der Kunst des Nachdenkens dienen.« Leibniz scheint befürchtet zu haben, daß seine Zeitgenossen mißbilligend den Kopf schütteln würden, wenn er sich so intensiv mit etwas so »Nichti-

gem«, wie mit den Kinderspielen beschäftigte. Wie eine Entschuldigung klingt es, wenn er schreibt:
»Aber man wird mich fragen, wozu können derartige Spiele dienen? Ich antworte: Zur Vervollkommnung der Erfindungskunst. Wir bedürfen der Methoden, um in allem, was sich mittels des Verstandes finden läßt, Erfolg zu haben.«

Nur die Kleinkinder dürfen spielen. In England lebte zur selben Zeit der Arzt und Philosoph John Locke. Er brachte einige Jahre in dem Haus des Lord Shaftesbury zu, dessen Sohn, ein zartes und kränkliches Kind, sich unter seiner Erziehung zu einem gesunden und starken Jungen entwickelte.
Locke betrachtete das Spiel noch mit denselben Vorurteilen wie seine Zeitgenossen. Reines Spiel gönnt er nur den ganz kleinen Kindern: »Man muß ihnen die kleinen Possierlichkeiten und Kindereien ihres Alters zugute halten. – Man muß ihnen nicht wehren, Kinder zu sein oder zu spielen und zu handeln in ihrer kindischen Weise.«
Sobald der Verstand erwacht, sollen sie sich jedoch mit etwas Nützlichem beschäftigen. Reine Unterhaltungsspiele sind für ihn die blanke Zeitverschwendung. Daß Kinder aber eine unbändige Lust zum Spielen haben, entgeht dem scharf beobachtenden Locke natürlich nicht:

Wie man den Spieltrieb umfunktioniert. »Ich habe gesehen, daß kleine Mädchen ganze Stunden lang mit vieler Mühe üben, Fangstein zu spielen. Ich dachte, wenn ich das sah, es brauchte nur einer guten Erfindung, um sie dahin zu bringen, daß sie dieselbe Geschäftigkeit auf etwas anderes verwenden, was ihnen nützlicher wäre, und mir scheint, die Schuld liegt bloß in der Nachlässigkeit der Erwachsenen, daß es nicht so ist. Die Kinder verstehen die Kunst, müßig zu sein, bei weitem nicht so gut wie die Erwachsenen.«
Locke deutet den Spieltrieb als reinen Tätigkeitsdrang, den man nur umzuschalten brauche. Um dem Kind das Spiel abzugewöhnen, ist ihm jedes Mittel recht:

Kampf gegen das Spiel mit psychologischen Tricks: »Macht, daß sie dessen, was sie eurer Ansicht nach vermeiden sollten, überdrüssig werden dadurch, daß ihr es ihnen auferlegt und unter dem einen oder anderen Vorwand sie es so lange tun laßt, bis es ihnen zuwider geworden. Zum Beispiel euer Sohn spielt mit dem Kreisel und verfolgt dieses Spiel zu eifrig. Heißt ihn täglich einige Stunden damit spielen und besteht darauf, daß er es wirklich tue; so werdet ihr sehen, er wird es bald müde werden und sehr geneigt sein, davon abzulassen.«

Erlaubt sind bei Locke nur Spiele, die der Abhärtung des Körpers dienen, Laufspiele in frischer Luft, Rodeln, damit der Körper Kälte aushalten lernt. Aber für reinen Zeitvertreib, wie Würfel und Karten, hat er nichts übrig. Und doch benützt er diese Dinge, um das Kind spielend zu unterrichten:

Spielsachen zum Lernen. »Ich habe mich immer mit dem Gedanken getragen, daß man das Lernen den Kindern mehr wohl zum Spiel und zur Erholung machen könnte, daß sie wünschen, unterrichtet zu werden, wenn man es ihnen als eine Sache vorstelle, die ihnen Achtung, Wohlwollen, Vergnügen, Erholung verschaffe, oder als eine Belohnung für sonst ein Geschäft, und wenn sie für eine Nachlässigkeit im Lernen niemals gescholten oder getadelt würden. Man sollte den Kindern nichts auferlegen, was wie ein ernsthaftes Geschäft aussieht, weder ihre Seele noch ihr Körper kann das ertragen.«

Er rät den Pädagogen, Spielsachen für das Lernen zu erfinden. Um die Kinder lesen zu lehren, konstruiert er elfenbeinerne Würfel und macht daraus eine Art Lotteriespiel. Damit läßt er die Erwachsenen in Gegenwart der Kinder spielen, die, wenn sie brav sind, mitmachen dürfen.

Bei allen Vorurteilen, die Locke dem Spiel noch entgegenbrachte, zeigte er doch schon großes Verständnis für die kindliche Eigenart. Er war zugleich ein Feind und ein Freund des Spiels. Er schickte es zur Hintertür hinaus und ließ es zur Haustür wieder herein, als ein nützliches Ding, das die Arbeit zur Freude machen sollte.

Wo die Grenzen zwischen Spiel und Arbeit verwischt werden. Gleichzeitig wertete Locke aber auch die bis dahin so verachtete körperliche Arbeit auf. Arbeit war eine Sache des niederen Volkes und eines Mannes von Stand unwürdig. Er empfahl als Erholung und Entspannung, was für seine Zeit neu und verblüffend erschien, körperliche Arbeit: »Erholung und Ergötzung müssen körperliche Übungen sein, welche die Seele entspannen und die Gesundheit und Kraft aufrechterhalten. Dies vermögen am besten Gartenbau, Landwirtschaft und allerlei Arbeiten aus Holz.«

Ohne zu wollen, rüttelte er damit an den Schranken, die damals noch zwischen den Ständen aufgerichtet waren. Locke dachte noch nicht daran, diese Schranken zu beseitigen, im Gegenteil, er war

ängstlich darauf bedacht, daß die adligen Knaben nicht mit Kindern spielten, die sozial unter ihnen standen. Aber indem er die Arbeit »hoffähig« und das Spiel zu einer nützlichen Sache machte, durchbrach er die festgefügten Vorurteile seiner Zeit und leitete einen Wandel im Denken ein.
Während in allen Schulen der damaligen Zeit das Verhältnis zwischen Lehrer und Schüler von Befehlen und Gehorchen bestimmt war, ging Locke mit Nachsicht und Geduld auf die Eigenart des Kindes ein. Das Spiel war ihm dabei ein willkommenes Hilfsmittel.

Die Naturwissenschaftler entdeckten die Bedürfnisse des Kindes. In Frankreich geht um diese Zeit der Theologe Fénelon ebenfalls neue Wege. Auch er verzichtet auf den strengen Befehlsgehorsam. Was man bis dahin kurzerhand als »Unart« bezeichnet hatte, sucht er aus den Wachstumsbedingungen des Kindes zu erklären. Hier macht sich bei Fénelon das beginnende Zeitalter der Naturwissenschaften bemerkbar. Er weist darauf hin, daß das Kind noch ein »weiches Gehirn« habe, dem sich alles leicht einpräge, er spricht von der »großen Wärme«, die seine Beweglichkeit, sein unbeständiges Wesen bewirkt, das seine Aufmerksamkeit nie längere Zeit auf einen Gegenstand richtet. Aus dieser Betrachtungsweise spricht eine neue, bis dahin nicht gekannte Neigung zum Verständnis des Kindes, und in dieser kinderfreundlichen Atmosphäre darf auch gespielt werden: »Laßt also das Kind spielen«, schreibt Fénelon, »und verbindet mit dem Spiel den Unterricht, damit sich ihm die Weisheit nur von Zeit zu Zeit und mit heiterem Antlitz zeigt; hütet euch, es mit einer aufdringlichen Nüchternheit zu ermüden.« Bei allem liebenden Verständnis für das Kind bewegt sich Fénelon allerdings immer noch in den engen Grenzen der höfischen Sitten. Er beschäftigte sich einige Zeit mit der Erziehung des Thronfolgers am Hofe Ludwigs XIV. und bemühte sich gewissenhaft, die freiere Erziehung mit der Etikette der Hofgesellschaft in Einklang zu bringen. Seine Spiele waren sorgfältig ausgesucht, er duldete nur »ehrbare«, die den Verstand schärften und den Körper gewandter machten, alles bewegte sich in gemessenen Formen: »Spiele, welche zu sehr zerstreuen und leidenschaftlich erregen oder an unschickliche Körperbewegungen gewöhnen, müssen vermieden werden.«
Aber die kinderfreundlichere Einstellung Fénelons blieb nicht ohne Einfluß. Sie wurde wegweisend für die Männer und die Frauen der Aufklärung. Diese Rationalisten waren eifrige Befürworter des Kinderspiels. Sie wollten belehren, erziehen, und sie sahen im Spiel ein nützliches Hilfsmittel.

Spiel als Mittel zum Zweck. Diese ersten zaghaften Versuche, das Lernen und den Schulzwang etwas erträglicher zu gestalten, dringen kaum an die Öffentlichkeit, da werden sie schon übertönt von der schrillen Stimme eines Mannes, der mit scharfem Blick die Situation viel klarer erkennt als alle seine Zeitgenossen: Jean Jacques Rousseau. Unerschrocken zerreißt er den Nebelschleier altgewohnter Denkweisen und verurteilt die barbarischen Erziehungsmethoden, die das heranwachsende Kind unterdrücken, verbiegen, vergewaltigen.

Seine Kritik macht auch vor den freundlichen Männern der Aufklärung nicht halt. Rousseau wirft diesen tüchtigen Pädagogen vor, sie wollten das Spiel nur mißbrauchen, um dem Kind die bittere Pille der Arbeit zu versüßen. In dieser Methode sieht Rousseau eine neue Form von Zwang.

In seinem Erziehungsroman läßt er den Jungen Emile völlig frei, ohne Schulzwang aufwachsen, damit er nicht ständig am Gängelband geführt, sondern innerlich frei und selbständig wird. Emile soll frei, ohne Bevormundung spielen. Dem durch die Pädagogen gelenkten Unterricht wirft Rousseau vor, daß er zur Unselbständigkeit erzieht. Der Knabe Emile kennt nur selbstgewählte Beschäftigungen und Spiele. Auf diese Weise lernt er denken.

Das Recht des Kindes, glücklich zu sein. Außerdem weist Rousseau zum erstenmal darauf hin, daß der Mensch auch ein Recht darauf hat, glücklich zu sein. Glücklich macht aber nur das frei gewählte Spiel, nicht das von Erziehern befohlene.

»Du entsetzest dich«, sagt Rousseau, »über den Gedanken, daß das Kind seine ersten Jahre im Nichtstun verbringt! Wie! Ist denn Glücklichsein nichts? Sein Leben lang wird es nicht mehr so beschäftigt sein.«

Mit solchen Gedanken war Rousseau seiner Zeit glatt um zweihundert Jahre vorausgeeilt. Bis zu der Einsicht, daß das Spiel eine legitime Lebensäußerung ist, war noch ein weiter Weg.

Das Spiel soll den Stock ersetzen. Da in den öffentlichen Schulen des 18. Jahrhunderts immer noch der Stock als beliebtes Erziehungsmittel regierte, richteten fortschrittliche Pädagogen hier und da private Erziehungsanstalten ein, um ihre neue, humanere Methode zu erproben. Menschenfreunde, Philanthropen, nannten sich diese Männer. Sie richteten Schulen ein, in denen die Kinder spielend und ohne Zwang lernen sollten. Aber die öffentliche Meinung jener Zeit – als Untertanen eines Obrigkeitsstaates an Befehlen und Gehorchen gewöhnt – betrachtete diese Schulen mit tiefem Mißtrauen.

Vor etwa zweihundert Jahren richtete der Pädagoge Basedow in Dessau eine solche Schule ein, in der die Kinder spielend lernten. Wenn aus den offenen Fenstern der Schule schallendes Lachen dröhnte, schüttelten die Vorübergehenden mißbilligend die Köpfe. Das Experiment erregte damals beträchtliches Aufsehen. Aber die wenigsten beschäftigten sich ernsthaft mit der neuen Methode. Die meisten betrachteten die ganze Sache als eine Art Schildbürgerstreich, über den man sich köstlich amüsierte. In einem Bericht über eine Unterrichtsstunde in diesem Philanthropien lesen wir:

»Zuerst kam das Kommandierspiel. Die jüngeren Schüler standen in einer Reihe wie Soldaten, und Herr Wolke, ihr Befehlshaber, kommandierte auf lateinisch: Macht wie die Schuster, die Schneider und so weiter. Die Kleinen bezeigten durch Ausführen der Kommandos das Verständnis. Herr Wolke kommandierte Hunderte solcher Übungen. Dann kam das Versteckspiel, wobei ein Name auf die Rückseite der Tafel geschrieben wurde aus irgendeiner Ordnung der Dinge, etwa ein Teil des menschlichen Körpers, eine Pflanze, ein Tier, und wobei dann der, der es erriet, einen Apfel oder ein Stück Kuchen zur Belohnung erhielt. Alsdann folgte noch ein anderes Spiel, und die Schüler ahmten die Stimmen der Tiere nach. Man hätte vor Lachen bersten mögen. Bald brüllten sie wie die Löwen, bald krähten sie wie die Hähne oder bellten wie die Hunde, miauten wie die Katzen, wieherten wie die Pferde oder heulten wie die Wölfe.«

Um die Qualen des Lernens zu lindern. Da die althergebrachte Methode des Lernens den Kindern so viele Qualen bereitete, war man immer geneigt, die Vermittlung von Wissen als eine ernste Arbeit anzusehen. Die Freude hatte auf diesem Terrain nichts zu suchen. Durch das ganze 19. Jahrhundert zieht sich der Streit darüber, ob man spielend lernen soll oder ob das fröhliche Spiel und die ernste Arbeit streng getrennt werden sollen. Meist behielten die Vertreter der letzteren Ansicht die Oberhand. Beide Richtungen wiesen dem Spiel aber immer noch eine untergeordnete, dienende Rolle zu. Nur ein Außenseiter wie Jean Paul konnte es wagen, das Spiel als zentralen Punkt in der Entwicklung des heranwachsenden Menschen zu betrachten.

Spielfreude als Teil des Lebens. Jean Paul sieht das ganze Leben nie als eine Summe von Einzelzwecken, sondern immer als ein Ganzes. Dieses »Ganze des Lebens« ist für ihn entweder »nirgends« oder »überall«. Eine solche Betrachtungsweise ermöglicht es ihm, in allem

Tun des Kindes den Spielcharakter zu erkennen. Spielend betätigt er seinen Nachahmungstrieb, seinen Wissensdurst. Im Spiel wird seine Ausdrucksfähigkeit, seine Vorstellungswelt erweitert.

»Das Spiel bildet alle Kräfte«, sagt Jean Paul. In dem Klima der Heiterkeit, die dabei erzeugt wird, sieht er die beste Möglichkeit für eine harmonische Entfaltung aller Fähigkeiten des Menschen.

Daß Kinder gern lachen, hat man wohl immer gewußt, aber daß sie seelisch verkümmern, wenn man dem Spaß zu wenig Raum im Kinderleben gönnt, diese Erkenntnis setzte sich erst langsam durch. Selbst die gutwilligen Pädagogen hielten das Vergnügen von den Kindern fern wie ein Geizhals, der nur selten und nur unter Zwang etwas von seinem Besitz herausrückt. Beschwörend rief Jean Paul seinen Zeitgenossen zu: »Ihr Menschen, o macht nur wenigstens die Menschen glücklich, die es am leichtesten, am unschuldigsten, am längsten werden, die Kinder. – Das frohe Kind ist überall das bessere, und die Not die Mutter der Künste, aber auch die Großmutter der Laster.«

Freuen ist gesund. Von einem Erzieher forderte Jean Paul:

»Meine größte Bitte ist, daß Sie der spaßhafteste Mann in meinem Hause sind. Lustigkeit macht den Kleinen alle wissenschaftlichen Felder zu Zuckerfeldern.«

»Jede innerliche Freude ist mehr heilsam als alle Arznei. Man berechnete noch nicht, was Freude auf die Kindergesundheit wirkt. – Lieber zehn Kindertrommeln als ein Kindergeschrei. – Ich lasse mir von meinen Kindern alles gefallen, was mir nicht schadet.«

Laßt die Kinder ungestört spielen. Für Jean Paul ist das Spiel kein bloßes »Hilfsmittel« im Unterricht, es hat selbst bildende Kräfte. Darum rät er dem Erzieher, diese bildenden Kräfte nicht zu stören:

»Es regle und ordne der Lehrer nach den Arbeiten nur nicht auch wieder die Spiele! Überhaupt ist es besser, gar keine Spielordnung zu kennen und zu machen, als sie ängstlich zu halten.«

Ganz ähnliche Gedanken, wie sie Jean Paul mit dem herzlichen Enthusiasmus eines Kinderfreundes niederschrieb, kleidete Schiller in einen gelehrten Essay über die ästhetische Erziehung des Menschen. Und siehe da, was Jean Paul mit seinem phantasievollen und temperamentgeladenen Aufruf nur unvollkommen gelang, das erreichte Schiller durch seine philosophische Betrachtung, die in dem Ausspruch gipfelte: »Der Mensch ist nur da ganz Mensch, wo er spielt!«

Die Rehabilitierung des Spiels durch die Philosophie. Mit diesem Zitat zog Schiller das Spiel aus seinem Schattendasein heraus. Es brauchte sich jetzt nicht mehr schamhaft zu verstecken oder durch die Hintertüre hereinzuschleichen, man öffnete ihm das Hauptportal. Die wissenschaftliche Welt geniert sich nun nicht mehr, über das Spiel zu philosophieren.
Genaugenommen hatte jedoch nicht so sehr das Spiel selbst, sondern die philosophische Betrachtung darüber den Sieg davongetragen. Während man, anknüpfend an Schillers »Ästhetische Erziehung«, die gewagtesten Spieltheorien entwickelte, bekamen die Kinder im Hause, auf der Straße und in der Schule immer noch finstere, strafende und drohende Mienen zu sehen, wenn sie fröhlich und ausgelassen herumtollten.

Im Alltag ist das Spiel immer noch verpönt. Im Sommer des Jahres 1749 zog in Wiesbaden ein Ausrufer durch die Straßen, er verlas einen Erlaß des Oberamts-Consistorial-Convents an alle Eltern, darin hieß es: »Es wird allen Eltern bei drei Gulden Strafe hierdurch ernstlich bedeutet, ihre Kinder vom dato an zu Hause zu halten und selbige auf die Werktage fleißiger zur Schule und nach deren Endigung zum Lernen allenfalls auch zur Arbeit, an Sonn-, Fest- und Feiertagen aber zur Kirche und Katechismuslehre, nach deren Endigung aber zur Lesung geistlicher und erbaulicher Bücher an-, dergestalt von den Straßen und publiken Plätzen der Stadt abzuhalten und selbige nicht auf eine mehr als heidnische Art, als wie die ungebundenen Kälber, auf den Straßen und Gassen zu männiglichem Ärgernis und Verdruß herumlaufen zu lassen. – Wenn die Eltern hinführe hiergegen peccieren und ihre Kinder auf Gassen und Straßen ferner herumlaufen lassen werden, soll man selbige nicht nur mit obmentionierter Strafe belegen und darauf exequieren, sondern demnächst auch ihre ungezogenen Kinder durch besondere ex officio hierzu bestellte Leute von den Gassen und Straßen hinweg und nach Hause treiben und rsp. peitschen und, im Falle selbige sich dagegen setzen würden, durch Landmiliz auffangen und auf die Wache bringen, weiterhin tags darauf entweder in der Schule oder dem Befund nach auf das Rathaus führen und selbige ersterenfalls durch den Präceptor, oder anderenfalls durch den Amtsdiener in eine Futtertonne spannen und darinnen mit der Ruten derbe castigieren lassen.«

Ein kinderfeindliches Land. In Deutschland muß das Klima damals – und nicht nur damals – besonders kinderfeindlich gewesen

sein. Die französische Schriftstellerin Madame Necker de Saussure, die zu Beginn des 19. Jahrhunderts Deutschland bereiste, beobachtete das unterschiedliche Verhalten der Franzosen und der Deutschen den Kindern gegenüber: »Die Franzosen spielen intensiv mit ihren Kindern. Die deutschen Mütter pflegen ihre Kinder zur Ruhe anzuhalten.«
In ähnlichem Sinn wie Jean Paul weist Madame Necker auf die bildenden Kräfte hin, die durch die Spielfreude ausgelöst werden. In ihrem damals vielbeachteten Werk über Erziehung schreibt sie:

Freude als soziale Kraft. »Die Freude ergötzt die Seele des Kindes, macht es liebevoll, mitteilsam und edelgesinnt; sie ist der Saft, der selbst in den höchsten Kundgebungen des körperlichen und seelischen Lebens zirkuliert.« In dem Zusammenhang beschreibt und analysiert sie zahlreiche Spiele, denen sie größere Bedeutung beimißt als dem theoretischen Unterricht. In den Gedanken von Madame Necker kommt, ebenso wie in den Schriften von Jean Paul, zum Ausdruck, daß eine Erziehung in der kindlichen Spielgesellschaft stets einen demokratischen Charakter trägt. Man kann dabei weitgehend auf Autorität verzichten, weil das freie Spiel immer gemeinschaftsbildende Kräfte weckt.
»In allen Ländern«, schreibt Madame Necker, »sind zahlreiche Kinder, welche die öffentliche Erziehung vereinigt, in ihren Spielen naturgemäß untereinander gleich und republikanisch. Auf diese Weise entwickelt sich in ihnen ein Gefühl der Freiheit und Kraft, das im Elternhaus nicht so gut erworben werden könnte.«

Die Freunde des Spiels sind Freunde der Freiheit. Diese spielfreundlichen Gedanken treten nicht rein zufällig fast gleichzeitig mit den Freiheitsbestrebungen des ausgehenden 18. und beginnenden 19. Jahrhunderts auf. Spiel braucht immer einen Freiheitsraum, und wo man das Spiel verdrängt und die Freiheit beschränkt, da bekommt die Welt stets unmenschliche Züge.
Das bildungsfreudige Bürgertum des 19. Jahrhunderts zeigte sich dem Spiel gegenüber schon bedeutend aufgeschlossener. Man schrieb Märchen und Volkslieder auf, um sie vor dem Vergessenwerden zu bewahren, und man sammelte auch die alten Volks- und Kinderspiele.

Das Nützlichkeitsdenken spannt das Spiel vor seinen Karren. J. F. Herbart, ein Pädagoge, der für das 19. Jahrhundert wegweisend wurde, räumte dem Spiel in seiner Erziehungslehre bereits einen wichtigen Platz ein. Als Kind seiner Zeit, die von einem zähen Nützlichkeitsstreben beherrscht war, bediente sich Herbart des Spiels als eines vielseitigen Erziehungsinstruments. Es ist für ihn ein Mittel, den Schüler besser kennenzulernen, es soll den Lerneifer anspornen und den Gemeinschaftssinn fördern. Frei ist das Spiel bei Herbart jedoch nie. Als ein ergebener Untertan eines Obrigkeitsstaates legt er den gemeinschaftsbildenden Kräften des Spiels ein enges Korsett an, denn Sitte und Ordnung werden in seiner Vorstellung immer von oben bestimmt. So wird das Spiel in seinem Erziehungsplan zu einer ernsten Sache, zu einer Pflichtübung. Wenn er auch gelegentlich heitere Scherze erlaubt, so tut er es nur mit der Einschränkung, daß sie der körperlichen und seelischen Gesundheit dienlich sein müssen. Von dieser Auffassung hat sich die Pädagogik – mit wenigen Ausnahmen – bis heute noch kaum befreit. Daß das Kind spielend freudiger lernt, ist allen klar. Aber der Erzieher meint, das Kind müsse auch lernen, Dinge auszuführen, die ihm kein Vergnügen machen, die ihm lästig sind. Nun, gerade das tut es ja im Spiel, es nimmt Strapazen, Schwierigkeiten unverdrossen auf sich, wenn es spielt.

Philosophen fragen nach dem Sinn des Spiels. Während die Pädagogen sich praktisch mit dem Spiel auseinandersetzten, machten sich die Philosophen an die Arbeit, um das Phänomen Spiel zu erklären. Sie beobachteten Tiere, Kinder und Erwachsene, und jeder forschte auf seine Weise nach dem Sinn des Spiels.
Julius Schaller, ein Schüler Hegels, sieht im Spiel »eine lustbetonte Beschäftigung, in der sich der Mensch vom Ernst des Lebens erholt.«

Spiel als Bewegung. Moritz Lazarus verweilt etwas länger bei der Beobachtung, daß beim Spiel eigentlich immer eine Hin- und Herbewegung stattfindet. Und dieses Hin und Her beschränkt sich nicht nur auf das Spiel. Alles Leben vollzieht sich ständig zwischen Polaritäten, zwischen warm und kalt, Liebe und Haß, männlich und weiblich, nah und fern ... Auf fast allen Lebensgebieten bewegen wir uns zwischen zwei Möglichkeiten. Beim Kind stellt sich diese Bewegung noch als ziellos, spielerisch dar. Diese Bewegung bereitet dem Kind augenscheinlich großes Vergnügen, das noch gesteigert wird, wenn sich die Bewegung rhythmisch wiederholt. Weil das Spiel Vergnügen macht, betrachtete Lazarus – und mit ihm viele Philosophen – das Spiel als eine Erholung von der Arbeit, als eine Tätigkeit, bei der die Kräfte, die durch körperliche oder geistige Arbeit erschöpft sind, zurückgewonnen werden.

Spiel als Einübung. Diese Theorie läßt sich aber auf das Kind in den ersten Lebensjahren kaum anwenden. Darum geht Karl Groos einen Schritt weiter. Er erkennt, daß das Kind ja durchaus nicht spielt, um sich zu erholen. Es spielt – oft bis zur völligen Erschöpfung – mit größerer Intensität, als mancher Erwachsene arbeitet. Groos sammelte Berichte aus allen Erdteilen über das Spiel der Menschen und der Tiere und kam zu der Überzeugung, daß alle Lebewesen in der Jugend eine Schonzeit durchmachen, in der sie spielen *müssen.* Der Instinkt treibt sie zum Spiel. Sie üben sich auf ihre spätere Tätigkeit ein.

Aus dem Unterbewußtsein ins Bewußtsein. Wenn Spiel Einübung auf das spätere Leben ist, fragten jetzt einige Psychologen, warum spielt dann der Erwachsene auch noch? Sie gingen von der Vorstellung aus, daß das Kind ein lernendes Wesen ist, während der Erwachsene ausgelernt hat. Sie begannen den Sinn des Spiels im Unterbewußtsein zu suchen.
Der Psychologe G. Stanley Hall ist der Ansicht, daß im Spiel gewisse niedere Instinkte, die als Rudimente einer urmenschlichen Vorzeit übriggeblieben sind und allmählich abgebaut werden, in harmloser Weise zur Ausführung gelangen und sich allmählich verlieren und auspendeln.
Ein anderer Psychologe meint, daß die negativen Instinkte im harmlosen Spiel nicht unterdrückt werden, sondern sich entladen und dadurch unschädlich gemacht werden. Instinkte, die, wenn sie unterdrückt würden, asoziale Auswirkungen hätten.
Freud dagegen erklärt das Spiel als eine natürliche Reaktion auf vorher entstandene Spannungen.

Harmonische Verbindung zwischen Spiel und Arbeit. Nach soziologischen, psychologischen und ethnologischen Gesichtspunkten wurden umfangreiche Erhebungen angestellt. Man sah schließlich, daß Arbeit und Spiel – zumindest beim Kind – noch gar nicht klar zu trennen sind. Das Kind lebt, ähnlich wie der Mensch in der Urgesellschaft, noch in einer Welt, in der Spiel und Arbeit, Schein und Wirklichkeit stark miteinander verflochten sind.
Der amerikanische Philosoph und Pädagoge John Dewey zog daraus den Schluß, daß man das Kind nicht abrupt und gewaltsam aus dieser harmonischen Verbindung von Spiel und Ernst herausreißen soll. Er stellt das Spiel als gleichberechtigtes Lebenselement neben die Arbeit. Bloße theoretische Vermittlung von Wissensstoff empfindet er darum als unnatürlich. Das Kind hat eine angeborene

Freude an der Tätigkeit, darum verbindet Dewey das Werken, Bauen und Bilden mit der Vermittlung von Wissen.
Zum Spielen braucht man Zeit und Raum, erst dann wird das Spiel zu einer kulturellen Leistung. Kinder, denen man beides vorenthält, bleiben meist bei primitiven Spielen oder einer hektischen Ausgelassenheit stehen. Sie entwickeln weder im Spiel noch in der Arbeit schöpferische Phantasie.
Kein Tier hat eine auch nur annähernd so lange Jugendzeit wie der Mensch. Das Kind kann sich intensiv spielend auf das Leben vorbereiten. Es wird vom Erwachsenen versorgt, darum hat es Zeit zum Spielen. Je mehr Zeit und Raum wir ihm geben, desto kultivierter werden die Spiele, die Beschäftigungen, die Arbeit.

Spielwelt und Arbeitswelt, vereint oder getrennt? Aus solchen Erkenntnissen die Konsequenzen zu ziehen, dazu fehlt es vielen Pädagogen bis heute noch an schöpferischer Phantasie – ein Mangel, der in ihrer eigenen Erziehung liegt. Viele Pädagogen und auch Psychologen sprechen von der Spielwelt immer noch als einer untergeordneten und von der Arbeitswelt als einer Sache, die sich auf einer ungleich höheren Ebene befindet.
Nach wie vor spielen die Grenzen zwischen Spiel und Arbeit bei vielen Erziehern eine große Rolle. Gegner des Spiels möchte zwar niemand mehr sein, aber man ist sich über den Stellenwert, den das Spiel einnehmen soll, nicht einig. Die einen wollen dem Kind das Spiel bis zu einem gewissen Alter gönnen, danach erlauben sie das Spiel nur zur Entspannung, zur Erholung von der Arbeit. Sie sehen im Spiel eine Art Reservekapital, das einerseits überschüssige Kraft bindet und abnutzt und andererseits aufgespeicherte Energien vermehrt. Diese Pädagogen wollen die Grenzen zwischen Spiel und Arbeit gewahrt wissen. Sie sagen, das Kind soll klar erkennen, wann »nur« gespielt und wann »ernst« gearbeitet wird.
Eine andere Gruppe von Pädagogen und Psychologen, deren Zahl beständig wächst, sehen Spiel, Arbeit und Lernen als eine Einheit an. Die Qualität einer jeden Beschäftigung steigt, wenn die Arbeit zu einem Teil ihren spielerischen Charakter beibehält. Bei jeder künstlerischen Arbeit leuchtet uns das noch am ehesten ein. Dort ist die Arbeit am deutlichsten von spielerischen Elementen durchsetzt. Aber bei genauerem Hinschauen entdecken wir auch in der Arbeit des Technikers, des Kaufmanns, im Wirtschaftsleben, in der Politik Spielvorgänge und Spielpläne.

Das befohlene Spiel als Brücke zum Lernerfolg. Wenn wir von diesem Gesichtspunkt aus unsere moderne Pädagogik betrachten, dann erscheint uns auf den ersten Blick das Spiel als ein wichtiger Ausgangspunkt bei *allen* Bestrebungen, das Kind in die Welt einzuführen. Aber wir sollten uns durch die Fülle der bunten Lernspiele nicht täuschen lassen und alles, was mit unseren Kindern geschieht, etwas genauer und kritischer beobachten.
Einem flüchtigen Betrachter fällt es oft kaum auf, daß sich auch heute wieder hinter einer modernen Fassade eine nicht unbeträchtliche Zahl von Pädagogen verbergen, die das Spiel wiederum nur als Mittel zum Zweck benützen. Mit Hilfe des Spiels bauen sie dem Kind eine Brücke, die zum Erfolg in der Schule führen soll. Sie berücksichtigen dabei nicht den Wandel, in dem sich unsere Gesellschaft und unsere Vorstellungen von einem lebenswerten Leben befinden. Sie verleiten die Kinder – spielerisch – zur Unterordnung und Anpassung an ein überholtes Schulsystem, an den Leistungsdruck und das Konsumdenken einer Klassengesellschaft mit dem lügnerischen Versprechen, daß derjenige den meisten Besitz verdient, der das meiste leistet.

Durch selbständiges Spiel zur Selbständigkeit. Daneben beobachten wir aber auch pädagogische Bestrebungen, die dem Kind durch eine harmonische Verbindung von Spiel, Arbeit und Lernen den Weg zur Selbständigkeit und Selbstverantwortung freimachen.
Durch die Förderung der Eigeninitiative, der Selbsttätigkeit erhalten sie dem Kind die Spontaneität, die es später befähigt, Gegebenes nicht einfach hinzunehmen, sondern unvoreingenommen zu prüfen, zu urteilen und zu verändern. Wenn das Kind die ihm angeborene Spontaneität nicht verliert, dann wird es später Gewohnheitsrecht von Gewohnheitsunrecht unterscheiden können, und es wird bestrebt sein, Abhängigkeit durch Gegenseitigkeit zu ersetzen.
Um diese vorhandenen Impulse beim Kind zu erhalten, fördern wir das Spiel *nicht* als willkommenen Helfer beim Lerntraining und *nicht* als Mittel zur Erziehung von gutfunktionierenden Arbeitskräften, vielmehr tritt das Spiel in einer Pädagogik, die das Kind zu einem selbständigen, selbstverantwortlichen Menschen erziehen möchte, neben der Arbeit und neben dem Lernen als eine gleichberechtigte, selbständige Lebensqualität auf.
Spiel ist Bewegung, Veränderung, und freies Spiel erzeugt immer bildende Kräfte. Im Spiel erfährt das Kind die Welt. Es will sie verändern und erleben, wie sie sich verändern läßt.

Dabei erfährt es den Vorgang des Schöpferischen und damit die beglückende Tatsache, daß es etwas Neues schaffen kann. Wenn das – wie im Spiel – selbsttätig geschieht, wird daraus zugleich ein Vorgang der Selbstkenntnis, der Selbstfindung. Darum ist das selbsttätige Spiel die Grundlage zum selbständigen Tun und zum selbständigen Denken.

Goldmann PSYCHOLOGIE + PÄDAGOGIK

Kleine Psychologie der Erziehung. Eine Anleitung für Mütter, Väter, Lehrer und alle, die mit Kindern umgehen. Von K. H. von Rabenau. Band 9501.

Eine Erziehungsanleitung ist keine »Rezeptsammlung« pädagogischer Fälle, ihr Sinn ist vielmehr: Kenntnisse als Grundlage zu vermitteln. Dabei stellen sich drei Aufgaben: Die erstrebten Erziehungsziele klar zu formulieren, sodann nötige Kenntnisse in der Psychologie zu vermitteln und schließlich über verschiedene Erziehungsmethoden zu informieren.

Ärztliche Aufklärung für junge Menschen. Mit einem Fremdwörterverzeichnis und 14 Abbildungen. Von Dr. Hans W. Schmidt. Band 9502.

Mit einer ungeheuren »Aufklärungsflut« zweitklassiger Informationen und Halbwahrheiten konfrontiert, scheuen sich noch immer viele Jugendliche, mit ihren eigentlichen Fragen an ihre Eltern oder Erzieher heranzutreten. Heute, da ein freies Sexualleben vielen als »das« Ideal erscheint, sind mit der Pille nur einige Teilprobleme des Geschlechtslebens gelöst.

Psychologie des Hasch- und Tabakrauchens. Vom ersten Mißbrauch bis zur selbstzerstörenden Sucht. Von Prof. Dr. Boris Luban-Plozza und Psychopädagoge Lothar Knaak-Sommer. Band 9504.

Das Tabakrauchen scheint im Vergleich zum Drogenkonsum das kleinere Übel zu sein. Dahinter verbirgt sich eine gefährliche Verharmlosung: Tabakraucher und Haschischraucher besitzen ähnliche psychische Voraussetzungen. Dieser Band liefert grundlegende Information und Hilfestellung.

WILHELM GOLDMANN VERLAG MÜNCHEN

Goldmann PSYCHOLOGIE + PÄDAGOGIK

Seelenspiegel des Kindes. Tiefenpsychologische Erziehung und Behandlung. Von Dr. Gustav Hans Graber (1800)

Dieser Band wendet sich an Eltern und Erzieher, besonders an die Mütter. Er gibt Aufschluß über das Seelenleben und seelische Konflikte des Kindes. Er zeigt, wie diese Konflikte durch richtige Behandlung gelöst werden und eine freie Charakterentfaltung möglich wird.

Tiefenpsychologie der Frau. Die Entwicklung vom Mädchen zur Frau und Mutter. Von Dr. G. H. Graber (9517)

Ein erfahrener Schweizer Psychotherapeut schildert die verschiedenen Frauentypen, erklärt Entwicklung und Störungen des weiblichen Liebeslebens und zeigt Wege zur Heilung und Selbsterkenntnis.

Psychologie des Mannes. Neue Erkenntnisse über das männliche Triebleben. Von Dr. G. H. Graber (9515)

Mit den Mitteln der Tiefenpsychologie werden die Hintergründe männlicher Eigenart erforscht: die Reifung des Knaben zum Mann – die Entwicklung des männlichen Liebeslebens – die Triebentwicklung – typische Verhaltensweisen und seelische Sonderformen, kurz: die Ausdrucksformen männlicher Psyche.

WILHELM GOLDMANN VERLAG MÜNCHEN

Goldmann PSYCHOLOGIE + PÄDAGOGIK

Moderne Seelenkunde I
Der Mensch im Licht der Psychologie.
Von Heinz Dirks. Mit 27 Abbildungen.
(9518)

Die psychologische Entwicklung des Kindes zum Erwachsenen und seine Entfaltung zur Persönlichkeit unter besonderer Berücksichtigung der unbewußten Erlebnisse.

Moderne Seelenkunde II
Mensch und Mitmensch im Licht der Psychologie.
Von Heinz Dirks. Mit 21 Abbildungen und 58 Schriftproben. (9520)

Alle Fragen des Zusammenlebens der Menschen werden eingehend behandelt, besonders die Probleme, die sich aus den strukturellen und seelischen Unterschieden ergeben.

Moderne Seelenkunde III
Mensch und Umwelt im Licht der Psychologie.
Von Heinz Dirks. Mit 32 Abbildungen.
Band 2627.

Der Mensch in seinem Verhältnis zur Arbeit, seine Entfaltungsmöglichkeiten am Arbeitsplatz, seine Rolle in der Wirtschaft – also Umwelteinflüsse von besonderer Bedeutung werden hier pychologisch analysiert.

WILHELM GOLDMANN VERLAG MÜNCHEN

Psychoanalyse und Kultur. Darstellungen namhafter Wissenschaftler. Herausgegeben von Prof. Heinrich Meng. Band 1681.

Die geisteswissenschaftlichen Aspekte der Psychoanalyse im Hinblick auf kulturelle und soziologische Probleme. Aus dem Inhalt: Freuds Humanismus – Über den Traum – Fehlleistungen im täglichen Leben – Intelligenz und Dummheit – Märchen, Mythos, Urgeschichte – Psychoanalyse und Sittlichkeit u. a.

Psychoanalyse und Erziehung. Darstellungen namhafter Wissenschaftler. Herausgegeben von Günther Bittner und Willy Rehm. Band 1702.

Eine Analyse der körperlichen, seelischen und geistigen Entwicklung des Kindes und Jugendlichen und grundlegende Richtlinien für die Erziehung. Aus dem Inhalt: Triebleben und Charakter – Unbewußtes in der Erziehung – Strafe – Sexuelle Aufklärung u. a.

Psychoanalyse und Medizin. Darstellungen namhafter Wissenschaftler. Herausgegeben von Prof. Heinrich Meng. Band 1680.

Die medizinischen Grundlagen der psychoanalytischen Forschung und der therapeutischen Anwendung ihrer Ergebnisse. Aus dem Inhalt: Die Triebe – Die Kinderneurose – Erkranken und Gesunden – Die Bewußtseinstörungen – Die Hysterie – Organneurosen

Goldmann PSYCHOLOGIE + PÄDAGOGIK

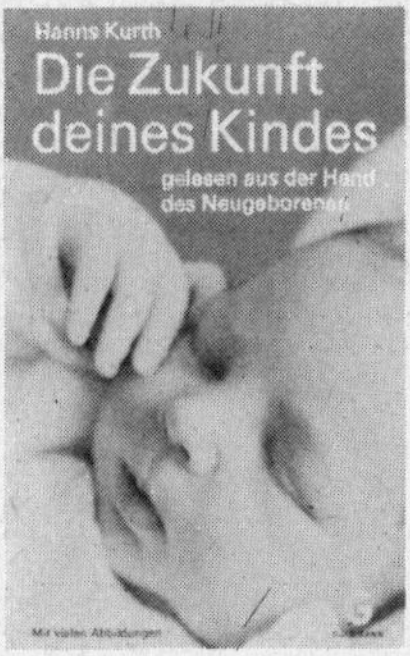

Die Zukunft deines Kindes. Gelesen aus der Hand des Neugeborenen. Von Hanns Kurth. Mit 79 Abbildungen. Band G 2704.

Der erfahrene Psychologe und Menschenkenner Hanns Kurth zeigt in diesem Buch sehr anschaulich, wie wir uns mittels chirologischer, anatomischer und biogenetischer Kenntnisse über die zukunftsentscheidenden Charakteranlagen unserer Kinder informieren können.

Kleine Kinder lernen lesen – schreiben – rechnen.
Die Praxis des Frühlernens. Von Karlheinz Walter. Band 2571.

Ist es wirklich möglich, schon drei- bis fünfjährigen Kindern ohne Dressur das Lesen, Schreiben und Rechnen beizubringen? Allen Eltern, die ihre Kinder schon lange vor Schuleintritt beim Entziffern von Autonummern und Straßenschildern ertappen, wird dieses Buch eine nützliche Lektüre sein.

Unser Kind und die Schule. Grundschule, Berufsschule, Mittelschule, Gymnasium. Von Kurt Diedrich. Mit 37 Abbildungen. Band 2529.

Dieses Buch gibt allen Eltern schulpflichtiger Kinder ein klares Bild von der gegenwärtigen Schulsituation. Der Autor verbindet seine Darstellung mit pädagogischen Ratschlägen und Hinweisen auf die Rechtslage.

WILHELM GOLDMANN VERLAG MÜNCHEN

Dokumente einer vorschulischen Begabungsförderung. Karl Witte: Ein Beispiel moderner Erziehung zu Beginn des 19. Jahrhunderts. Von Prof. Dr. Heinz-Rolf Lückert (9510)

Der Leser wird mit Erziehungsgrundsätzen bekannt gemacht, die wissenschaftlich erst jetzt in der noch jungen Disziplin der Entwicklungsförderung geklärt werden. Das Buch stellt nicht nur einen wichtigen Beitrag zur Theorie der Pädagogik dar, sondern auch zur Geschichte ihrer Praxis.

Lernen im Schulalter. Psychologische Grundlagen und schulpädagogische Konsequenzen. Von Dr. Oskar Peter Spandl (9512)

Der Verfasser wertet die neuesten Lerntheorien für die praktische Erziehungsarbeit und den Unterricht in den allgemeinbildenden Schulen aus. Mit seiner angewandten Lernpsychologie bietet er Eltern und Erziehern die Möglichkeit, sich über die Bedingungen erfolgreichen Lernens zu informieren.

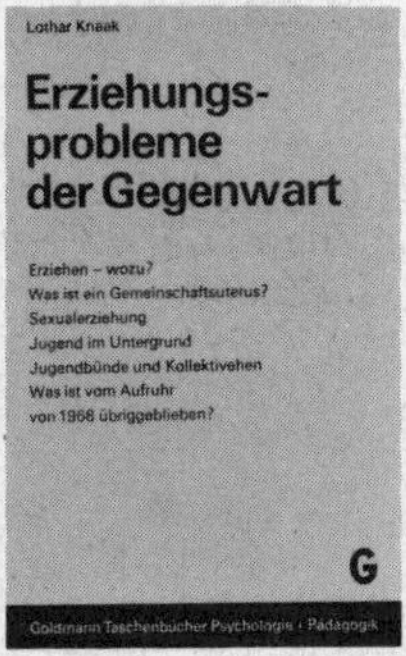

Erziehungsprobleme der Gegenwart. Von Lothar Knaake (9511)

Erziehung – wozu? – Sexualerziehung – Jugend im Untergrund – Jugendbünde und Kollektivehen – Was ist vom Aufruhr 1968 übriggeblieben?

Goldmann Taschenbücher sind mit über 4000 Titeln die größte deutsche Taschenbuchreihe. Jeden Monat etwa 25 Neuerscheinungen. Gesamtauflage über 138 Millionen.

Aus dem WILHELM GOLDMANN VERLAG
8 München 80, Postfach 80 07 09 bestelle ich
durch die Buchhandlung

Anzahl	Titel bzw. Band-Nr.	Preis

Datum: Unterschrift:

4807 · 7049 · 3.000

Bitte mit Postkarten-Porto frankieren.

Wilhelm Goldmann Verlag

8000 MÜNCHEN 80

Postfach 80 07 09